妈妈，爱我请你帮帮我

张晓红 著

四川文艺出版社

图书在版编目（CIP）数据

妈妈，爱我请你帮帮我 / 张晓红著 . — 成都 : 四川文艺
出版社 , 2021.6

ISBN 978-7-5411-5930-5

Ⅰ . ①妈… Ⅱ . ①张… Ⅲ . ①亲子教育—研究
Ⅳ . ① G781

中国版本图书馆 CIP 数据核字（2021）第 098783 号

MAMA, AIWOQINGNIBANGBANGWO

妈妈，爱我请你帮帮我

张晓红　著

出 品 人　张庆宁
责任编辑　彭　炜　朱　兰
封面设计　严春艳
内文设计　史小燕
责任校对　段　敏
责任印制　桑　蓉

出版发行　四川文艺出版社（成都市槐树街 2 号）
网　　址　www.scwys.com
电　　话　028-86259287（发行部）　　028-86259303（编辑部）
传　　真　028-86259306

邮购地址　成都市槐树街 2 号四川文艺出版社邮购部　610031
排　　版　四川胜翔数码印务设计有限公司
印　　刷　成都勤德印务有限公司
成品尺寸　145mm×210mm　　　开　本　32 开
印　　张　12　　　　　　　　字　数　280 千
版　　次　2021 年 6 月第一版　印　次　2021 年 6 月第一次印刷
书　　号　ISBN 978-7-5411-5930-5
定　　价　45.00 元

有一天那个孩子长大了，

会想起童年的事，

会想起那些晃动的树影儿，

会想起他自己的妈妈。

〉〉〉 〉目录

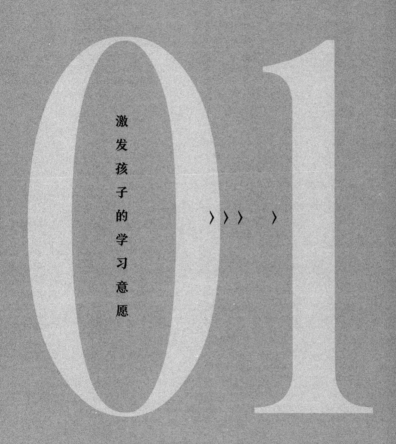

激发孩子的学习意愿

〉〉〉 〉

妈妈

爱我

请你帮帮我

〉〉〉〉

　　望子成龙、盼女成凤，几乎是所有家长的共同愿望。我们都希望孩子能够积极向上、热爱学习，成为一个优秀的学生、令人骄傲的好孩子。可是，在实际生活中，家长眼里的孩子总是不够优秀，让人失望。

　　有一个初二孩子的家长，每次看到孩子的考试成绩都气得大发雷霆。她伤心地对我说："如果可以，我都恨不得帮他去考试了。"

　　我建议她去找老师要一份同样的试卷，当着孩子的面重新做一遍，结果她做试卷的成绩只比孩子多了3.5分。孩子看到妈妈的分数，当时就委屈地哭了："你以为学习那么容易吗？"

　　因为我们的升学考试都是分数淘汰制，所以，好多家长的眼里只有分数。孩子考80分，认定孩子不努力，非常生气；孩子努力学习考了90分，家长会说："你看，我说了努力就会有好的成绩吧，如果你再努力一些就能够考满分了。"孩子再努力，考了95分，家长好着急："你看你看，就错了一道题，上课没好好听老师讲课吗？"孩子认真听讲再努力，果真考了99分的高分，家长好遗憾："唉，就错了一个标点符号，你怎么总是这样粗心大意？"孩子终于拿回来了100分的试卷，家长的心里不管有多么开心，脸上依然紧绷着警告孩子："不要骄傲哟，一定要保持住。"

　　可是，有谁能次次保证满分呢？所以，孩子立刻泄气了：原来，不管我考什么样的成绩，你们都不满意。那么，我按照你们的要求努力学习还有什么意思呢？

有的孩子很失望，学习变得被动、消极；有的孩子很愤怒，对家长的说法不再轻易相信；有的孩子因此失去信心，开始破罐子破摔、自暴自弃，再也没有努力学习的动力和激情了……

当然，现在也有一些特别赞赏"素质教育"的新型家长，又走进了另一个极端，反复对孩子强调"分数不重要"。

有个11岁的男孩子跟着妈妈来上我的课程。妈妈对我说，孩子这一个学期已经是第三次不想去上学了，她认为孩子应该有什么心理问题，所以带来上心理学的课程。

我问孩子不想去学校的原因，他笑嘻嘻地说："我不想去学校，在学校里面的学习没有意思，跟着妈妈在这里学习才有意思。"我问他："那么，我讲的心理学的内容，你能听得懂吗？"他摇摇头说："有好多好多听不懂。"我对他说："学校里老师讲的学习内容，都是你能听得懂的，听得懂才会觉得有意思，而我这里讲的绝大多数都是你还听不懂的，听不懂有什么意思？"他回答不上来，呆呆地看着我，犹豫了一阵又说，老师不喜欢他，同学们也不愿意跟他玩，他的学习成绩很差，有好几门功课都是考二三十分……

我问他："你觉得考这样的成绩正常吗？"他很不以为然地说："我妈妈说，分数不重要。"我说："你自己觉得分数重要吗？还有，老师和同学们觉得呢？是不是分数考太低老师才不喜欢你呢？"他又愣住了，不知如何回答。

是啊，如果分数不重要，老师为什么不喜欢我？同学们为什么嫌弃我？如果分数不重要，怎么能够知道孩子们学到了什么样的知识内容？如果分数不重要，为什么升学还要看分数排名？如果分数不重要，考大学的时候如何选拔录用？……

结果，这个孩子的妈妈第二天来问我究竟给孩子说了什么，因为昨天晚上孩子突然提出来，以后要去学校上课。

提倡或者坚持素质教育，并不是让孩子放弃对基本知识的学习和吸收，而是要根据孩子的成长特征和天赋潜能，因材施教，用更灵活的教学方式，引导孩子对知识和未知的探索欲望，有效提升孩子整体素质的全面发展。

我们应该让孩子明白，分数很重要，因为它可以随时检验我们学会了多少知识，学懂了多少内容，需要从哪些方面去提升，因为我们现在所学习、积累的知识，就是决定未来能够站在哪个人生台阶上的基础。当然，一次、两次或者几次的成绩考差了，并不代表我们未来的人生都不好了，只是给了我们机会可以修正得更好。

这几年，在我给成人讲课程时，总能看到很多孩子被家长带进课堂，从3岁到18岁不等。经常有学员问我，为什么跟我接触过的孩子并没有咨询学习的事情，回家后却都会在学习上面更用心了？

因为我一直认为，最好的教育方式，应该是注重激发孩子做事的兴趣、意愿与动力。成年人只需要分享自己的经验，让孩子从中学习判断，好的经验可以借鉴，不好的方面可以避免，然后发展出属于自己独特的风格和模式。

比如，前一段时间我带领团队去旅游休假，其中有人带了正在上小学一年级的儿子。他妈妈特意给他带了暑假作业，可是每天游玩都很累了，孩子晚上并不想写作业。我选择了支持孩子，所以，我们只是每天在车上的时候，引导他跟大家以游戏的方式背诵古诗，其他的时间，都可以尽情地享受大自然的美丽风光，开心地玩耍。

回程的路上我问孩子玩得开心吗，他说很开心，我就说："开心就好！回去以后就认真写作业、好好学习，这样妈妈不用担心会影响你的学习，下次旅游的时候还会再带你出来玩。"他很认真地点头答应。回来以后，刚下飞机他就给妈妈说："妈妈，我已经想好了，我回家就要写八篇作业。"而且回家后不用家长督促，他果然认真地把八篇作业完成了。

能够获得自己在乎的价值，才能有做事情的意愿和动力。关于孩子在乎的、想要的价值，在不违反原则的情况下，只要是对的、好的，我们都可以利用，以此来促进孩子朝理想的目标靠近。

有个三年级的小女孩在夏令营结束的时候，非常舍不得离开，给我们夏令营的老师申请明年暑假还要来。我正好知道她的学习成绩不太理想，所以直接告诉她："可以来啊，只是我们明年的规则有改变喽，学习成绩好的孩子才可以申请来参加夏令营。你回去了以后好好学习，争取明年再来参加。"

孩子回去告诉爸爸的第一件事情，就是"我要好好学习，争取考到好的成绩，这样就可以再去成都参加夏令营"。

有兴趣才能被吸引，有动力才能有行动，我们成长的方式，正是因为具有对外界人事物的好奇心，才能被吸引着不断探索和追求，并在实践体验中获得满足。所以，如果能够激发孩子对学习的热情和兴趣，不需要督促，他自然会沉浸在学习的海洋里乐此不疲。

我们常说，一个人不能改变另外一个人，因为真正的改变一定具备一个意愿，否则，改变只是短期的顺从、被操控或压制，并不是真正意义上的长久改变。

在帮助孩子成长的过程中，如果能够根据孩子的年龄配合他们的不同需要，让孩子愿意为了满足自己的需求，主动去做事或请求他人的帮助，那么家长和孩子都会在孩子的学业方面轻松很多。

不管是成年人还是小孩子，做事的真正目的都是为了获得自己在意的价值，而教育的真正目的，也应该是教会孩子如何在生活中找到更好的方法，从而在未来的人生里更容易达成轻松快乐、成功满足的人生。所以，帮助孩子策划未来奋斗的目标和方向，用适合自己的方式生活，才是我们能够引导孩子努力向前的真正动力。

全国各地有很多学员，都希望我能分享一些如何帮助孩子学习的课程，有人说：晓红老师，孩子不愿意学习怎么办？有人说：晓红老师，孩子语文成绩很好，数学成绩很差怎么办？有人说：晓红老师，孩子每次一到考试就紧张，担心考砸了怎么办？……

实际上，只要是智力正常的孩子，基本上都不可能学不懂学校里的功课，因为学校教的知识内容，肯定是根据绝大多数孩子都能够学得懂、学得会的标准设置的。那么，为什么有的孩子就是学习很差呢？就孩子本身而言，可能有喜欢或不喜欢的差别，也可能是因为还没有找到适合自己的学习方式，还有可能是自律性不足、贪玩导致，甚至有可能孩子就是一个具有独特学科潜能的偏才……

十几年前，我设计了一套青少年情商技能训练的课程，宣传单发出去以后，很多家长带着孩子兴致勃勃地来，咨询一番又失望地带着孩子走了。他们想不通，做孩子的培训，不教语文、不教数学，也不教英语，学习情商技能有什么用？

当然，还是会有一些思想观念比较前卫的家长，选择相信情商技能训练的好处，把孩子留下来。

在接下来的训练中，环境适应能力、人际沟通与表达、心理状态调整与情绪管理、发散性思维能力、个性化潜能开发、学习兴趣引导与方法探索、未来理想与目标的设定等等，都是看似跟学习毫无关系的训练，孩子们却学习得兴趣盎然。后来，很多家长发现，虽然我这里没有教孩子学习功课，孩子在学习方面却变得轻松主动起来：喜欢去学校上课了；因为表达能力增强被选为班委干部了；不再像过去一样胡乱发脾气了；学习功课的时候理解能力和动手能力都提高了；找到适合自己的学习方法了；对未来的目标和理想更清晰、更懂得努力了……家长们常常反馈，孩子们就像盼着去公园玩耍一样，期盼着每周一天的情商技能训练。

我们刚开始招生的时候，要临时聘用一些勤工俭学的大学生，每天在学校门口发宣传单。后来再开课的时候，我们根本不需要做任何宣传，口碑效应的效果远远超过了我的预期，越来越多的家长主动带着孩子找上门来报名。

孩子参加学习以后，找到了自己学习的动力和方向，重新变得快乐阳光。曾经有个小男孩对我说：老师，谢谢你，我本来想参加训练以后变得瘦一点，没有想到学习也变好了。有个小女孩对我说：老师，我记住了，要让我的学习变得像我本人一样漂亮。有更多的孩子会给我写各种祝福小卡片，甚至请求我：老师，你一定要活得足够久，以便见证我的成功……

有些老师参加过我的训练以后，常常感慨：以前只是把教学当作一个工作，把孩子看作工作的对象；现在才知道，情感的融入、用心的沟通、对未来人生的精彩描述，更容易激发孩子们在学习方面的配合与兴趣，从而帮助自己的教学更有效、更有成就感。

实际上，让孩子学习成绩好，就像让我们工作能力变强一样，并非只靠努力就一定可以做好。影响我们学习、工作状态和能力提升的因素，来自很多个方面：兴趣、家庭、生活目标、人际关系、环境的适应能力、自己在意的价值、得到的肯定或者获得的报酬等等。

所以，对孩子来说也是一样。有没有对学习产生兴趣，从学习中能够获得的满足感在哪里，能不能够因此得到肯定和支持，学校里同伴之间的相处关系，老师对待自己的态度，家庭环境以及关系的影响等，都有可能影响到孩子的学习状态。

家长们总是执着地看着孩子身上的单个问题苦恼：数学成绩很差怎么办？记不住英文单词怎么办？交不到朋友怎么办？反应迟钝怎么办？没有学习动力怎么办？非常叛逆怎么办？游戏成瘾怎么办？……孩子的每一个问题，都能够让家长们紧张担忧、焦头烂额。

同样，孩子也会在学习的过程中感觉辛苦——自己无论怎样努力都没有好的效果，或者无论如何都不能满足父母的要求和期望，非常苦恼如何做才能用好的表现回报父母的爱。

不知道从什么时候开始，"不能输在起跑线上"这个对孩子和父母来说最大的谎言，变成了父母教养孩子巨大的压力，变成了孩子快乐学习、健康成长的沉重负担。

为什么说这句话是最大的谎言呢？因为，没有一个人知道所谓的"起跑线"在哪里、从什么时候开始、要跑到哪里去，却一直激励着很多家长眼里只盯着分数线，拖着孩子拼命往前冲。

我们经常说，做父母都是无证上岗，却要引领孩子一生。如此责任重大的工作，如果没有随着孩子年龄增长而学习和改变，还真是没有足够的能力做得好。

曾经有个爸爸在我面前辩解说："老师，我都已经37岁了，比我的儿子大了整整30岁，怎么可能不了解他呢？"

我说："是啊，你比儿子大了整整30岁，比他多30年的人生经验，可是，你在有他之前做过爸爸吗？当然没有，你是有了孩子以后才开始做爸爸的，也就是说，实际上你的孩子7岁，你也就是7岁的爸爸，并不具备更多超出7岁爸爸的经验。"

所以，就像做其他很多事情都要经过学习、训练、上岗一样，做孩子的父母也需要学习。我曾经想成立一所父母学院，目的就是想帮助父母们把这个角色做得更加轻松有效：领结婚证之前，就应该学习如何经营家庭、相亲相爱、接纳并尊重对方的原生家庭等；领准生证的时候，就应该培训迎接新生命的心理准备、如何进行胎教、产后抑郁症的预防、新生儿的护理和照顾等；孩子出生以后，就应该学习了解成年前孩子身心发展特征，规范作息规律，引导人际沟通，学习管理情绪，培养学习习惯，发掘天赋潜能，规划未来目标等。

每个人的个性差异和天赋潜能，也是影响孩子学习的一个重要因素。如果家长不学习成长，就不知道孩子成长的优势和劣势在哪里，更不懂得如何去支持和配合才能达成良好的教养效果。

在这个世界上，没有两个人是一样的，所以每一个人都是一颗独特而闪亮的星星。你知道自己孩子的天赋潜能在哪方面吗？你真的了解你的孩子吗？你知道如何正确地引导孩子吗？你明白只有家长好好学习，孩子才能天天向上吗？

在我的《快乐父母》课程里，经常有家长边上课边后悔：啊？原来是这样造成了伤害；哎呀，我又做错了；怪不得孩子不愿意跟我们沟通；唉，早点知道这些就好了，都怪我们家长不懂啊……

因为大脑的使用有偏侧优势，而我们的孩子大多数都是左脑孩子，在阅读、写作和说话等方面更为出色，在动手以及运动方面能力较差，空间感也不是很强，所以比较适合学校的教学方式；也有少数孩子属于右脑孩子，就是在生活中常见的左撇子，这类孩子在行动与运动方面能力更强，更善于摆弄机械构造，更擅长需要三维空间的各种活动，比较难适应学校的教学方式。

因为我们的思考模式不同，分别有视觉型、听觉型和感觉型。一个视觉型的孩子，学习的时候注意力较难长时间持续，对图表和色彩类的学习方式感兴趣，想象力特别丰富，听讲的专注力很有限；而听觉型的孩子喜欢专心听讲，不喜欢上嘈杂的自习课，愿意一遍遍做练习题，特别重视家长或老师等权威人物的要求；感觉型的孩子却很在意家长和老师对自己的评价，渴望被了解，又不愿意表达自己真正的想法和意愿，总是把自己封闭在不引人注目的空间，最害怕被家长逼着交际或被老师叫起来回答问题。

因为行为模式的不同，又可以分为掌控型、影响型、稳定型和谨慎型四种：掌控型的孩子很没有耐心，做事永远只盯着最后的结果却很少注重行动过程，学习的时候需要分阶段完成，否则长时间让他坐在书桌前简直比受刑还难受；影响型的孩子喜欢参与各种活动，做事情总是呼朋唤友的，积极主动而且能言善辩，却容易感情用事，分不清做事的主次轻重；稳定型的孩子很有耐心、随和，却优柔寡断，喜欢按照自己认为最舒服的方式学习，最反感身边的人总是纠正他的坐姿或模式；谨慎型的孩子自控能力很强，善于分析问题关注细节，却容易因为压力而退缩，一方面追求完美到吹毛求疵，一方面又犹豫不决、无限拖延。

因为学习方式的不同，分别有视觉型、听觉型、动作型、书写型和互动型。视觉型的孩子倾向于在不断的交流中学习、记忆；听觉型的孩子喜欢倾听，不喜欢看书；动作型的孩子话语简单，动手能力强，擅长运动；书写型的孩子喜欢阅读却在人群中沉默寡言；互动型的孩子喜欢表达和讨论却容易盲从，缺乏自行判断对错的能力。

那么，你知道你是什么类型，你的孩子又是什么类型吗？你知道你的独特类型跟孩子的独特类型如何配合，才能有效地支持孩子好好学习、快乐成长吗？

我专职做心理辅导、培训工作二十年了，见证了太多孩子在学习方面的烦恼，还有家长朋友们在孩子教育上的困扰。所以，我特别希望能够用自己的专业，让更多孩子快乐学习，帮助更多父母有效引导，帮助更多老师轻松教学。

为此，我根据多年学习和工作实践的经验，从2013年开始，整合了一些亲子教育的有效原则和技能，设计了一套"静修幸福系列课程"，亲子教育方面的包括《快乐父母119》亲子教育课程、《快乐成长夏令营》和《乐学乐教》教师训练营。注重在体验式学习中，结合生活实际问题，针对具体而普遍性的亲子教育困扰，现学现用，真正掌握如何更有效果的方式方法。

很多父母在"快乐父母119"的学习中，非常吃惊地发现：原来自己以前在亲子教育中，好多事情都不懂或者做错了。有些父母边学习边后悔、遗憾：哎呀，早知道就不会这样做了；唉！回去要给孩子道个歉了；要是早点来学习就好了！还有些人一边学习一边庆幸：幸亏孩子还小我就来学习了；还好哪里做对了；看来要赶快改变方法了……

国外有个教育学家曾经说过，直到现在，有很多家长依然沿用着200年前，甚至500年前的教育方式，来教育我们今天的孩子。

事实的确如此。做父母之前我们没有学习过如何做父母，做了父母以后也没有学习如何做好父母的角色，那么，就只能模仿我们的父母甚至父母的父母的教养方式，教育我们现在的孩子，去面对未来几十年后他们的生活与工作。

我们总是不断催促孩子学习、学习、再学习，努力、努力、再努力，好像认为学习是人生的独立事件，只要努力就能做得好。

其实，一个人的生活模式、人际关系、生存环境、自律能力、学习模式、行为导向、天赋潜能等重要因素，都有可能会影响到学习的效果。

那么，究竟怎样做才能助力孩子的学习呢？我根据近20年的心理辅导经验，梳理了影响孩子学习的主要因素，分别是：学习习惯、家庭关系、人际互动、自我管理、天赋潜能和学习效果。

通过本书的内容，希望能够与更多的家长朋友们共同学习和交流，分享亲子教育的经验，具体解析六大因素对孩子学习的负面影响和正面促进，帮助父母在引导孩子的过程中更有效果，支持可爱的孩子们轻松有效地学习、快乐健康地成长。

1.规则意识的建立

我们常说：好习惯等于好人生。因为好的习惯会带领我们进入良性循环模式，避免不断变化带来的不确定性，让我们更容易把专注力放在持续提升发展的方面，从而达成省时、省力、自然、有效的目的。

经常有家长诉苦：为什么孩子在学习方面总是没有主动性，不仅拖延、磨蹭，还没有目标、方向，缺乏良好的学习习惯。

学习习惯的养成主要表现在四个方面：第一个方面是规则意识的建立，第二个方面是独立意识的引导，第三个方面是责任意识的培养，第四个方面是积极意识的鼓励。

家长朋友们都知道学习习惯的养成非常重要，却不知道从什么时候开始培养。我自己的经验是从孩子出生起，就应该开始根据孩子年龄的增长，有意识地进行相应的习惯培养。

因为所有的行为习惯，都有可能泛化到其他方面，慢慢成为我们做事的自动化模式。比如，一个孩子吃饭的时间比较规律，那么他喝水的时间、玩耍的时间甚至整个作息时间，都有可能受到影响，相对来说比较自然而稳定。

我的女儿当初5岁多的时候就上小学了。害怕她不能很好地管理自己，在第一个学期的第一个月，每天接她放学回家后，我陪伴她做的第一件事情，就是完成家庭作业。当时的想法很简单，相信一个好习惯的养成需要21天，她还太小，我就用30天来强化。

第二个月开始，我非常明确地告诉她，每个人都有自己的责任和义务：工作、挣钱、照顾孩子、做饭、洗衣等都是大人的事，而学习就是孩子的事。所以，每天回家以后我们就开始比赛，我做饭她写作业，看看谁做得又快又好。当然，绝大多数时候，都是她赢。

一个学期结束以后，她已经完全不用我操心写作业的事，每天放学回家第一件事情就是先完成作业。接下来十几年的学习，我们都很少去操心她学习的事情，因为养成了良好的学习习惯，对她来说，每天做好自己的学习，已经是非常自然而然的事。

有个12岁的小男孩对我说，他总是管不住自己。在学习计划书里规定好了，每天放学回家先写作业再玩游戏，可是，有时候忍不住就先拿了手机，一玩就忘记时间了。

我告诉他："因为你现在还小，自我管理能力还不够。一个人必须要有足够的自我管理能力，否则对以后的人生会有非常大的负面影响。你不是长大以后想当一个成功人士吗？试想一下，如果你要去进行一个重要的谈判，半路上发现了其他有趣的事情，如果自我管理能力差，很可能就被有趣的事情吸引，而耽误了重要的谈判工作，那么损失可能就非常大了。"他一听很着急："老师，我也不想让我的自我管理能力差啊，怎么办呢？"

"你先要做到让手机远离自己，或者借助大人的支持与配合，有效地提升自我管理能力。比如，请妈妈先帮你保管手机，完成作业以后再玩游戏，游戏时间一结束，立刻把手机交给妈妈保管，坚持一个月；第二个月开始，隔一天让妈妈保管一次；第三个月开始，隔两天再让妈妈保管一次……这样慢慢训练自己的自我管理能力。"

后来孩子的妈妈告诉我，第一个月结束后，孩子已经对手机没有那么强烈的欲望了，而且孩子说害怕管不住自己，请妈妈继续帮他保管；又过了一个多月，孩子妈妈发来信息，说孩子报了一个街舞学习班，对手机基本没有依赖性了。

自我管理能力在一个人的成长中非常重要，其中情绪感受的管理尤其突出。最有影响力的说法是，在一个人的成功中，智商占20%的比重，而情商就占了80%的比重。

经常有十几岁的孩子抗拒父母的管教，信誓旦旦地承诺离开父母的督促也能管好自己。我就会跟他们约定，周末的时候，父母出门做自己的事，让孩子在家里自己安排学习和休息。好多这样的试验失败了，他们沮丧地告诉我："老师，不知道怎么回事，爸爸妈妈不在家，我都不知道应该做什么了，在电视前面一坐一天，在电脑前面完全就忘记了时间。知道他们快要回来了，就很生气，生自己的气，怪自己不争气，也生他们的气，因为他们回来了肯定又会指责我……"

像这样的情况，确实不能完全怪孩子，因为我们太喜欢安排、操控孩子的生活。只要是孩子的事情，不是事事送上解决方案，就是为孩子包办代替一切，已经让孩子完全依赖父母的指挥才能做事，缺少自我思考、自我管理的能力。

如果孩子需要家长一直催促着做事，效率和完成结果一定是不理想的；同样，依赖父母督促的孩子，自主能力和自我选择的可能性都比较偏弱一些。

我们常说：没有规矩不成方圆。规则就是人们在生活、学习、工作中必须遵守的行为规范和准则。规则意识的建立和遵守，能够帮助我们有效规范自己的行为表现，取得团队的认可和接纳，形成良好的做事模式。

我们做事情的安全感大多来自规则性，比如因为学校的纪律要求，孩子知道了上课的时候要注意听讲，写作业的时候要认真仔细，下课的时候可以玩耍，体育课的时候可以在操场上奔跑……因此，所有的规则，都是为了保障当下的事情可以更加顺利、安全地进行。

学校里各个学科的合理安排以及纪律要求，本身就包含着规则的建立和培养。家庭里比较固定的作息、用餐、完成作业、亲子活动以及娱乐时间，在孩子很小的时候，就应该慢慢训练。因为，有规律的生活和学习状态，可以让孩子在特定的时间里，更加专心地完成生活和学习任务。

学习本来就是一个长期训练和积累的过程。学生在学校里，也有每天、每周课程表的规定和调整。文化课程和体育活动也会根据年级不同，有适合孩子年龄特征的合理安排。回家写作业，每天也有不同的内容需要完成。所以，让孩子从小明白并且具备规则意识，对学习习惯的养成是非常重要的。

很多孩子从幼儿园进入学校以后，开始都会有新环境的适应问题。特别是学校规则和纪律的严谨性，需要反复给孩子说明、训练和强化，至少一个学期过后，孩子们才能自觉自愿地去遵守那些规定。

当初我女儿上小学的时候还不满6岁，她每天回来除了把学校里的同学、老师、学习的课程等情况，事无巨细地全部描述一遍，还总会告诉我一些她觉得很奇怪的规定，比如：老师说上课的时候不能离开座位；下课了才能去喝水；老师讲课的时候同学们都不能说话；老师还说不能带玩具到学校里面……过了好长一段时间，她才慢慢停止了大惊小怪的评论，接受了在学校必须遵守要求和规则的事实。

记得曾有一位老师告诉我学校里发生过的一件趣事：在一次秋季运动会上，全校的师生都集中站在操场上，听校长做会前讲话。正式活动还没有展开呢，有个刚入学的一年级新生突然躺到地上去了。老师当时吓了一跳，不知道发生了什么事，赶快过去看看他怎么了，结果那孩子说他累了，想躺在地上听校长讲话，而且不管老师怎么劝、怎么拉就是不愿意起来，当时把大家都笑坏了。

规则当然不是天生的，需要后天的培养和巩固。所以，对孩子来说，适合年龄特征的、带有一些强制性的、必须遵守的规则，会慢慢内化为自主的、自觉的、习惯性的良好行为，从而能够使孩子在成长过程中，专注、有序地执行规则，不断获得成功快乐的体验。

那么，对孩子来说，规则意识究竟什么时候开始建立比较合适呢？发展心理学研究发现，幼儿期是萌生规则意识，以及形成初步规则的重要时期。所以，好的规则意识，从幼儿期就应该开始培养。

两岁以前的孩子几乎都是在"用脚思考"，他走到哪里就在哪里开始自己执着的探索，很难建立规则意识。而且，两岁以前的孩子，眼里只有妈妈，不会有意去建立跟其他人之间的连接。

两岁之后的孩子，开始关注到身边还有其他人事物的存在。为了增加生存的能力和保障，他会有意识地去感受世界万物的形态，包括跟除妈妈之外的其他人建立关系。

也就是说，两岁之后的孩子，基本上都能做到有意识地与其他人配合了。这个时候，你指挥他"把玩具放下来""过来吃饭了""闭上眼睛睡觉了",他都能够听懂并且很好地配合。所以，三岁左右开始，就要及时对孩子进行规则意识的训练和培养。

父母们大多都不会特别看重对孩子进行规则训练，往往不是按照自己的判断随意性很强地安排孩子，就是根据孩子的需求反应来满足孩子，或者听别人怎么说就怎么做，看书上怎么写就怎么指导。

很多父母想当然地认为，等孩子长大了再慢慢适应也不晚。有时候，即使给孩子制定了一些规则，也不能坚定地执行，甚至还会一边建立规则一边破坏规则。

比如，孩子今天买了一个玩具，明天还要买，妈妈说"不行"，孩子放声大哭，妈妈一看孩子哭就心疼了，马上说"好好好，别哭了，妈妈给你再买一个"。等到了后天，孩子看到玩具还要买，妈妈说"不行，不能天天买玩具"，孩子又开始哭，妈妈说"不能让你养成坏毛病，哭也不能买"。孩子哭着往地上一躺就开始打滚，妈妈觉得很丢面子，马上说"好好好，快起来快起来，妈妈给你再买一个"。

结果大人的迁就，促使孩子不断找出各种办法打破规则，满足自己的需求。而且孩子往往都会比我们想象的更聪明，他很快就能找到最能够让你妥协的方法，一次次突破，无限地索取，没有任何对界限感方面的正确认识和行为。

孩子可以边玩边被家长追着喂饭吃；动画片都播放完了也不让关掉电视机；晚上说好了讲一个故事，都讲了三个了还是哭哭啼啼不肯睡觉；不满足要求就大哭大闹，高兴了就在沙发上乱蹦乱跳……

一个个令人头疼的"熊孩子"，就这样慢慢养成了。像这样发展下去，随着孩子年龄的增长，等到了开始有规则地进行像学习这样重要的事情，就很难纠正孩子任性而为的做法了。

现在有些十几岁的孩子，不想写作业就不写，任由家长一再被老师请到学校去解决；不想考试就不考，甚至有个11岁的小孩还对我说"反正会有中学上"；不想上学就不去，整天耗在家里玩游戏……

前几天在课程里，有个学员提问："晓红老师，我儿子15岁了，上初中以后，嫌我管他太多，非要去住校读书，我就把他送去住校了；后来他又说学校老师管理得太严，非要回家来住，我又把他接回来；现在他又嫌我管他，又要回学校去住校……我该怎么办？"

我说："告诉他无论走到哪里都会有人管，因为，任何系统里都有规则需要遵守，任何关系中都要顾及自己和他人的责任担当。在这个世界上没有人可以独立地存活。如果人人都像他一样任性，不仅没有规则，连最起码的安全都无法保障。"

孩子任性不遵守规则，或许是因为不懂得，可是，如果一而再、再而三地违反规则，就需要家长承担纵容、放任的责任了。

一年四季是规则，春种秋收是规则，法律制度是规则，纪律要求是规则，角色承担是规则，家庭关系是规则，作息规律也是规则……

有一次在香港通往深圳罗湖口岸的地铁上，看到对面一个一岁左右的小孩子坐在奶奶的怀里，充满好奇地看着车上的一切，不停地东张西望。奶奶的身边坐着孩子的爸爸妈妈，两人一直在聊天。

我女儿很喜欢小孩子，就在对面一直逗引他，渐渐地，孩子不再有兴趣往这边看了。女儿问我："妈妈，他怎么不理我了？"我看到那个孩子在打呵欠，就说："哦，现在11点多了，他想要睡午觉了。"

孩子从奶奶怀里弯下身体，开始拉扯奶奶和妈妈之间一个白色的大包。妈妈把他的小手拿开，他又去拉扯，妈妈再把手拿开，他还是会低头去拉扯。妈妈就从包里拿出来了一袋蜜饯，给了孩子一个。

孩子把蜜饯放在嘴里咬，一会儿吃完了，又去拉扯白包，不给就开始哭，一哭，妈妈又给拿一个。就这样，连续几次都是重复同样的行为。终于，妈妈可能觉得不能给孩子吃多了，就坚决不给了。孩子放声大哭，继续拉扯包，后来爸爸也去训斥并且打孩子的手。

孩子哭得更凶了，妈妈才好像想起来了什么，从包里翻出来了一个奶瓶递给孩子。孩子刚要伸手去拿，发现里面是水，又放声大哭。妈妈又翻了一阵，又拿出来一个奶瓶，里面有兑好的奶粉，孩子马上拿过来不哭了，在奶奶怀里吃着吃着睡着了。

这样的情境过程，应该有很多家长在带孩子的时候，会不断地重复，看起来很普通，没有什么问题，可是，你仔细想想，可能造成的后果是比较严重的。

妈妈没有负责任地关注孩子进食的规则性，孩子饿了，自然就会以各种方式提醒妈妈，比如打呵欠、拉扯包、哭着要吃的等。如果只有最后哭的这一招才管用，那么，孩子以后很可能就学到了省略前面的步骤，只要肚子饿了，哇哇一哭，就可以得到满足了。

刚开始，孩子总是会选择以合作性的方式寻求满足，哪怕是一个小婴儿，也会不停地咂巴嘴、眼球跟随妈妈到处转或者动手动脚，期望给到大人一个信号：我饿了。如果大人一直没有关注到孩子的反应和进食的时间规律，忽视了孩子的需求，等孩子饿得受不了时，孩子就会选择破坏性的方式：哇哇大哭。

就是这样，孩子为了满足日益增长的需求，渐渐学会用自己的方式突破父母的底线。在父母的迁就和忽视下，慢慢随着年龄的增长，孩子都不知道在父母这里，究竟哪些是真正被允许的，哪些是可以突破的，又有哪些是被坚决禁止的……完全没有规则意识。

我有几个学生在暑假期间带着他们七八岁的孩子，去欧美国家旅游了一圈。回来以后对我说："晓红老师，有一件事情让我们感觉到特别丢人。在公共场所，不管是机场还是商店，人家国外的孩子都会跟大人一样，安静地坐着等待，可是我们的孩子只要聚在一起，简直跟疯了一样，乱喊乱叫乱跑，按都按不住，一点规矩都没有，在别人异样的眼光里，真的是非常没面子。"

发生这样的事，能全怪孩子吗？当然不能，因为我们从来没有教过他们，在什么样的场合应该具有什么样的言行教养。

举几个最简单的例子：孩子在家里吃饭的时候，在菜盘子里翻来翻去，只挑自己喜欢吃的，你不会去管教他——作为父母，你当然恨不得把所有好吃的都给他。可是如果你带他出去参加宴会，孩子在盘子里乱翻，别人都不敢动筷子，甚至很嫌弃，你就觉得丢人，很生气地骂孩子："你表现得一点教养也没有，气死我了，下次再也不带你出来了。"孩子往往不会认为自己哪里错了，而是觉得你莫名其妙，他反而很委屈：我在家里就是这样做的，你从来都没有说过我，为什么在外面这样做就错了？

一位9岁孩子的妈妈说，她带孩子去参加钢琴考试，在大厅里等待的时候，别的孩子都安静地坐着，只有她的儿子到处乱跑，一会儿去碰碰旁边的锣，一会儿去敲敲前面的鼓。管理老师一个劲儿地劝阻他："过去过去！谁带你来的？别碰别碰！你的爸爸妈妈在哪里？"

我问她当时作何反应，结果她说："我觉得太丢人了，就拼命地埋着头，特别害怕别人知道我就是他的妈妈。"我很无语，问她："那你之前没有教过他，在那样的场合一定要保持安静吗？"结果她很激动地说："他都9岁了！人家的孩子都知道，他为什么不知道？"我说："哪怕是90岁了，也会有没教过就不懂的事情，况且，他还是个9岁的小孩子。还有，你又怎么知道人家的父母，就一定没有教过他们的孩子遵守规则呢？"

没有人能够天生就懂得做事，大人的责任就是要教养他做事的方法和技巧，并非到了那个年龄孩子就天生会、应该会。

记得有一次讲课的时候，我也讲到了这个事例，当场有一位女律师站起来分享："老师说得对，没有教过的话，真的有可能一辈子都不懂，我就经历过这样的事情……"

她很小的时候母亲就离开了，跟着父亲长大，从幼儿园全托到住校，几乎没有在家里住过，周末或者假期的时候，也是跟着父亲在建筑工地上度过。所以，从小到大，她很善于进行人际沟通与交流，也很懂得好好学习少让父亲操心，甚至连酒桌礼仪都很懂得。

可是，没有正常的家庭生活，也没有妈妈在身边教养指导，居家过日子的事情她真是一样也不会。

谈恋爱的时候，跟男朋友去见未来的公婆，很想好好表现一下，就积极帮着未来婆婆去择菜，并且放置得整整齐齐。后来，看到未来婆婆把油倒入锅里，她马上积极地把菜捧起来就扔了进去，把未来婆婆吓了一跳——当时，火还没有打开呢，油是冷的，关键是菜还没有洗干净呢……知道了正确的步骤以后，她真的是又吃惊又尴尬。

更夸张的事情还在后面呢！新婚期间，她有一件衣服的扣子掉了，以前都是直接送到缝补小店处理，现在成家了，试试自己缝吧。她把婆婆准备好的针线盒拿出来，在老公的指导下总算把扣子缝好了。晚上睡觉的时候，老公一躺下去就跳起来了，原来没有注意到，床上居然有一把剪刀。知道了是她缝扣子的时候掉在床上的，老公急忙问："针放哪里了？"结果，夫妻俩趴在床上找了半天，终于把缝纫针找到了才敢睡觉。

所以，教养教养，先要教会孩子各种生存的技能，才能平平安安地把他养大啊。

孩子对父母爱的索求是没有满足的。他们会不断地提出各种要求，得到了还想要，得不到就抗拒父母，同时又矛盾地带着内疚感与愤怒的情绪，因为不知道父母心里是否会讨厌他们，也不知道在哪里可以继续，在哪里可以停止。

小孩子不懂得规则，也不知道如何执行，成长过程中需要大人的督促和坚持，才会真正形成习惯性的行为。

有一次，我侄女带着3岁的女儿来我家住了几天。要离开的那天早晨，孩子突然感冒生病了，很不舒服。她哼哼叽叽地起床后，什么都不想做，也不想吃饭。吃过药以后，我说："你想做些什么让自己舒服一些呢？"

她说："看个动画片吧，我想看'光头强'的动画片。"大清早的，我翻遍了所有的电视频道，也没有帮她找到"光头强"的动画片，怎么办呢？她自己又提要求说："那就看我妈妈手机上的动画片吧。"她妈妈说："好的，你看动画片，妈妈去刷牙洗脸。每集是5分钟，你看三集是15分钟，正好妈妈就洗完了。"她说："看五集。"妈妈说："不行，看三集。"她坚持说："五集。"妈妈更坚定地说："三集。"我以为她会哭呢，结果她说："好吧。"

这就是我们常说的"温柔而坚定"的教养方式。特别是在原则性的问题上，父母一定要按照制定好的规则执行，不能因为孩子的抗拒随意改变。在亲子互动中，灵活只是为了更好地沟通，坚持却能帮助我们规范当下的行为。

我经常对家长们说，如果你在孩子刚刚上学的时候，舍得好好陪伴他一个学期甚至一年，让他养成良好的学习习惯，那么你以后就可以在督促孩子学习方面轻松十几年。

我们不能把孩子从以游戏为主的幼儿园带出来，直接送到有纪律约束、有行为规范的学校就不管了。家长在家里管理一个孩子的行为，都不是很轻松的事情，而老师却要同时面对几十个孩子，根本没有办法做到个性化的指导和矫正。

比如上课专注听讲这件事，有的孩子可以一直专心听讲；有的孩子喜欢一边听课一边记关键词；有的孩子边玩边听；有的孩子听一阵走神一阵；有的孩子甚至听着听着就睡着了，但神奇的是老师叫醒了提问，他居然也能回答出来。

如果我们能够陪伴孩子最初进入学校的那一段时间，及时了解学校老师对孩子的要求，注意观察孩子写作业的状态，留意孩子完成作业的速度和时间，认识自己孩子理解学习的能力……这样，才能根据孩子的个性特征，真正有效地进行指导。每天什么时间起床、怎样整理自己的书包、什么时间上学、用什么方式学会功课、合理安排回家写作业和游戏的时间等，都是需要成年人的带领和指导，最后慢慢让孩子形成长期的行为习惯。

在一次课程里，有一位女士向我请教，如何能够让儿子安心在学校里学习。孩子已经上高二了，从初中开始，就换了好多个学校，可是到现在为止，他依然会找各种理由拒绝上学。

她问我是因为什么原因，我直接告诉她是因为从小没有培养孩子的规则意识。她不懂是什么意思。我问她几个问题：从小是不是特别迁就孩子？遇到分歧是不是总是家长让步？孩子叛逆的时候是不是经常感到束手无策？孩子拒绝上学的时候家长是不是会想办法帮他更换学校？结果，她都回答"是的"。

从小到大，孩子的规则意识，就是这样在家长的迁就、束手无策、纵容，以及不断地送上解决方案或者包办代替当中，慢慢地给破坏掉了。

我教给这位妈妈一些方法，让她去跟儿子沟通。她回去以后就对儿子说：前面几次换学校，我们已经用尽了所有的关系和力量，现在没有任何办法再帮你换班级或者换学校了，所以，现在的学校，如果你愿意就继续去学习，如果不愿意就去退学。也可以选择去学习一门技术，这样等你到了18岁，就出去靠自己的能力挣钱养活自己。

第二天上午，正在我这里上课的妈妈，突然接到了孩子班主任的电话，说这个孩子主动给老师打电话要来上课，询问老师他需要带哪些资料，她激动得跑过来给我报告好消息。

所以说，当我们给孩子制定好规则，并且坚定地执行的时候，孩子反而会对可能产生的后果有所警惕，愿意做一些事情，避免自己承担一些不太好的相关责任。

曾经有个16岁的女孩子，在我的课程中做目标规划的时候，我问她，准备用什么样的方式保证可以完成过程。她理所应当地说："我会在妈妈的监督之下，还有同学朋友的监督之下，做到好好学习，完成自己的目标。"

　　我直接就把她的这些要求给打回去了："你已经16岁了，还有两年就成年了，要学会用自己的能力管理自己的学习和生活。妈妈凭什么每天负责监督你，难道她不用工作挣钱养活你吗？同学朋友都没有事情做吗？他们有多少时间还要来负责监督你？况且，你为什么需要别人监督？这么喜欢被监督，要不要到监狱里面去，那里每天24小时都有人监督呢。"她完全没有想到我会不给她留任何余地，当时就愣住了。

　　我说："你只有资格请求妈妈和同学的支持，在你管不住自己的时候，可以及时提醒你一下，而且还要他们愿意才可以。你自己的事情和人生，根本没有权利要求别人来为你负责。"

　　女孩一下课就跑到我面前来交流，非常开心又不好意思地说她明白了，自己的事情需要自己负责任，接下来回到学校的状态马上跟以前完全不一样了，她妈妈不断有好的消息给我传过来。

　　规则意识的培养，对于好的学习、生活习惯的养成非常重要，而且，这也是保证我们可以安心安全做事的前提。就好像汽车要在机动车道上、自行车要在非机动车道上行驶，行人要走在人行道上，这是必须遵守的交通规则，实际上也是我们能够安心安全行走在道路上的保证。

　　那么，不同年龄阶段的孩子如何培养他们的规则意识呢？

　　幼儿园的孩子虽然没有学习任务，可是良好的行为习惯对未来的生活、学习有很深远的影响。按时起床；吃饭的时候禁止手里拿着玩具；适度满足孩子的需求，避免有求必应的满足造成孩子无限索取的恶劣后果；看电视的时间坚持按照家长的规定执行，如果要赖就减少一次看电视的时间，让孩子从小学会遵守约定与承担责任；准时上床睡觉，如果拖延可以减少一次睡前故事……

今天正好看到一则新闻：有一对父母想要试探4岁孩子在大书店突然找不到父母会不会被吓住，正好借此教育孩子在公共场合要注意安全，不能离开大人的身边，于是就趁着孩子不注意，故意躲起来偷看孩子的反应。结果没有想到的是，孩子找了一圈以后，没有找到父母，并没有像父母预想的那样被吓到。他按照父母之前教过的方法，直接找到穿着制服的保安叔叔说明情况，并被带到广播室去呼叫父母了。

对小孩子来说，只要你能尊重他的存在，有清晰明确的指令，他完全有可能做得很好。

上学以后呢，小学生有了明确的纪律要求和学习任务，如果能够有好的作息规律从幼儿园就顺延下来，孩子和家长都会轻松很多，否则就要从作息时间的安排开始训练。

尤其是在学习方面，一定要尽量保持每天都在固定的时间开始写作业。所用时间的长短，可以根据作业量和孩子写作业的速度随时调整。特别是低年龄段的孩子，按照老师或家长的标准在规定的时间内完成作业，并非所有的孩子都能做到，就要多给孩子一些时间，不要造成太大的学习压力，避免让孩子产生畏难情绪。

需要注意的是，完成家庭作业的时间，一定要跟吃晚饭和看电视的时间错开，否则孩子写作业的时候惦记着动画片，完成作业的质量肯定不太好。实在不能错开，可以允许中途暂时放下作业，看完了电视再完成作业。另外，为了配合学校老师的要求，还要记得在睡觉之前，把第二天需要带的东西及时收拾整齐放在书包里。

其实，很多时候，不是孩子不讲道理，而是不懂道理，是父母没有很好地给孩子讲明白道理。

我曾经在一个五百多人的会场上讲"家庭教育"。第一天有一个跟家长来听课的7岁男孩子收获很多，回家还让妈妈帮着写了十条课后感想。比如，老师说给孩子指令的时候要用正面词语，以后妈妈要他写作业的时候，不能再说"不要玩了不要玩了"，要说成"写作业呀写作业呀"；老师说一个家庭就是一棵树，父母和老人就是树根，孩子就是树叶，树根好了，树叶才能长好……

第二天早上，我就当着所有人的面念了几条，本来是想让大人们反省一下：连孩子都懂得听课了，作为大人，更要懂得学习和改变。结果没有想到，下午一上课，场上居然多出来了37个大大小小的孩子。主办方都被吓住了：这样一开课岂不是吵翻天了？他们决定说服父母把孩子们集中带出去，专门派老师管理。

我知道家长把孩子带来的目的是希望孩子听课以后也能有所变化，所以我让主办方交给我来处理。开始上课了，我说："所有的大人们注意了，现在我们的场上多了37个小孩子。因为这是成年人学习的课程，那么孩子都是陪伴爸爸妈妈、爷爷奶奶来学习的，所以，我们首先要对孩子们表示感谢，谢谢他们愿意在假日放弃玩耍，陪伴家长来听课。"

全场掌声雷动，孩子们听了很意外，又兴奋又骄傲，家长们也很感动。我又对孩子们说："所有的孩子们注意了，我们的会场是有规则的哦。我对你们只有一个要求，上课的时候不要发出声音。想听课的话呢，就一直在会场里坐着，禁止走动、说话。不想听课呢，就可以悄悄出去外面玩一会儿。玩的时候注意安全，而且一定要保证只能在会场周围玩哦。"

结果整个上课的过程中，孩子们出乎意料地安静。中途有三个小男孩坚持不住，真的是猫着腰轻轻出去，在外面玩了一会儿又猫着腰轻轻回来，在场的大人们都感觉特别神奇。

其实在孩子那里，一些非原则性的问题，比如，究竟是先洗澡还是先背诵课文等，只要不是危及安全和生命的事情，完全可以随时与孩子协商解决。否则事事操控，也可能引起孩子的抗拒。

曾经有一位家长说总跟儿子斗争，闹得家里每个人每天晚上都在生气。原因就是，每天晚饭后，妈妈收拾好了厨房就来催儿子先去洗澡换衣服，再来写作业，这样她就可以在儿子写作业的时候把当天的衣服洗了。可是儿子偏偏喜欢先写完了作业再去洗澡，感觉洗澡之后直接上床睡觉更舒服。

先洗澡还是先写作业，真的有那么重要吗？实际上只是家长的操控心在作怪而已。像这种非原则性的问题，完全可以灵活操作，找到让父母和孩子都认可、舒服的方式执行。

当然，原则性的事情必须坚持到底，比如说，对于是否去上幼儿园或者上学这样的事情，家长一定要让孩子明白，根本没有商量的余地，必须得去。可是，用什么方式学习、写作业，完全可以商量。

中学生的规则意识已经非常清晰，并且为了更好地满足自己的需求，他们会反过来对家长有很多要求。家长单方面的要求很难被孩子完全接受，要尊重他们的自主要求，共同协商需要遵守的规则。对于孩子不合理的要求，一定要坚持并且给出合理解释，这样，孩子才会慢慢学会主动配合。

在亲子关系里，我们坚守的底线，往往是孩子尊重我们的界限。

2. 独立意识的引导

几乎所有的爱都是以聚合为目的，而唯有亲子之爱，一定要以分离为目的。随着孩子年龄的增长，家长要学会慢慢体面地从孩子的事务里退出，支持孩子活出自己的人生特质。

而独立性的培养，一定要从孩子能够在每个年龄阶段，可以很好地与父母以及父母的指令有效分离开始，因为，不需要依赖他人的成长才是真正的成长。

听话、懂事、乖，往往是我们对孩子没有违背成人意志的最高赞扬了。听话的孩子会把父母、老师的话，当成自己生活、学习的行为准则，不需要自己思考或想办法，只要像一个木偶般机械地照做，就能够成为大人眼里的乖孩子。

在家里听父母的话，在学校听老师的话，工作了听领导的话，结婚了听伴侣的话。"听话、乖、礼貌、懂事"往往变成了父母的口头禅。"好孩子"的标签，阻止了孩子自由想象和发挥的欲望。

有一位女士对我说，她感觉自己一直活得很没有自我，从来都不能够按照自己的想法生活，因为她从小就是一个乖孩子，所做的事情都习惯了按照别人的意见和安排来做。可是，后来她在生活中渐渐发现，别人并不会像她父母一样对她的"乖"很满意，反而经常觉得她很窝囊没有主见，重要的事情都不愿意让她参与。

而且，现在她还有一个新的困扰，就是亲子关系特别僵，17岁的儿子什么事情都跟她对抗，有时候连续几天都不跟她说话，她没有办法，只能每天写各种小字条塞进儿子的门缝。我说："你在字条上都写些什么呢？"她扳着手指头列数："让他写作业的时候要专注不要听音乐，告诉他老师发的信息说他最近不太努力，要他把窗户打开透气，让他记得喝牛奶，要记得每天背诵10个英文单词，晚上睡觉的时候不要玩手机……"我说："他会按照你说的做吗？"她很生气地说："我就是很冒火，以前他什么事情都是听我的，现在越大越不懂事了，什么事情都跟我作对，一点都不乖了。他爸爸也不配合，总说我不对。老师，你说我怎么做才能让儿子听话？"我问她："你的意思是说，让他像你小时候一样，听话地做个乖孩子，然后长大了也像你一样，没有自我，遭人排挤甚至受人轻视？"她一下就呆住了，愣了半天才反应过来："老师，我明白了，原来就像我父母当初的做法，我又用同样的方式对待儿子，只想要他做个乖孩子，没有考虑过他的感受……"

是啊，在我们的成长经验里，情绪感受直接反映了我们跟外界连接的好坏程度，而且，只有亲身体验，才能让我们学会如何更好地保护自己安全成长。

刚会走路的孩子跟跟跄跄，嘴巴里咿咿呀呀说着只有自己才听得懂的语言，对周围的一切都充满了好奇，眼里看到的所有东西，都想伸手去触摸一下。

因为他太弱小了，需要尽快认知这个新奇的世界，更好地保护自己：地板是硬的，那么我走路要慢一点，免得再摔疼了；桌角是硬的，以后要小心一点，防止再磕到头；沙发是软的，可以尽情地上下翻滚；窗帘是软的，可以放心地扯来扯去躲猫猫……本来是无忧无虑的快乐探索，却经常被大人的过度保护打断。为了保证孩子的安全，大人总会想方设法阻止孩子的探索行为。可是，如果你的孩子还在牙牙学语，你根本不能期望他能够明白你的指示。曾有一个年轻的妈妈问我："晓红老师，我的孩子15个月了，我怎么能够让他做到我对他的要求？"

我说："你对他都有什么要求，举例说明一下。"

她说："比如我不在家的时候，不准他去卫生间和厨房，只有我在的时候可以抱他进去，可是他做不到。"

我说："才一岁零三个月的孩子，你确定他能明白你的要求是什么吗？你觉得他能理解你想保护好他的良苦用心吗？"

你能做的最好的方式，不是去阻止孩子探索世界的行为，而是尽量完善一些保护措施。比如：把卫生间的马桶盖及时放下来、冲澡的蓬头挂得高一点、保持地面干净和防滑、卫生纸卷装进盒子里、男士剃须刀等危险用品放在孩子够不着的地方等等。

即使他对插座突然感兴趣了，你也不能强行把他拉开或者吓唬他半天——拉开了他会哭闹不休，让你烦不胜烦；吓唬他也不管用，因为你说的危险他一点都不懂。

你可以用透明胶带把墙上的插座蒙起来，允许他用小手指隔着胶带去探索一下那几个黑色的小孔，这样既保证了孩子安全，又不会因为他不听话惹得你生气发火，只不过你使用起来麻烦一些而已。

在孩子的眼里和心里，未知的、不能掌控的事物太多了，他想要通过自我探索，在被大人允许的范围内，尽量去认知这个世界，形成自我的初步判断，哪里是安全的，哪里是有危险的，慢慢学习提高与外界人、事、物相处的最好方式，避免可能会产生的危险，增加自己的生存机会。现实生活中，很多孩子在我们的过度保护下，往往没有机会去独立探索。

有一次我在机场候机的时候，看到有个爷爷带着一个刚学会走路的孩子，孩子对身边的一切充满了好奇，看到什么都想去触摸一下。

可是每当孩子伸手出来的时候，爷爷马上在旁边说："咬手手。"孩子吓得赶快把小手收回去了，一会儿忍不住再一伸手，爷爷马上又说："咬手手。"孩子吓得又把小手收回去了。甚至孩子看到我的围巾，伸手想摸一下，他爷爷都会吓唬他："咬手手。"……

各位朋友可以试想一下，如此教育，对这个幼小的孩子来说，世界多么恐怖啊！所有的一切都会咬我，那么我的安全感在哪里呢？

孩子以这样的方式长大，不仅没有被鼓励与外界连接，还让孩子缺少了独立面对人群、面对世界的勇气和能力。

记得几年前，我有一个学生请我去他管理的一个幼儿园，给家长们做一场讲座。我去得比较早，孩子在院子里做游戏，我就在大厅里休息。有一个3岁左右的小男孩进来对我说："老师，我要去尿尿。"我说："哦，卫生间在哪里，需要我带你去吗？"他摇头说："不要，我自己去，我知道在楼上，我自己会去。"上楼梯的时候，他又回过头来对我说，"老师教过了，上楼梯的时候要慢慢的哦。"我给他竖了一个大拇指。过了一会儿，他出来了，一边下楼梯一边对我说："老师，我下楼梯的时候也要慢慢的哦，不然就会摔倒了。"

我表扬他说："对，你懂得真多！"他扶着楼梯一步步走下来，又过去拿了一个杯子对我说："老师，我要喝水，你帮我接水吧。"我刚接过他手上的杯子，他又叮嘱我，"老师，妈妈说，要一半凉水一半热水哦。"我故意逗他："为什么呀？"他认真想了一下，老老实实地说："我不知道，妈妈说的，要一半凉水一半热水哦。"

所以说，如果我们能够做到耐心教导孩子、相信孩子，即使他并不能真正懂得其中的道理，可是一样能够做出非常好的效果。

我们现在教育的孩子，面对的是十年、二十年后的社会，连我们自己都不知道将会发生什么变化，更不可能预料到所有问题并且现在就教会孩子应对。

那么，培养孩子最重要的事情，就是要孩子明白，以后的人生需要自己独立去面对、承担和创造，而独立的思考能力、学习能力和解决问题的能力，就是未来最好的社会适应能力。

对孩子独立能力的认识，在我女儿两岁半以前，我也没有足够的概念。女儿两岁半的时候，有一天下午，她爸爸出差了，我在厨房里做饭，她在客厅里玩耍。她一会儿过来看看我，在厨房门口折腾一阵，一会儿又跑开，去客厅里摆弄玩具。

中间我有事要出来，发现厨房的玻璃门被女儿玩耍时无意中反锁了。我又敲又喊的，终于把她叫过来了，折腾了半天也打不开门。她吓坏了，瞪大了眼睛在门外看着我，不知道怎么办才好。

我大声安慰着她说没有关系，一会儿妈妈就出来了，她也一直守在门边不敢离开。家在10楼，手机也在客厅里，怎么办呢？在我转来转去想办法的时候，发现同层隔壁的邻居在她家阳台上，就赶快大声喊叫，向她说明情况求助。

接下来我就开始连比带画地指挥女儿，她来来回回地跑了好几遍，终于明白了要把鞋柜上的钥匙串拿过来。太高了够不着，她拖了一把椅子过去，爬上椅子才拿到了钥匙；又通过墙下边洗衣机水管的小洞口，一点点把钥匙串塞进来给我。

整个过程，她居然没有掉一滴眼泪，专注地瞪大眼睛，紧张而冷静地听着我的指挥，一遍遍来回跑，努力配合我终于把钥匙拿到手，从窗口扔给邻居，请邻居开门进来帮助。

说老实话，女儿当时表现出来的独立能力，让我非常吃惊，原来即使两岁多的孩子，都可以做到如此完美的独立配合。所以，从此以后，能够让她自己参与或做主的事情，我都会尽量让她自己想一些办法或者做一些选择。

比如，去超市购物，她看到糖果都想要。我会告诉她，一次只能选择一样，等吃完了再来选择另一样，而且妈妈帮你记录下来，保证会让你吃到每一种糖果。这样，她在做选择的时候，就会清晰而不纠结，能够坦然面对得失。

在孩子成长的过程中，我们尽量只负责正向的引导、经验的分享和对可能性后果的分析，把学习、做事的主动权和选择权都交给孩子，让他们学会有能力规划自己未来的目标和理想。很多事实证明，孩子一定会做得非常棒！非常优秀！

而且，当我们允许孩子探索和参与这个世界的时候，才能激发孩子的求知欲望和新的想法；当我们允许孩子表达意愿和独立选择的时候，才能不断促进孩子能力的提升。

有个10岁的小女孩，因为在学校里没有朋友，总是哭着不愿意去学校，家长就带着她来我的工作室。当时，爸爸、妈妈、爷爷、奶奶和外婆全跟着，七嘴八舌、争先恐后地给我描述孩子的情况。

我说："我听不清你们究竟在说什么，能不能请妈妈一个人说，不全面的地方再请其他人补充。"在妈妈说的过程中，依然不断地被其他人打断，他们甚至开始互相埋怨，都怪对方没有照顾好孩子。

后来，我对他们说："请你们都出去外面休息一会儿，我想跟孩子单独聊聊。"孩子一听，马上紧紧抓住妈妈的衣袖，害怕得好像要被抛弃了一样。孩子的外婆立刻说："不行，她自己说不清楚。"

我说："她都10岁了，为什么还不能说清楚事情？难道你们没有教过她说话吗？在我这里，四五岁的孩子也能单独谈话。"后来，他们一家人又哄又劝地安慰了半天，孩子终于点头同意了。我说："你叫什么名字？"她想了一下，居然说："刚才，妈妈写在那张表上了。"我说："我知道你肯定比幼儿园的孩子强，自己能够清楚地说事情，而且今天我要帮助的人是你，大人说的话我只是参考一下，你说的话才是最重要的，你愿意跟我说自己的事情吗？"她点点头同意了。

孩子跟我聊了20分钟，什么事情都能说清楚：爷爷和奶奶总是说外婆的教育方法不对；外婆又说爷爷奶奶不好；爸爸的脾气很大，总是在家里发火乱吼，总是怪妈妈把我惯坏了；妈妈说她是最爱我的人，可是我什么事情都得听她的，不听她就生气；老师总说我还没有长大；同学们都不喜欢跟我玩，说我太笨了；体育老师也说我有娇气的毛病，因为我嫌皮球太脏了，不愿意用手碰，可是妈妈告诉我，别人摸过的东西都有很多细菌；我不想去学校，因为没有人搭理我……

在我们身边的亲子关系中，像这样的情况很多很多。父母不仅缺乏培养孩子独立能力的意识，还会用爱的名义，一直操控孩子的成长与发展，总是担心孩子能力不足够，什么事情都包办代替。

几年前，我在苏州讲课，有一对父母带着26岁的儿子，专程从广州飞过来寻求帮助。孩子从大一休学到现在，什么也不做，待在家里几年了。

26岁的大小伙子，个头比妈妈高出了一个头，走路也不看脚下，总是半昂着头。爸爸妈妈一边一个把孩子夹在中间，而且妈妈还不断地替儿子向上推一下眼镜框……

现场的好几个学员都有意地躲避着他们一家三口，因为小伙子的整个状态，都表现出来好像智力有问题，似乎随时会有异常举动。

他们申请的是系统排列个案，我就让小伙子去填写个案表。结果父母急忙接过去开始填写。我说："他可以正常写字吧？让他自己填写，如果有不会表达的，我会向你们了解详情。"他们把个案表给了儿子，可是依然紧紧地围在他身边指点。爸爸妈妈都在说，儿子不知道听谁的，呆住不动笔。

我没有办法，只能把他带到另外一个房间，让他自己填写个案表，如果有不懂的地方可以随时问我。虽然有点结巴（可能是很久没有跟别人相处、沟通的原因），但他完整地填写了个案表，并且说明白了自己大致的问题。

小伙子的父亲开了一个国际贸易公司，想到以后要让儿子接班，必须提前锻炼他抗挫折的能力，所以，在孩子小学二年级的时候，把孩子托付给了朋友的远方亲戚——海南一户比较贫困的家庭里。

原本是大城市里家庭优渥的娇贵小公子，突然被送到了一个完全陌生的偏僻小乡镇，而且寄养家庭不仅贫困还不友好，娇生惯养的孩子变成了"落难公子"。

　　他眼泪汪汪地告诉我，吃饭的时候，他想夹肉，人家就拉下脸来说："肉都被你一个人吃了，别人吃什么？"他不敢吃肉了就夹菜吃，多吃几口，人家又冷冰冰地说："还有别人要吃呢。"

　　那个时候，他太小了，根本搞不清楚究竟家里发生了什么事情。父母要"锻炼他"的说法和计划，真正的目的是什么？难道是家里没有钱养他了吗？因为当时寄养家庭对待他的态度，让他认定父母完全没有管他的生活和学习……真相是父母一直给对方生活费和学费。

　　送走大儿子后，母亲又生了一个小儿子。狠心"锻炼"大儿子的父母，几年后带着小儿子去看望大儿子，发现原本聪明活泼的大儿子变得木讷、迟钝，一点也没有变得像他们想象的那样坚强、独立。

　　父母吓了一跳，赶紧把孩子接回了家。可是，就像当初被送到海南乡村一样，回到大城市的孩子更加畏惧外界的一切……在父母的各种安排之下，孩子勉强读完了高中。父母又花钱让他去上了大学，可离开家的独立生活，更是让孩子无所适从，最后只能休学至今……

　　一个被训练得完全忽略了自身意志的孩子，在成长经历中学会了压抑自己内心的真正需求，被动顺从，没有勇气表达自我，逐渐丧失独立思考、独立做事的习惯和能力，只能一直处于被他人意见左右或随意支配的位置，成为一个懦弱的、低能力生活的人。

　　孩子们常常对我说"告诉他们也没用"，因为家长根本不会也不需要倾听孩子，更不用说理解了，父母只要会听话的"乖孩子"。

　　家长们往往在孩子进入青春期以后才能明白，如果说在小学毕业以前，你还能够用父母的权威压制孩子的成长，用爱的名义束缚他的自由，那么进入中学以后，孩子的自我意识突然飞跃式地成长，开始要求平等对话和独立空间，具备了自我判断是非对错的认识和标准，不可能再单纯地相信父母和老师的说法。他们希望得到的，是对他们独立面对世界的能力的肯定和信任。

可是，在父母眼里，他们却永远都是处处需要照顾呵护的小孩子，什么也不懂，什么都不会。父母有太多的理由操控孩子的人生——

"我们是你父母，我们要为你的人生负责。"可是我们没有想过，孩子需要独立面对的是20年后的人生。那时候，我们自己是否能适应新时代的飞速发展都是一个课题，如何能够为孩子的人生负责？

"我是你妈妈，你的事就是我的事，因为爱你才要管你。"如果你都可以代替他活着了，为什么多余生个孩子出来？如果你真的爱他，为什么不允许他学习独立成长，而是要把他塑造成一个事事依赖他人永远长不大的孩子？

有一句流行语说得很有道理：你剪断了孩子的翅膀，却希望他们能够展翅飞翔。事实如此，听话的乖孩子背后，往往有着强势、霸道的父母。他们打着"爱"的名义，蛮横地占据了孩子的独立空间，过多干涉孩子的成长。

久而久之，孩子对自己的生活和学习失去了主动管理意愿，不会自我思考解决问题，不知道如何选择才能最好地表达自我需求，不懂得如何决定才能掌控自己的人生，因为，相应的自我成长的机会和能力，都被大人有意无意地给拿走了。

我女儿当初在出国留学之前，有个朋友介绍了一个哈佛博士，给女儿做一些申请书方面的指导。几次见面，女儿都是自己跟博士交流，一会儿英语一会儿汉语，我在旁边根本插不上话。那位博士特别喜欢我女儿，非常欣赏她的独立性，还主动给她减免了好多费用。

最后一次见面的时候，博士告诉我，他在上海、杭州这几个地方，已经做出国留学培训指导三年了，非常辛苦。他给打算出国留学的孩子们做辅导的时候，几乎都是在给家长们做辅导，因为孩子们根本都没有自己的主见，一问三不知，什么问题都是先看向父母，依赖性非常强。他常常都会替他们担忧：真的出国以后，连做什么选择或选择什么都不清楚，如何能够管理好自己，并且学成归来呢？

我女儿有一个同届的学友，也是从国内某大城市很有名的中学毕业，才考取了国外这所心仪的大学，可是去了以后并没有继续用功学习，居然天天躲在宿舍里看韩剧。

她对大家说，以前在国内都是父母逼着学习，监督着学习，现在不用在父母的眼皮子底下努力学习了，终于可以自由地看电视了。

像这样的孩子，并非完全没有上进心，只是在父母的呵护督促之下，她已经习惯了依赖父母和老师的安排，而不用自己负责如何管理学习和生活。一旦离开父母的视线，她根本就没有一点点独立管理自己的能力和方向。所以，别人都是四年完成学业，她用了六年。

在生活中，还会出现一些特殊情况。有的时候，不是家长不愿意培养孩子的独立能力，而是家长"需要"照顾孩子，以此来彰显自己在家里的存在价值。

我见过一个被妈妈喂饭到14岁的女孩子，她16岁时在我的课程里跟着大人一起学习，表现非常好。

我问她："你学习能力如此好，哪里都没有毛病，为什么会被妈妈喂饭一直到14岁？"

她好自然地说："我故意不好好吃饭，妈妈就只能喂我喽。"

她的妈妈是一个没有多少文化的全职太太，而她的爸爸是一个大公司的老总，两个人是从小被家里长辈安排的婚姻。可能对于这个女人来说，能够保证自己可以一直留在这个家里、留住丈夫的方法，唯有照顾好孩子、证明孩子离不开她这一件事情了。

所以生了儿子以后，她一直无微不至地照顾呵护。儿子到了十多岁的时候便拼命对抗，考上大学离开以后，就很少回家，大学毕业坚持留在外地工作，更是很少回家。没有办法，妈妈在儿子离家几年后，又想办法怀孕，生了这个女儿。

妈妈用爱的名义牢牢操控甚至阻碍着女儿正常的成长发展，而女儿呢，也会为了维护妈妈在家里的资格感，满足妈妈想要照顾自己的愿望，心甘情愿地不长大，一直坚持做一个小孩子。

曾经在我的系统排列工作场里，有一位案主是一个看起来十七八岁的女孩子，她的主题是：如何能够摆脱妈妈的控制，过自己的独立生活。我问她："你觉得自己已经有足够的能力独立生活了吗？"她说："有。"我说："你多大岁数了？成年了吗？"结果她的回答让场上几十个人都发出了惊叹，她很不好意思地说："成年了，我已经28岁了。"

可是她的整个状态，看起来都是一个高中生的样子，因为她有一个操控欲极强的妈妈，牢牢地抓住她不放，从小到大，什么事情都不让孩子自己做主。直到现在，只要是女儿自己要做的事情，她一定会想尽一切办法破坏掉。

比如，女儿不买衣服，她会批评女儿不会打扮；女儿买衣服，她又会批评女儿浪费。跟女儿去商场买衣服，督促女儿试各种衣服，终于有一件满意的衣服，女儿决定买了，她却会坚决地把女儿拉走，不允许她自己做选择。

现在女儿实在没有办法，坚决搬出来租房住，可是妈妈只允许她周一至周四上班期间住，其余时间必须回家住。而且，每天早晨都会不辞辛苦地亲自送早餐给女儿。我问她："如果你坚持自己的生活，妈妈会怎么样呢？"她马上说："我怕她难过。每次都想坚持的，可是，一看到她伤心，我又不忍心了。她一来管我，我又想跟她对抗……"

像这样因为自己的需要，有意无意操控了孩子人生的父母，往往都有自己成长经历中的一些负面情绪或创伤，不懂得用其他更好的方式转化或疗愈，就容易投射在爱人或孩子身上寻求补偿。

实际上，每个年龄阶段的孩子，无论是心理还是生理成长，都足够让他面对当下时期的生命任务。幼儿园的孩子，自己穿脱衣服、喝水、吃饭、洗脸、刷牙、上床睡觉、整理玩具、选择做或者不做一件事情，只要你认真教会孩子，他完全都能够顺利完成。

小学生的独立能力，一定要从一个好的行为习惯开始。对一个小学生来说，重要的不是非要坚持让他自己背着沉重的书包，而是要关注书包是否是他自己收拾整理好的。

以前在我的课程里，有个11岁的男孩子，上课的时候因为不太听得懂内容，听得并不专注。下课了，我经过他身边的时候，问他是否能听得懂，他积极地回应说"能听懂能听懂"。

可能因为感觉自己被老师关注到了，他变得更积极。再上课的时候，我发现他听得格外专注，只坐半张椅子，几乎是整个身体都向讲台方向倾斜着，再下课的时候他还过去对助教老师说"刚才上课的时候，我都感动得哭了"。而且他听课感触越来越多，跟大人一起讨论的时候、发表自己的听课感想的时候，都能说得头头是道。

在日常生活中，中学生的自立能力已经不需要父母更多的操心了。可是学习能力和学习动力，依然会困扰孩子和家长。如果说在小学阶段，家长还能够在学习上面帮助孩子，上了中学，很多家长已经无法胜任家庭教师的角色了。帮不到的时候，一定要学会放手，让孩子有机会有能力做自己的选择。

十几岁的孩子，对社会环境的认识更深入，规则意识已经比较清晰，越多一些自由和信任，他的自觉性反而会越好一些。曾经有个15岁的男孩子，总跟妈妈起冲突，他对我说："我爸整天忙工作，顾不上跟我说一句话，想起来了就问我妈我考了多少分，只要不满意就怪我妈把我宠坏了。我又不是家里的小狗，怎么就宠坏了？我妈以前啥事都要管，现在学了一些亲子课程，又假装不干涉我了。真是假装，我好多次都发现她在门边偷听，看我有没有在玩游戏，还不如直接进来说呢。"

我说："你的意思是，如果妈妈发现你在玩游戏，可以直接进来提醒你，以免影响学习，对吗？"

他说："当然了，有时候真的入迷了，作业也写不完。"

我说："那你希望父母怎样做，给我一些具体的要求，我来跟你父母沟通，因为他们也是有了你才第一次做父母，真不知道如何更好地支持你学习、帮助你成长。"

他又有点儿不忍心了，为难了半天才说："其实也没什么。我爸很了不起的，他懂的东西很多。他可以直接来问我。我也有好成绩，还得过两次科普比赛奖，我妈认为不是学科成绩不重要，我爸一直不知道……"孩子说到这里有点委屈，眼圈都红了。他又说："我妈也很辛苦。我知道她都是为我好，可是她总把我当小孩一样监督，感觉特别不舒服。家里的活都是她干，我帮忙又不让，累了就来找我，说她为了我多辛苦，我还不好好学习怎样怎样……她对我爸也这样，所以我爸也不爱回家……"

我跟他父母沟通的时候，爸爸听到儿子崇拜他知识渊博、并且希望像爸爸一样、渴望跟爸爸交流这些话，忍不住抹起了眼泪。

当他承认儿子说得对，自己找各种工作的理由晚回家或者不回家，确实是因为不想听妻子唠叨、抱怨时，妻子的眼睛瞪得好大。

我们总是远远低估了孩子体谅我们的能力，并且舍不得随着孩子年龄的成长慢慢放手。除了对孩子的爱，还把自己人生的不完美和期待都强加在孩子身上，希望用孩子的成功为自己提升价值感，甚至好像可以由此改变自己的命运。

孩子长大了，父母要学会放手，给到孩子更多的空间，允许他自由地思考和选择。孩子有负面情绪了，可以认真倾听，如果他只是找你释放情绪，只用语气词回应就足够。

因为在这个世界上，他最信任的人就是父母。在别人那里需要拼命撑着，在父母这里可以完全放松倾诉，而不担心被轻视或排斥。如果他遇到困难了，可以在倾听后问问他打算怎么办，及时肯定对的部分，适当地分享一些自己人生的经验供他参考。因为对于孩子的事情，你已经无法再像他小时候一样出头露面、包办一切，也没有可能陪伴他一生，保驾护航一辈子。最正确的做法是，一步步锻炼孩子适应环境、自我创造和面向未来的独立能力。

3.责任意识的培养

责任心是担当的象征，也是成功的基础之一。我们很多家长已经习惯了帮助孩子去承担，或者不停地为孩子送上解决方案，结果无意中拿走了孩子自我成长的机会和能力，导致孩子离开了父母便束手无策，承受能力特别差，遇到难题就找父母或不断退缩。

一位妈妈来咨询：12岁的儿子没有遵守规则，连续几天看电视超时，没有好好完成作业。她很生气，强行关了电视，没想到儿子大发雷霆，把一瓶矿泉水扔向电视，砸坏了电视屏幕。她说："现在我们按照之前规定好的惩罚措施，罚他一周都不能看电视，他也遵守了这个约定，请问老师，这样做对吗？"我说："对，但是不够。你们只是按照约定维护了规则，可是，对于一个十几岁的孩子，还应该有责任需要担当。你要告诉他，电视屏幕被打坏了，修理需要花钱。父母没有做好教养孩子的责任，所以承担一半的修理费；屏幕是你损坏的，你要承担另一半的修理费，我们会从你的零花钱里分期扣除。"

承担责任不是专门分派给孩子什么事情，而是在平常所做的事情中，按照约定完成他参与的那一个部分，并且为产生的后果负责。

我在亲子课程里经常强调，对孩子的教育一定要抓住机会"及时教育"。在当下发生的事情里，帮助孩子认清是非对错，强化正确的言行，纠正错误的言行，形成深刻的印象，孩子以后在类似的事件面前，才能学会修正或避免。

有个男孩子在小学的时候因为父母的宠爱、爷爷奶奶的溺爱，根本没有好好学习，只是比较聪明，所以学习的成绩属于中等偏上的水平。进入初中以后学习难一些，他学习越来越吃力，成绩总是在班级排名靠后。因为任性惯了，他从来不在自己身上找责任，只要学习成绩差了，就在别人身上找毛病。

一会儿嫌弃老师不好了，父母就找关系帮他换班级；一会儿又说学校不好了，父母就想办法帮他换学校；一会儿觉得学习太难了，父母又到处给他找私教……现在已经16岁，正在上初三，三天打鱼两天晒网地上学，成绩不好，整天还有一堆的理由为自己辩解，现在断断续续休学在家已经半年多了，父母一提起孩子就头疼。

到我这里来做辅导的时候，我发现他明显是一个被表扬坏了的孩子，非常自以为是。听他洋洋洒洒说了好多似懂非懂的见解和道理之后，我没有跟他谈论学习，只跟他讨论这个岁数的男孩子应该具备的责任感是什么，让他列举一下自己身上已经拥有的部分。他问我是优点还是缺点，我说："都不是，我指的是作为一个男子汉，在家庭或者社会环境里应该具备的一些做人做事的基本素质。"

他马上就列举了几个：仗义，说话算数，敢做敢当，朋友多，对爷爷奶奶孝敬，不计较，爱干净等。我肯定他说："对老人孝敬，又有很多朋友，不计较，说明你是一个善良、愿意付出的人。仗义往往代表着一诺千金的诚信品质，所以才能做到说话算数、敢做敢当。"他听了以后很开心。

在讨论到现在他的生存状态的时候，我拿了纸笔给他，让他写一份承诺书，保证18岁生日一过，就开始凭自己的能力养活自己。他很吃惊地看着我，愣了半天才说："我为什么要养活自己？我爸爸妈妈能养活我。"

我说："父母当然能养活你，他们也愿意养活你。可是，每个人都有照顾自己人生的责任和能力。那么，你不会是想告诉我，你并不打算承担自己人生的责任，想要靠父母养活一辈子吧？好，就算是这样，想想看，总有一天父母会比你先离开这个世界，你又打算怎么办？饿死吗？当然了，现在你们家很有钱，供你混吃混喝好多年我相信都没有任何问题。那么，你有听说过'坐吃山空'这个成语吗？"他脸色都变了，辩解说："我才16岁，还未成年，怎么养活自己？"

我说："是啊，你还有两年时间可以随意支配，上学也可以，去学习一门技术也可以，就像现在这样在家里什么事都不干也行。如果你继续上学，父母有义务一直供你读书，读到硕士、博士都没有问题；如果你不打算继续上学了，18岁开始就应该工作养活自己了，法律都是这样规定的。所以，这份承诺书是两年以后才生效，一会儿当着父母的面签字，我就是见证人。我相信你到时候一定会遵守，因为刚才你告诉我，你是一个说话算数、敢做敢当的男子汉。"

他红着脸憋了半天，把纸笔给我推过来说："好吧好吧，你厉害，你赢了。老师，你也不要只相信我爸妈说的那些话，我没有说过一直不去上学了。其实跟以前比起来，现在那个学校还不错，我也交了两个好朋友。只是，我以前不懂事都没有好好学习，成绩太差了……"这时候他才觉得不好意思了。我说："因为以前耽误得太多，要跟上学校正常的学习规划，肯定会有些吃力，再加上临近中考，压力也比较大。你只能拼一下，如果能够考上高中，在高中期间认真学习，完全有可能考上大学。我了解的学生当中，有高二高三发奋努力，也能考上好大学的。如果考不上，去学习一门自己喜欢的专业技术，或者重新复读，都有很多可能性。"他连连点头，没有任何异议。

父母听到孩子要回去上学了，他爸爸居然说："是不是又新鲜两天而已哦？"孩子有点生气了："就是你们总不相信我，又说我没有责任心！我也知道的，我又不是为你们学习，是为我自己学习，好不好？"

回家以后，孩子顺利回到学校去上课了。

对孩子独立能力最好的训练方式，就是允许他有试错的机会，不断积累人生经验。不要说已经这么大的孩子，哪怕是一个小小孩，如果你愿意放手，让他自己承担能力范围以内的责任，他也能做得好，甚至会用你根本意想不到的方式做好。

有个3岁的小女孩跟妈妈来上课，课间看到茶点，她对我说想吃一个刚才小朋友吃的豆豆。我觉得很有趣，对她说："我们这里没有一个一个的豆豆，只有一包一包的豆豆。你看，这一小包都是你的，要负责吃完哦。"她对我说了谢谢，拿着一小包豆豆高兴地跑开了。过了一会儿，她又来找我了，拿着吃剩下的豆豆往我手里一塞，说："你把剩下的吃完吧，我还有重要的事情要做呢。"然后头也不回地走开了。我是没有理由责怪她的，因为从一开始她就说的是要吃"一个豆豆"，而我给了她"一包豆豆"，所以，剩下来的事情当然应该由我负责。很好玩吧，她才3岁哦，自己负责不了的事情，居然能想到把责任再交还给我，估计我们很多大人都只会抱怨了。

很多父母在孩子那里，并不是没有责任心，而是责任心太过强烈了，不知不觉地就把孩子的责任全部都揽过去了。

在一次课程里，有位女老总求助：儿子还有120天就要参加高考了，居然还在偷偷用手机。虽然他从来不打游戏，只是在睡觉前躲在被子里看一会儿小说，可是时间这么紧张，除了没收手机还可以做些什么事情，督促他好好学习？我问她："儿子晚上用手机看小说影响休息吗？"

她说："没有，他还是很自觉的，在规定的睡觉时间就会关机。"

"那么，他晚上看小说影响到了学习成绩吗？"

她说："没有，他虽然在学习上面有点吊儿郎当的，但是学习成绩一直都很好，在班上名列前茅，年级排名也靠前。"

我说："又不影响休息又不影响学习，或许看一会儿小说对他来说就是一种放松，或者坚持一份兴趣爱好，为什么不可以呢？"这位妈妈却说："如果我们现在没有管得严厉，他万一高考成绩不理想后悔了怎么办？我想帮他避免可能会发生的让他后悔的事情。"我说："好，那么你能保证一直帮他避免发生让他后悔的事吗？比如说以后上大学、工作、恋爱、结婚、生孩子等，都有可能出现不太如意的万一，你能够为他保驾护航一辈子吗？"

其实像她这样过度呵护孩子的父母很多，孩子一遇到困难就想去扶助他们，甚至孩子还没有遇到困境，都会预想出最差的结果，担心得没完没了。但是，父母永远不可能代替孩子走他们的人生路，如果有一些痛苦不可避免，那也是孩子成长路上需要独自面对的磨炼。我们自己的生活都要努力去奋斗才能过得好，还想当然地要为孩子扫除一切人生障碍，根本就是一厢情愿的美好愿望而已。

有个50岁的女士申请了系统排列个案，原因是胸闷、气短、睡眠差。个案呈现中，她紧紧地跟着29岁的儿子不放，儿子走哪里她就跟到哪里，看不到自己的丈夫，也完全无视儿媳妇的存在，甚至连自己的孙女都不看。我问她："儿子都要三十而立了，你怎么还像盯着一个小孩子一样看着他？儿子哪里不好吗？"她立刻愁容满面："儿子一直就不太好。他爸爸工作忙，从小就是我管他。他上高中的时候，他爸爸又离开家去外地工作十年，他就缺少了父爱；大学里学的专业也不太喜欢，工作一直也不顺心，现在又不想上班了，想换个工作，可是又很迷茫，心情也不好，我得照顾他。他现在也不知道究竟要换什么样的工作才好……"我说："所以，你就整天发愁得睡都睡不着？"她说："是的，我一想起儿子的事情，就感觉胸口闷得难受……"

在这个妈妈的眼里，29岁的儿子或许只有9岁，还事事需要妈妈操心，连心情不好也要妈妈负责照顾，根本不曾注意到儿子已经到了而立之年，除了是爸爸妈妈的儿子，还是人家的丈夫和父亲，需要自己承担照顾自己、照顾家庭的责任。

我们当父母的已经习惯了帮助孩子承担，心甘情愿地把孩子的责任全部揽过来。小孩子跌倒了，大人马上去扶他，孩子在大人怀里放声大哭，是真的摔痛了吗？如果你有小孩子，不妨做个试验，在他不小心跌倒的时候，不仅不去扶他，还要假装看不见甚至躲远一点。你会神奇地发现，没有了你在身边全力呵护，孩子根本不会哭，他会自己爬起来，就当什么事情都没有发生似的又会跑去玩了。

家长看到孩子把玩具撒了一地，通常会一边训斥孩子一边手脚麻利地把孩子的玩具全部收拾整齐。当然，结果就是几乎每天都在上演同样的情境，可是，孩子却一直没有学会如何自己收拾玩具。

有的家长会说："我也会让孩子自己收拾玩具啊，可是怎么说他都做不好，说多了他根本就不去做了，怎么办？"要知道，在教导孩子做事的时候，最无效的指令就是："去，把你的玩具收起来。"而最有效的指令就是："来，妈妈教你怎么整理玩具。"

有时候，责任心跟后果是直接相连的。或许，小孩子根本没有办法理解什么是责任心，可是你完全可以有办法让他明白，没有责任心最终会造成什么后果。

有个妈妈来上亲子课程的时候告诉我，上幼儿园的儿子，只要一回到家就把玩具在自己房间里摆一地，从来不收拾玩具，也不允许大人收拾。每天只能等他晚上睡觉了以后，家长才能去帮他收拾整齐。

在交流的过程中，她说到孩子心地很善良，有一次妈妈感冒生病了，他表现得格外听话一些，那两天都愿意配合收拾玩具。我就教了她一个方法，让她回家去试试看。

晚上回家，照例看到孩子在房间里摆了一地的玩具，她没有再像以前一样马上就批评孩子，假装没有看见地走开了。晚饭做好了，她一边叫着"儿子，要去吃饭了"一边走进儿子的房间，然后故意摔倒在地，抱着脚开始"哎哟哎哟"地叫唤。

儿子吓了一跳，急忙跑了过来："妈妈，妈妈，怎么了？"她抱着脚假装痛苦地说："我的脚，好像受伤了，踩到你的玩具了，哎哟，好疼啊，哎哟，真的好疼啊！"儿子着急了，大声喊："妈妈，爸爸不在家怎么办？我打110吧。"她没有想到儿子会这么说，又好气又好笑地说："110是报警电话，警察是抓小偷的。"儿子一听又说："打119吗？"她憋住笑说："119是火警电话，有火灾了才打。"儿子想了一下又说："我知道了，是120，救人的。妈妈，我去打120吧。"她说："对，是120。等一等，我看一下，哦，没有流血，不用打120电话。不过真的好疼啊，可能过一会儿就会好了。儿子，没有关系，我们赶快把这些玩具收拾一下吧，免得其他人踩到也会受伤的。你只把一会儿要玩的留下来就好了。"儿子一听，急急忙忙开始帮着妈妈一起收拾玩具。

这个妈妈好开心，当晚就给我发信息分享，假装受伤一下，让孩子感受了一下可能造成的后果，不仅顺利带领孩子收拾了玩具，而且还顺带着普及了一下救援电话。以后再让儿子收拾玩具，肯定没有过去那么困难了。

没有想到的是，第二天回家，儿子又把玩具摆了一地板，她心想一会儿提醒他昨天那样的后果，再带着收拾吧，刚要开口叫儿子去吃饭，儿子发现妈妈站在门口，突然大喊："妈妈，别动，千万别动。"

她还没有反应过来，儿子快速把所有的玩具归拢到一堆，然后对妈妈说："好了，现在可以进来了，不会踩到玩具了。"

这个妈妈感动得呀，在课程上边描述边抹眼泪。原来孩子都是好孩子，只是我们没有学习，不懂得如何教养他们学会承担责任。

有位家长曾给我描述他带孩子的辛苦：好不容易从上班高峰的交通拥挤中突围，把孩子顺利送到了学校，孩子却想起来有一个手工作业没有带来，急得当场就哭了。他马上进校给老师说明情况，然后把上班这件事先抛到九霄云外，义无反顾地掉头回家，花两个多小时把孩子的手工作业送到了学校门口……我问他："不送会怎样？"他说："孩子会哭啊，老师也会批评他，说不定又要请家长……"

难道孩子忘记了带自己的作业，允许他哭一哭表达沮丧情绪都不忍心吗？难道孩子没有做好自己学习的事情，老师批评教育的后果都不应该让孩子承担吗？难道家长没有教好孩子行为习惯，连配合老师矫正孩子的不良行为都不能面对吗？

正是因为家长勇于替孩子承担，孩子才从来不知道责任的概念是什么。学习不好，家长替孩子着急；完成作业的事，家长催着赶着；早晨赖床，家长拖着拉着；考试成绩差了，家长难受着；受到批评了，家长去跟老师认错；跟同学发生矛盾了，家长帮着出主意……本来应该孩子操心、担心的事情，你都承包了，他当然不需要用心做事了。

前几天看到一篇朋友转发的文章，写某中学校长感慨下雪放假的事情，深有同感：雪未至，假先放，孩子不受其苦，有司不担其责！中国式的教育，论人才以分数，论素质以琴棋，唯独少了凛冽，少了苦寒，少了挫折，少了内心的阳光与强大……

现在更让人不能理解的是，学校和家长居然利用智能设备，在进一步剥夺孩子们自我承担责任的机会和能力：

老师布置家庭作业，不再是写在黑板上，让孩子们一条一条抄写在作业本上，而是直接发送到家长的手机上面。孩子们不再为回家做什么样的作业、温习哪些功课操心，甚至都不需要自己阅读理解作业的题目，每天回家由家长一条条念着、教着、催促着、纠正着完成。

　　结果，我们一方面防范着孩子玩手机上瘾，另一方面又不得不一遍遍在孩子面前展现手机的神奇魅力。

　　研究表明，随着大脑对技术的依赖程度不断加深，人类的智力相应地被削弱。现在的智能设备更加神通广大，对人们注意力的掌控度达到前所未有的程度，对人们的思想和行为也形成较大的影响。对手机产生依赖情结的人所占比例越来越高。

　　今天看到一则新闻：近日，四川省泸县的一名17岁少年，因蒙面持刀入室抢劫被判刑四年十一个月。他持刀抢劫邻居的动机，竟然是为了抢钱玩手机游戏。

　　据媒体报道，涉事少年痴迷于他的游戏"事业"，甚至将游戏置于生命和自由之上。当抓捕他的警察找到他时，他最关心的竟是维护自己的游戏成果——他对警察大吼："你抓我可以，等我把游戏退了！"

　　一个在网络游戏中迷失了自己、迷失了人生的孩子，根本就不会顾及生命的意义和责任。

　　有时候，家长甚至会把孩子的学习成绩或者考上什么样的好学校，跟培养孩子的责任意识混为一谈。因为我们偏执地相信：好成绩等于好学校，好学校等于好工作，好工作等于好人生。所以"三百六十行，行行出状元"，也被我们当成了人生失利后的安慰语。

　　我们的孩子往往也会认为，只有考上大学才完成了人生的责任，没有考上大学就好像人生都没有希望了。

　　有的家长对孩子说："你只要学习好就行了，别的事情都不用你操心。"所以孩子只顾着埋头学习，家里油瓶倒了也不会扶一下。

　　曾经有个朋友的女儿从国外学成归来，已经23岁了，父母很骄傲有个留学归来的女儿。有一次，她妈妈让她给我送一份资料过来。她看到我把蒜瓣用水养在盘子里长出的蒜苗，欣喜地说："哇！这盆花好漂亮啊，都是绿色的叶子，会开花吗？"我说："那不是花，是蒜苗。"她更惊奇了："真的吗？原来大蒜是这样种出来的啊？"

　　还有更夸张的。

　　有一位学员给我讲她中学生儿子的迟钝：暑假期间，父母上班去了，儿子一个人在家。有广告推销员避开保安，混进了小区，敲门推销东西。儿子对那个人说："我爸爸妈妈不在家，我不要这个东西。"然后转身就回自己房间继续去学习了。等父母回家的时候发现，家门大开着，客厅里妈妈挂在墙上的一个挎包、爸爸的一台笔记本电脑、展示柜上的两件艺术品，还有爸爸的一件皮衣都不见了。

　　后来从监控里发现，那个推销员敲门与她儿子交流过后，本来转身准备走开，发现门依然开着，在门口犹豫了几分钟又进去了……儿子却理直气壮地对父母说："我在学习啊！你们不是只让我负责学习的事吗？"

　　也有很多的家长对孩子说："你只要考上大学，想做什么都可以。"

　　结果，有的孩子考上了大学却不再努力学习了，天天在学校里混日子、谈恋爱、网购、开网店、租房同居……有的孩子居然返回家来不再去上学了，理由很简单：你们不是说让我考上大学就行了吗？我做到了呀。你们不是承诺只要考上大学想做什么都可以吗？我现在就是不想去上学了，我就想在家待着……

曾经在电视上看到一档生活类节目，请求支持的是母女俩：35岁的女儿博士毕业，工作不顺心、人际关系差、恋爱没谈成……妈妈事事操控，事事干涉，女儿活得都要窒息了。妈妈却说："我都是为了你好啊，我是想帮助你有成功的人生啊，难道我错了吗？"现场嘉宾问："那么，你认为你的女儿成功了吗？"她说："她成功了呀，她考上博士了呀。"所以，可能对于这个妈妈来说，女儿是否快乐、有没有自己的人生，一点都不重要，最重要的只是那个博士的光环。

十几年来，每年高考前，都会有很多考生和家长来找我做考前辅导。问他们想考什么学校，都非常清楚，张口就答：北大、清华、武大、厦大、上海交大等等；问到学什么专业，就很茫然了，有的人根本就没有想过这个问题，只要是进了好学校就行；再问到以后想从事什么工作时，真的就无语了，有人甚至说：真学了什么专业也不一定要从事这个工作。言下之意就是混个文凭而已。如果这样，四年大好的年华，难道不是就白白浪费了吗？

父母最喜欢对孩子说："我们比你有生活经验。你要按照我们说的去做，一定会有很好的人生。"完全把孩子的人生责任当成了自己的事情，成功阻碍了孩子对人生选择的担当。这种矛盾的做法，相当于本来希望孩子能够展翅飞翔，又强行剪断了孩子的翅膀。

有个男孩子考上了大学，却坚决不去学校，因为学校和专业是父母选择的。那么就明年重新考吧，他也坚决拒绝复读。眼看着学校报名时间快截止了，家长急疯了。实在没有办法，听朋友建议带孩子到我正在讲课的城市。可是他们记错了时间，赶到时我已经离开去了另一个城市讲课，马上再买机票又追过去，一家人光是机票钱，来来回回都花了近两万。

一个小时的辅导后，孩子爽快地答应去学校，一家人高高兴兴地回去了。家长回去后还给我发信息，想知道我究竟给孩子说了一些什么话，能够让孩子改变心意顺利去学校。

孩子原本觉得能考上自己喜欢的学校，就按照父母的强烈建议备选了这个自己不喜欢的学校，没想到偏偏就被这个学校录取了。

我对孩子说，首先，你没有被中意的学校录取，证明你离这个学校的标准还有差距，这个责任必须自己承担，跟其他人没有关系。其次，父母最了解自己的孩子。你都没有去这个学校，又怎么知道就一定是不适合你的呢？

去了学校，如果所学专业真的不喜欢，可以尝试去学校申请调换更适合的专业。申请不成功也没有关系，你不是也曾打算去国外读书吗？在大学里有更多机会申请国外的学校，学习自己喜欢的专业。

况且，即使学现在的专业，上完了大学，还是有机会在读研或读博的时候，再申请自己更喜欢的学校或专业……孩子听了豁然开朗，突然感觉未来有了很多选择。

父母都期望孩子能够有个好成绩、考个好学校、找个好工作、遇个好婚姻，这是很朴素的愿望，因为父母爱孩子，希望孩子有个好的人生；这也是很有压力的愿望，因为孩子无法保证有能力完成，父母也无法完全预测或操控孩子的人生。

如果父母的期望在孩子身上活出来了，孩子就是"乖孩子，好孩子"。父母感觉满意，认为自己引领孩子成长的任务完成得很好；孩子则认为自己骄傲地回报了父母给予的爱和照顾。

如果父母的期望没有在孩子身上体现出来，家庭气氛立刻变得很压抑。父母很失望，甚至认为自己所有的辛苦付出都白白浪费了；孩子心里充满愧疚感，认为自己对不起父母，破坏了父母的美好愿望（哪怕这个愿望根本就不是自己想要的）。

孩子成年以前，因为自己的幼小需要依赖爱的照顾，做的所有事情都希望能够得到父母肯定。不管因为什么原因，只要违背了父母的意愿，孩子很容易在父母的失望情绪里迷失自我，甚至一蹶不振。

父母对孩子的期望背后，真正的动机是想帮助自己的孩子建立美好成功的人生。可是，成功的道路千万条，即使原本那幅规划蓝图没用了，我们随时都可以重新绘制一份新的人生蓝图，找出能够快乐幸福的崭新路线。

我们要让孩子明白，大学只是更上一个台阶学习新知识的过程，并非全部的人生。只要自己积极向上，愿意为自己的未来勇敢承担责任，追求创造更好的人生，即使没有考上大学，依然有机会在社会实践经验中，边工作边学习，找到自己感兴趣的事业，充分发挥特长和潜力，不断改变和提升，建立成功快乐的人生。

有时候，我们一方面拼命想要培养孩子，希望他成为优秀的栋梁之材，另一方面又拼命地呵护着孩子，不舍得让他为照顾自己的人生负一点点责任。

可是，我们是没有办法帮助孩子一辈子的。每一个人生的阶段都可能遇到问题或困扰，如果一遇到问题就退缩或停下来，容易让我们形成一个逃避现实的舒适区，逐渐丧失向外看的勇气和能力。

更可怕的是，如果习惯了由父母代替承担责任，很可能孩子的成长过程，会因此出现很大的偏差甚至恶劣的后果。

惯子如杀子！如果在父母眼里，他还是个小孩子，那么，他就不用为自己做的事情承担责任；如果他还是个父母眼里需要被呵护的孩子，他就可以任性、犯错甚至无法无天；如果他还是个孩子，就可以无限索取而从来不考虑付出任何努力和辛苦。

我们要在孩子小的时候，就让他明白成长不会一帆风顺。遇到不顺心的事情，"哭"只是你的情绪表达，我不能因为你的情绪，就轻易地满足你的需求，所以，你的责任就是，在哭完了以后，把你的需要告诉我，我才能知道用什么办法满足你或配合你。

在我们的成长经历中，已经有太多的经验教训：从小不需要承担责任的人，长大以后根本不懂得责任担当。一个没有责任心的人，无论是人际关系还是生活和工作，都不可能有好的发展。所以，从小培养孩子的责任意识非常重要，家长朋友们一定要重视起来。

4.积极意识的鼓励

经常有家长说孩子"学习动力不足"或者"学习没有动力"，可见动力在学习方面很重要。当然，动力对做任何事情都非常重要，因为动力是一切力量的来源。

很多时候，我们所说的动力是指精神层面的行动力，也就是目标或结果对个体的吸引力。所以说，积极面向未来的意识和心态，才是动力能够持续的最佳推动力。

我个人认为，所谓积极意识，就是做人做事能够灵活改变的一种态度。当问题发生了以后，愿意放下抱怨、批评和指责，主动想办法解决问题，寻找新的可能和方向。即使没有办法解决当下的问题，也能够迅速转移注意力，看向别的事情或别的方面，避免一直被束缚在问题里无法脱身。

我小时候跟着哥哥们长大，一直像小尾巴一样紧跟在哥哥们的身后。可是，男孩子有男孩子更野性一些的世界，有时候就会觉得带着妹妹太麻烦，特别是小哥哥，想要跟男孩子们去疯跑玩耍的时候，总会想方设法趁我不注意偷偷溜走。

不管我是伤心还是生气，妈妈永远有办法迅速转移我的注意力——

哦，他又自己跑去玩了是吗？不过，我刚才在院子里看到一只好大好漂亮的蝴蝶，你要不要去看看还在不在？

你知道吗？男孩子玩的游戏对女孩子来说一点都不好玩的，我来教你做一朵毛线花吧。

我知道有个地方的艾草很新鲜，去采回来我给你做凉面吃吧。哥哥不带你玩，他回来了给他少吃点。

哦，不管他了，我们继续去绣花吧，你哥哥连针都不会拿呢。

……

就是这样，我跟在妈妈身边，慢慢学会了做饭，包子、饺子、馒头、花卷没有能够难住我的；我还学会了整理家务、绣花、织毛衣、剪裁衣服，并且喜欢种植花花草草；最重要的是，我学会了从来不让自己在困境里待着，而是积极主动地想办法找更好的出路。

记得女儿在中学的时候写了一篇关于妈妈的作文，里面有一句话我一直记忆犹新：在我妈妈的回忆里，从来没有苦难。

　　所以，我女儿从小也从我这里学到了：从来不在一件事情上纠结苦恼太久，即使必须要做而当下没有解决方法，也可以暂时放下，先把精力用来做好另外的事情。有一次，她还总结说："妈妈，我认为这样的方式就是最好的'止损'，阻止了束缚和泛滥。"

　　我一直认为，活在当下的乐观态度与积极有效的思维方式，是妈妈用她的爱心、耐心和灵活，留给孩子宝贵的人生财富。同时，我也在生活和工作中实践应用，发现其中有一些界限必须清晰。

　　首先，爱心不是无原则的迁就。

　　有个14岁的男孩子因为学习动力不足，被妈妈带来做辅导。他长得非常胖，真是非常胖。胖到什么程度呢？他本来喜欢穿牛仔裤，可是现在逛遍全城，也买不到一条他能够穿进去的牛仔裤。

　　在跟他沟通的时候，我发现他在不停地喝饮料，喝完一瓶他妈妈又会递上另一瓶，一个小时的时间居然喝了四瓶饮料。我跟他妈妈沟通的时候，她也承认可能儿子的肥胖跟喝太多饮料有关，而且医生也建议孩子少喝饮料。

　　第二次来做辅导的时候，我发现他妈妈的包里居然还是带着三瓶饮料。面对我的质疑，妈妈说孩子看到饮料就忍不住想要，不给买就会生气不高兴，所以她不忍心就又给买了。

　　我已经找了一些关于喝饮料导致肥胖或者大脑迟钝的案例，专门跟孩子做了沟通。孩子看到这些资料挺震惊，表示从来不知道喝饮料也会生病。当着妈妈的面，他也同意以后尽量少喝饮料。

　　第三次来的时候，果然没有带饮料。我递上两杯水给他们，当时外面天气很热，所以妈妈端起来就喝了半杯，可是孩子拿起来又放下去了，一口也没有喝。妈妈劝他喝点水，他说不渴。

　　半小时后，我跟孩子单独谈话出来的时候，他妈妈居然又拿出来了一瓶饮料递给他。原来是她不忍心看到儿子连水都不喝，刚才特意跑下去又给儿子买了一瓶饮料。

　　前面我们已经说过，小孩子的自我管理能力很不足够，所以做一个改变的时候很难坚持，需要父母督促的决心和耐心。十几岁的孩子已经可以有一定的自我约束能力，只要成人在旁边坚定一点守住原则和界限，及时抓住孩子愿意配合的时机，积极引导他转移视线和注意力，就不会使孩子一直纠结在当下的问题上面了。

　　三次辅导过后，孩子找到了自己学习的目标和方向，安心去上学了。大约一年半后，有一次我在机场候机的时候，居然无意中又遇到了他们一家三口：孩子明显变得更胖了，似乎占一张半椅子的位置才够。一只手依然握着一瓶饮料，另一只手摆弄着手里的机票，很少抬头关注周围的变化……

　　他妈妈抓紧时间跟我交流孩子的问题：上次辅导过后有很多变化，对学习一直比较主动，成绩也提升了很多，只是越来越不喜欢体育活动，朋友也越来越少，变得有点沉默寡言，现在一点都不喜欢跟人交流……后来我要上飞机了，不得已打断她说："你不觉得他的身材、体重，就足够让他在别人面前感觉很自卑吗？我刚才一直在观察他，只要别人的眼光看过来，他马上就会敏感地低下头，因为他总会认为是身材吸引了别人的关注。这样下去，即使他学习成绩很好，也很难自信地展现自己啊。"她无奈地说："是啊，又去过医院了，医生说他现在学习紧张，在学校和家里都没有很多活动时间，又喝很多饮料，吃很多零食，肯定很难减肥的……我也试过，可是没有饮料他连水都不喝，我看着难受……"

　　可以说，这种无原则的迁就，是很自私的一种爱。父母妥协的理由总是孩子的需求，而孩子一而再再而三的不合理需求，却是父母无法承受的良心债。

父母很容易因为自己心理上的不安和清白感，借着爱的名义满足孩子不合理的需求，即使明知道对孩子不好或对身体有害，也要让自己心里摆脱不舒适的感觉，同时获得因为满足孩子需求而成为"好父母"的价值感。可是，你现在不忍心让他短时间内难受，很可能就会使孩子一辈子都难受。家长朋友们，换作是你，应该怎样选择呢？

其次，耐心不是无底线的容忍。

在孩子面前的耐心，是指在教养孩子如何做事、如何学习、如何生活的时候，不急躁、不厌烦，愿意接纳孩子经验和能力不足够的局限，态度平和地教导，积极乐观地肯定，帮助孩子一步步成长。

所以，耐心绝对不是没有任何原则的纵容。有很多老人带的孩子为什么比较任性呢，就是因为"隔代亲"的宽松自由。无论孩子犯了怎样的错误，老人都能够容忍甚至袒护，使孩子有意无意之中形成了唯我独尊的成长模式。

有一位妈妈告诉我，本来她跟婆婆的关系就不太好，现在因为对孩子的教养问题，更加剧了婆媳之间的矛盾和冲突。

孩子在自己家里被妈妈努力纠正，严格要求，刚刚有一点比较好的学习、生活习惯，只要去了奶奶那里几天，又会被完全打乱。孩子在奶奶那里不愿意写作业，他的奶奶居然会给老师打电话，谎称孩子生病了才没有完成作业。

现在才8岁的孩子，已经学会了在奶奶和妈妈之间钻空子。只要学习成绩不好了，就说是奶奶不让他写作业造成的；在家里妈妈管得严格了，就哭着喊着说想奶奶了，要去奶奶家里住。

要知道，在这种情况下，妈妈无论怎样努力，收效都会很差。因为关键的问题，不是孩子无法做好事情，而是他在奶奶和妈妈完全不一致的教养态度和方式中，无法和不懂得做正确的选择。

事实上，孩子也会很纠结、辛苦，在奶奶那里无拘无束，没有要求，不受限制，是非常享受的舒适区，可是孩子又会因为被奶奶过度保护，造成学习成绩不好而苦恼；在妈妈这里可以被督促按时完成作业，提升学习成绩，可是孩子又会觉得没有自由，不能随心所欲。事实上，奶奶和妈妈的教养方式，都太极端了一些。

妈妈应该停止跟奶奶之间的拉锯战，积极与孩子的奶奶沟通，首先肯定和感谢奶奶对孙子的爱和照顾，然后根据孩子年龄的特征，陈述教养差异可能对孩子造成的不良影响，跟奶奶共同协商一些有效的帮助方法。

这样，在孩子犯错的时候，找不到可以推卸责任的庇护所，只能自己积极学习改变，慢慢矫正之前形成的不良行为模式。

前几天接到一个长途电话，是一位面对15岁的女儿束手无策的父亲打来的。因为妻子的身体不太好，夫妻俩一直到了33岁才生了唯一的宝贝女儿。孩子生下来体质不太好，总是生病，担心请来的保姆不够细心，为了更好地照顾孩子的成长，妻子干脆辞了公职专心在家带孩子，由丈夫一人挣钱养家。

他在电话里反复给我强调，孩子妈妈是很有耐心的一个人，对孩子的照顾真的是无微不至、百依百顺。因为是中年得女，夫妻俩在女儿上学之前，总是无原则地满足她所有的要求，即使有时候孩子任性要赖，也不忍心拒绝她。

孩子刚上学的时候害怕老师，虽然不喜欢学校里的纪律约束，可是，哄着哄着还能比较顺利地学习。从四年级开始，问题变得越来越严重了，女儿在学校里跟同学相处的时候霸道任性，什么事情都要争抢占先，而且不接受老师的批评，动不动就不去学校。不是说有同学欺负她，就是怪老师不好，后来干脆连整个学校都不接受了。

女儿在五年级的时候，休学了一学期，夫妻俩到处托关系，给女儿换了一个学校，重新上五年级。刚进入六年级，又不愿意去学校了，在家赖了一个月，妈妈怎么劝说都没有用，爸爸忍不住第一次动手打了女儿，孩子被吓住了，又去了学校。

好不容易从小学毕业了，孩子脾气变得更大了，而且因为妈妈总是护着，女儿对爸爸一直很对抗。正好爸爸为了多挣钱，申请了去二级城市的分公司工作，女儿跟妈妈在一起，更是想要怎样就怎样。妈妈不仅没有办法坚持原则，而且还要帮女儿在很多事情上瞒着爸爸。

考上初中才一个月，女儿就不愿意再去学校了，妈妈瞒着爸爸帮孩子在学校办了休学手续。孩子爸爸在一学期结束了，跟女儿要成绩单的时候才发现真相，结果，引爆了一场很大的家庭战争。

夫妻俩带着孩子去找了学校的心理老师。辅导了几次以后，孩子答应去学校了，但是要求换一个学校，理由是现在学校的同学和老师都不喜欢她。爸爸不同意，妈妈却拼命找各种关系帮女儿，后来终于又换了一个学校。

可是，不到一个月，她又不去学校上课了，在家里跟妈妈又吵又闹，而且不允许妈妈告诉爸爸，否则就要离家出走。妈妈实在没有办法，又到学校办了休学手续。爸爸知道以后非常生气，又动手打了女儿，结果女儿真的离家出走了。夫妻俩找了两天，还报警了，结果她在网吧里把钱花完后自己回家了。

爸爸被吓到了，再不敢动手打女儿。从此以后，女儿就一直待在家里，除了吃饭、睡觉，就是耗在电脑、手机上玩游戏，连门都不出。现在已经15岁了，爸爸在家的时候会老实一些，生活比较有规律，跟妈妈在一起的时候，完全都是她说了算。妈妈如果看不惯多说几句，她还会动手打妈妈，拿东西胡乱往妈妈身上扔……

我问他们，孩子出现这些不良行为的时候，采取了什么样的方式来阻止吗？两个人居然异口同声地说："没有。"

看到我诧异的表情，爸爸解释说："不敢阻止她呀，害怕她再离家出走什么的，更难办。我们现在只求她在家好好待着，不出事就好，我们也什么都不敢说，不上学也行，她想干什么都行，在家里，她妈妈还可以好好照顾她……"

父母无底线容忍孩子不良行为的方式，只会助长孩子的错误信念和言行。可以说，父母用没有原则的爱和纵容，给孩子和自己挖了一个很深的陷阱，让大家困在里面无法脱身。

在这个案例当中，父母不能像对待小孩子一样，任由女儿就这样发展下去，浪费青春岁月。我经常对家长们说，让孩子改变的奇迹在父母身上，只要父母坚持改变了，孩子就一定会改变。因为这个女孩子都15岁了，她只是在父母无限呵护的关爱里迷失了方向，找不到自己人生的意义和价值了……所以，需要父母和孩子同时寻求支持和帮助。

父母要学习改变自己的教养模式，放弃一味迁就，制定一些家庭成员都能积极生活的规则；要引导孩子找出她在乎的、可以受人尊重的价值，鼓励孩子重新规划未来，在现在的基础上和她的能力范围之内，一步步踏踏实实地做事。即使暂时无法跟上同龄人的步伐，只要坚持，以她现在的年龄和做事的能力，肯定行动起来也会比我们想象的要好很多。

其实，我一向认为，不管什么事情，只要开始了就不会晚，只是到达目标的时间延后了而已。如果坚持不改变，不仅会一直痛苦下去，而且就永远没有可能翻身了。实际生活中，不管在哪个年龄阶段，都有从头开始还能成功的典范值得我们去学习和模仿。

再次，灵活不是无边界的改变。

灵活跟原则是相辅相成的一种辩证关系。原则是基础，灵活是发展；原则是灵活变化的度，灵活又是在原则限制范围内的变化。所以说，灵活不是没有边界、没有章法的随性而为，应该是在同一个问题上更多的可能性和选择。

有些年轻的父母带孩子，不愿意太过束缚孩子的行为，又想突破自己父母老旧的教养模式，也会积极地去看一些亲子沟通书籍，或者参加一些跟亲子教育相关的学习、讨论。

可是，如果没有实际技能在生活中的应用，很难把学习的理论、概念相关的内容，在教养孩子过程中有效地呈现出来。

一位9岁孩子的妈妈曾给我叙述她的困惑：因为自己从小到大，受到父母太多的严格管教和约束，有了孩子以后，就暗暗发誓，一定要给到孩子足够的空间和自由。所以，在孩子3岁半的时候，她说服老公把孩子送进了主张"全人教育"的华德福幼儿园，想让孩子在比较宽松自由的空间学习成长。

由于华德福在当地没有小学、中学的设置，在孩子5岁的时候，她认为，如果让孩子进普通学校，不能很快适应普通学校的教育，于是不顾学校老师的提醒和丈夫的反对，迅速把孩子从华德福接出来，送进了一个可以跟学校教育接轨的高端幼儿园。

没有想到，这个幼儿园也主张释放孩子的游戏天性，没有学前班的设立，让她很是焦虑。半年后，她又借着买了新房的原因，把孩子送进了户口所在地的一所公立幼儿园。

上小学以后，她发现学校和老师都很注重孩子的学习成绩。虽然教育部门一再强调要进行素质教育，可是，每次考试之后，老师都会利用微信发来孩子的成绩和排名情况。

孩子的家庭作业也特别多，一个小学生，周末的单科练习都会有三四张试卷。所以，孩子上三年级的时候，她又想尽一切办法，终于把孩子送进了一所私立学校。

相比多次想办法给孩子转学的辛苦，最让她失望的是，越换学校孩子的表现越差，智力不仅没有提升，好像还在不断下降。现在已经是小学四年级的孩子，反应总是很迟钝，老师说上课的时候常常发呆，下课也没有朋友可以一起玩，完成作业很勉强，成绩也不好。

这位妈妈还发现，孩子的行为变得越来越退缩，主动性很差，什么事情都要等着妈妈指挥才做，胆子也越来越小，上课的时候不敢举手发言，跟同学关系也不好，没有一个交往得比较好的朋友，从来不敢在别人面前展示自己，也不能顺畅地表达自己的想法。

实际上，妈妈完全无视孩子的感受，反复多次没有边界的灵活操作，不仅让孩子一再面临对新学习环境的适应问题，还打乱了孩子持续学习的稳定性。对孩子来说，本来是完整的学习体系，却变成一个个阶段式的体验，孩子根本没有足够的能力把它们串联起来。

小孩子原本就有比较严重的环境适应问题存在。如此不停变换学习成长的环境，有时候，孩子甚至来不及很好地融入团体，又会被送入一个陌生的新环境，不仅无法建立良好的同伴关系，还会在不同的新环境里被有意无意地排挤，导致孩子越来越胆怯、孤独。

所以说，灵活性要有一定的条件限制，才能保证不出边界。

第一，不能总是以推迟行动的时间，来确保计划的灵活性。

经常有家长给我反馈：暑假期间，让孩子来参加了我们的快乐成长夏令营，初步养成了很有规律的作息时间，可是回去以后没过几天就不能坚持了，故态复萌。

不能坚持的原因，有孩子在家里的习惯性依赖，也有自我管理和约束能力较弱的影响，还有就是父母的重视程度不足够。

有的父母认为反正是假期，就允许孩子懒散一些，等开学了再要求作息规律；有的父母轻描淡写地对孩子说："你已经长大了，一定要坚持哦！"却从来没有真正发挥督促鼓励的作用；有的父母鼓励的话语比较随意，无力感很强，比如说"你可以试试看能不能坚持下来"，结果导致孩子也不重视这件事情，遇到困难的时候就很容易退缩，重新回到过去形成的舒适区里。

所有事情的发展都有不确定性，如果不能积极主动地迈出第一步，坚持第二步，尝试第三步，只是一味地等待自认为更恰当的时机，考虑自认为更合适的突破点，更多的可能性就只能是盯着当下的问题坐失良机，甚至永远无法迈出第一步。

第二，灵活性的变化需要付出努力和行动。

经常有家长带着孩子来我们机构上课，我们会发现家长在带领孩子的时候，没有明确的方向性指导，往往只是跟随孩子跳跃性的思维来配合或限制而已。

孩子看到别的孩子画画，马上要求"妈妈，我要画画"，妈妈回复"好吧，去画吧"；刚画了一半，看到有的孩子在摆沙盘，又来要求"妈妈，我要去玩沙盘"，妈妈回复"好的，去玩吧"；沙盘作品还没有完成呢，看到别人在看动画片，马上又跑过来了"妈妈，我也要看动画片"，妈妈的回复依然是"好的，去看吧"，顶多加上一句"时间不要太久哦"……

家长根本不会去了解一下，孩子当下做的事情有没有完成，完成的质量好不好，也不过问孩子为什么想要去做别的事情，更不会用心去陪伴孩子完成一件事情，当然也没有具体教导孩子认真负责做事情的动机和行为。好像只要孩子不来麻烦大人，怎样都行。

常有孩子在我这里投诉：平时父母什么都不管，遇到难题了他们就说你没有好好学习，考试成绩差了就说你没有好好用功，被老师批评了就说你没有尊重师长，跟同学闹矛盾了就说你不懂沟通……可是家长从来都不会教孩子明白：究竟应该怎样做？做什么？做到什么程度？做出什么样的结果，以及会产生什么样的反应？等等。

如果大人不愿意积极付出努力去陪伴和引导，孩子就没有行动的支持和力量，当然也不会因此产生做事的效率。我们不能总是等孩子频繁出现问题或者半途而废，并且影响到了学习和生活，才去大惊小怪地指责和纠正，而是在问题产生的当下，就应该尽量做出适当的反应，及时指导和矫正。

家长的目的不是非要逼孩子做不喜欢的事情，而是不管是否喜欢，只要选择了开始，就不能随随便便放弃，即使要半途而废，也要有一个合理的解释，无论如何得有一个结果呈现。这样，孩子才能学会认真选择和做事，最终成为一个有责任担当的人。

第三，不是所有的情况都可以使用灵活性。

　　有时候，影响整体计划效果的灵活性，可能导致全盘计划的改变甚至失败。举个例子比较能够说明这个问题：

　　关于春节燃放烟花爆竹，刚开始执行是市中心禁止燃放，我们还是会买了在一环路外感受一下春节热闹的景象；后来是二环路内禁止燃放，我们也会在二环路外燃放一些烟花庆祝春节；再后来规定五环路以内都禁止燃放的时候，本来我们说好了过年不燃放炮仗，我老公出差时在一个乡镇看到烟花爆竹，心里一动又买了一些。

　　结果没有想到，七天的春节假期，这些炮仗居然变成了我们的麻烦事。大年三十忙着家人团聚，不能出城；初一在家陪伴老人，也没有抽出时间出城；初二要开车自驾游，出城就上高速，路边都是植被树木，根本不敢燃放；初六回家已经太晚了，因为第二天要上班，没有办法，晚上十点多开车出城，十一点多的时候终于在五环外找了一个安全的空地，把惦记了好多天的烟花一次性噼里啪啦放完了。

　　在带领孩子的时候，也会经常出现这样的情况。有一次在我的"快乐父母119"课程里，一位学员分享：本来跟6岁的孩子已经协商好了，周一到周四都陪伴孩子写作业，想帮助刚上学的孩子形成良好的学习习惯。坚持了一个多月，可以说一切都好，孩子很乖，有妈妈在身边陪伴，每天都能安静地在半小时内顺利完成作业。

　　有一天，同事约她下班后去逛街，她本来想拒绝，后来灵机一动地想，一天不陪伴孩子应该也没有问题，可以趁机锻炼一下孩子的自理能力，就打了电话回家给老公交代了一番，跟同事逛街去了。

　　结果突然没有了妈妈陪伴，孩子不太适应，就一个劲儿地叫爸爸陪伴。爸爸说：好的，你先写，爸爸看完了《新闻联播》就过来。孩子等了一阵爸爸没有过来，就跑到客厅跟爸爸一起看电视。

看完了《新闻联播》，爸爸刚陪伴孩子写了一会儿作业，突然接到个电话就到阳台上去通话了。孩子年龄太小了，还不能很好地认识到自己的事情需要自己独立完成，看到爸爸出去又被分心了，便去玩自己的玩具。

就这样，断断续续地写完了作业，妈妈晚上九点多了回到家准备帮孩子洗漱睡觉，一检查作业，发现还有一个手工作业没有完成，很生气，就开始批评孩子。孩子委屈地大哭，爸爸不满意了，夫妻俩又开始吵架……吵了半天发现十点多了，赶快催着孩子睡觉。孩子担心着手工作业没有完成，哭哭啼啼到十一点多了才睡着。

第二天早晨，妈妈提前一个小时叫孩子起床，拼命拉扯多次，才把孩子叫醒，母子俩赶着总算完成了手工作业。可是，因为破坏了作息规律，去上学的时候，孩子在车里一个劲儿打盹。放学接孩子的时候，老师特意提醒家长，孩子一天的状态都不好，一直打瞌睡。

就好像我们常说，撒一个谎需要靠十个谎去圆一样，破坏一个规则，很可能需要好多个行为去修正。

所以，在孩子的成长发展过程中，原则性的问题必须坚持，就像我们前面讲过的，是否去幼儿园或者上学，没有任何商量的余地，必须要去；规则性的事情必须清晰，因为在任何一个系统里都有基本的纪律约束，遵守规则才有团体里的归属位置，被别人很好地接纳；习惯性的模式必须维护，会使孩子容易形成自然而然的规则意识，一个好习惯的养成并非一蹴而就，需要时间和毅力配合支持。

　　现在很多家长头疼孩子玩手机上瘾的问题，尝试用尽各种办法去禁止。可是，同样有很多更年轻的家长，在幼小的孩子哭闹纠缠的时候，直接打开手机给孩子看动画片。结果孩子养成玩手机的习惯，到上学了，家长害怕影响学习，又开始拼命地禁止。

　　电子智能产品的普及，已经到了无孔不入的程度，而且使用电子智能产品，也是跟时代接轨的必需条件。所以，禁止孩子接触电子智能产品，不现实也不容易做到。

　　家长需要在孩子使用电子智能产品之前，跟孩子讲好使用方法和规则，并且教会孩子借助智能设备的力量，丰富知识，开拓视野，帮助到学习和技能的提升。这样，电子智能产品就不再是影响孩子学习的玩具，而是支持孩子更好地学习的工具。

　　动力就是行动的力量，而行动的力量往往来自我们自身想要被满足的需求，所以，如果没有积极做事的意愿，当然无法运用力量去行动。

　　在亲子课程里有一位家长提问："回想儿子前面三次不去上学的原因，都与完成作业有关。他周末回家不愿意写作业，但心里又想着作业，可就是动不了手，心里无比痛苦，最后把自己逼向绝境，周一就不愿意去上学了。请问老师这是为什么？我怎样才帮得了他？"

　　这就是"学习动力不足"的典型表现。遇到孩子不想写作业的时候，家长的帮助常常是指责和批评：学生怎么能不写作业呢？你就是懒！再不写我要给老师打电话了。我们辛辛苦苦地工作就是为了让你好好学习，你一点儿都不争气！快点去写作业，不然我打你了。你不写作业想干什么？你想造反了吗？……

结果越骂孩子越抗拒，越骂家长越生气，最后不管有没有完成作业，家长、孩子都带着很大的负面情绪，更加把学习看作是一个敌人一般需要对抗和斗争。

孩子不想写作业，家长应该耐心地了解真正的原因是什么：学习了一天回家太累了？可能是没有学懂？是不是作业太多了？孩子找不到学习的乐趣？学习压力太大了吗？不喜欢哪门功课？老师批评了还是同学关系遇到障碍了？或者父母的期望太高了使孩子产生了畏难情绪？……

只有找到孩子想做或者不想做的真正意愿，我们才能有针对性地想办法去引导和帮助。一个女孩子告诉我，她不想去上学是因为讨厌英语老师总是讽刺她，可是爸爸妈妈却不说老师的做法是错误的，总是严厉地批评她对老师不礼貌。

我请这个女孩子的父母认真思考后回答我：在生活和工作中有没有感觉讨厌的人或事？她爸爸说：他讨厌自己的父亲从小到大都看不上他做的事，认为他没有什么本事；也讨厌自己单位的某个领导，总是把员工的成绩归功在自己头上……她妈妈说：在单位上有一位女同事特别喜欢搬弄是非，她很讨厌那位同事；有时看到街上有人随地乱吐痰，她也觉得很讨厌……

我问他们："因为你们讨厌这些人或事，我现在想很严厉地批评你们，因为我觉得你们对这些人不礼貌，你们怎么想？"

孩子爸爸说："老师，我刚才在说的时候，就已经明白了，我们的做法确实对女儿不够公平，以后知道了。你说得对，我们要学习接纳孩子自己的想法和情绪，然后再想办法教导她……"女孩子在旁边听得眼泪汪汪的，表示愿意回学校去上课。

孩子并不是想让家长去替自己出气，或者把老师怎么样，她只是想让这种不公平的事情停止，不再受到伤害，可是直到现在还找不到合适的办法，所以有很多的负面情绪需要释放。家长不仅没有倾听理解，每次都是批评指责，使孩子的负面情绪越积越多，因此更加讨厌老师，现在连学校都不想去了。

在人际关系中，表达和倾听都是一种能力，是人际沟通中最直接、最好的方式，也是行为的推动力。通过表达把内心的真实意愿呈现出来，才可能得到他人更多的支持与配合；通过倾听把别人的讯息有效理解，才可能给到他人更好的理解与回应。

很多时候，我们面对孩子在学习上的具体问题，真的可能无能为力，不知从何帮起，更别说孩子的能力本来就不够了。

一位家长分享：有一天，女儿面对13张试卷，表示坚决不写作业。她实在没有办法，就说"我帮你一起写吧"。她写了几张之后，孩子也跟着开始写，孩子在写的过程中居然说"我现在才发现，写作业也很有趣呢"。最后妈妈写了9张，孩子认真完成了4张。

虽然我们不能鼓励这样的做法，可是对于孩子来说，这么多的作业，写1张是没有完成作业，哪怕我写了12张还是没有完成作业，所以我干脆1张也不写。虽然妈妈无奈地使用了不合适的方法，可是能够促使孩子认真完成4张，无论如何，比1张都不写更强。

当然，更正确的做法应该是跟孩子协商，了解她的能力能够完成几张，其余的帮助孩子跟老师沟通一下，缓一缓完成或者减少数量。

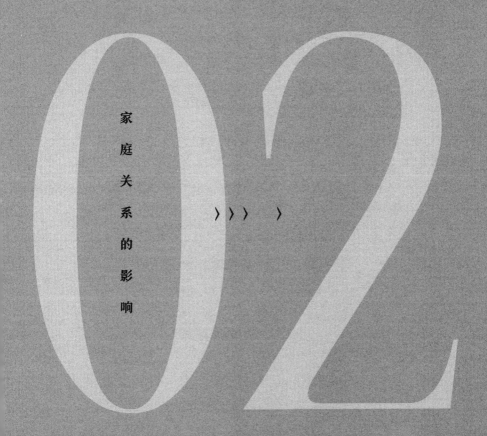

02

家庭关系的影响

〉〉〉 〉

妈妈

妈妈

爱

我

请

你

帮

帮

我

1. 爱的缺失与表达

现在有个流行的说法，对孩子最好的家庭教育，就是爸爸妈妈相亲相爱。每一个孩子内心对父母的爱与忠诚都是完全平等的，不论父母是什么样的人做过什么样的事。虽然孩子们对待父母的标准或方式有差异，但爱是一样多的。

有一位妈妈焦虑地对我说，儿子和自己的父亲如何如何对抗，已经有几个月没有跟父亲说话了，她用了各种办法缓和父子之间的关系都以失败告终。孩子为了抗拒父亲，学习成绩不断下滑，她实在没有办法就带着孩子来找我了。

我跟孩子交流的时候，孩子的成熟度已经超过13岁的年龄。孩子真的是连一句关于父亲的坏话都没有，他非常冷静地给我描述爸爸的人际关系有多么多么糟糕，妈妈以及一直住在家里的外婆有多么讨厌爸爸，爷爷奶奶和叔叔对爸爸多么冷漠……说到最后，孩子的眼里含满了泪水，他强忍住眼泪问我："老师，我好担心，如果我以后考上大学了，爸爸老了，谁来管他？老师，我好生气，他为什么就不能争气一些？他为什么就不能改改自己的脾气？我都要被他气死了……"

我经常在讲课的时候告诉所有的成年人，我们总是远远低估了孩子体谅我们的能力。就像这个男孩子，表面上看他是在对抗父亲，实际内心却在为不能好好管理情绪的父亲担忧未来；表面上看他的叛逆影响到了学习成绩，实际他内心深处在抗拒自己提升学习能力，害怕考上大学以后，坏脾气的父亲就没有人管了。

我在辅导当中经常发现，现在有很多休学在家的孩子，并非都是真的不喜欢学习或学校环境，而是家庭里有很多矛盾冲突让他放心不下：妈妈跟奶奶的关系太糟糕、爸爸拒绝外公外婆住在家里、父母之间争吵不断感情恶劣、爸爸无力感很强在家庭里没有地位、妈妈总是一副受伤的样子从来没有快乐……

对于孩子来说，或许我牺牲自己守着你们更放心；或许我留在家里可以替你们在老人那里尽孝心；或许我出了问题就可以成功地把你们的注意力都吸引到我这里，相互不再争吵打闹；或许我在爸爸身边可以给他一份支持；或许我把妈妈的痛苦接过来一些，妈妈就能快乐一些……

有个9岁的男孩子，半年来找各种理由不去学校上课，如学习压力大、作业太多、功课太难、同学不好相处、班主任太严肃等。妈妈带着孩子来做个案，通过系统排列的呈现很快就明白真相了：因为父亲的过错，父母离婚了。父亲重新组建了家庭，孩子跟妈妈和爷爷奶奶生活在一起，而且父母之间依然有很深的积怨。

在孩子的心里，如果爷爷奶奶都跟他和妈妈生活在一起，就相当于给父母重新在一起留下了可能性。他很快就会发现，只要自己学习有问题，父母就会互相埋怨、纠缠。结果孩子就不断地在学习上出问题，以此把父母紧紧牵连在一起，似乎可以满足孩子一家三口依然在一起的愿望。

有个17岁的女孩子，眼看着还有一年就要高考了，突然提出要搬出家去租房住。妈妈死活不同意，她干脆离家出走了。电话不接信息也不回，妈妈都要急疯了，到处找她。一周后，她又去学校上课了，老师询问后得知，她用自己积攒的零花钱在外面租了房子。

因为孩子坚决拒绝见自己的妈妈，爸爸又远在他乡，妈妈只能央求老师带着孩子来见我。

孩子在我面前哭得很伤心。她断断续续地告诉我：父母离婚后，父亲去了外地生活，并且重新组建了家庭，而母亲却一直生活在对父亲的仇恨当中无法自拔。前几年母亲几乎每天都要在自己面前骂父亲的无情无义。两年前知道父亲再婚后，母亲不再怨恨父亲，好像终于死心了，孩子以为妈妈从此就可以好好生活了。

可是，她完全没有想到，母亲突然把所有的关注都放在了她身上，拼命对女儿好，从早到晚无微不至地关心着女儿的一举一动，随时都能够像弹簧一样跳起来，哪怕只是因为女儿喝牛奶的时间到了……

孩子哭着说："老师，她真的就像精神出问题了一样，我好担心，她没有自己了，好像我就是她的全部生命。我真的好害怕，万一我去上大学了她怎么办？怎么活？我想逃离她的身边，让她像爸爸一样好好过自己的生活，否则，她活不好，我也永远活不好。我已经给她说了，如果她还要我回家让她侍候，我就彻底不上学了，待在家里满足她……"

我们经常都认为是孩子不争气、没有理想、没有目标，却很少想到，或许正是因为我们在婚姻关系中情感匮乏，将情绪转移在孩子身上，以操控孩子的方式满足自己的情感需要和价值感，那就真的是硬生生地拖住了孩子为自己的未来自由奋斗的脚步。

我们总是希望孩子有责任意识，可是，如果作为父母，都不能很好地承担在家庭中的责任，经营一个和谐的家庭环境，怎么能够指望给孩子做榜样示范呢?

有个小男孩的妈妈在我面前投诉:11岁的儿子在家里总是乱发脾气、大吼大叫,跟同学交往也有问题。结果孩子说:"你也总是大吼大叫地跟爸爸吵架,还摔东西……"

妈妈辩解:"老师,不是这样,我跟他爸爸很少吵架的……"

孩子马上说:"这周都吵三次了。"

妈妈呆望着儿子,无话可说。

孩子在家庭关系里是最敏感的接收器,无论父母说与不说,孩子都能察觉出家庭氛围的所有变化。试想想,如果一个小孩子知道父母关系不好,他可能整天想着的事情都跟父母有关:要是父母不吵架就好了!爸爸的脾气为什么总是那么暴躁?妈妈少唠叨几句多好!他们真的会离婚吗?如此一来,孩子哪里还有心思学习?

曾经有个15岁的男孩子对我说:"我不想去上学了,成绩也不好,我妈妈没有钱供我上学。我要想办法报仇。我还想找个工作挣钱,帮助我妈妈。"

我说:"你小小年纪,要找谁报仇啊?"

他硬硬地回答:"那个男人,就是我爸爸。"

我问他:"要报什么仇呢?"他不安地扭动了一下身体,低头考虑了好一会儿才回答我:"他不要我了,他跟别的女人结婚了,就是我现在叫阿姨的那个女人。他太狠心,抛弃了我和妈妈。"

我问他:"那你打算怎样报仇呢?"

他胸有成竹地说:"杀死他的狗。我以前很讨厌他的狗,现在已经跟它混熟了。等哪天我爸爸和那个女人不在家的时候,我就可以把狗骗出来,找个地方杀死它。我有个朋友说还可以卖狗肉呢。"

我说："看来你已经计划好久了。可是，我觉得那条狗好无辜啊，它没有对你不好吧？"

他马上说："因为我爸对他的狗都比对我好。"

我也马上问他："是谁这样对你说的？"

他来不及防备，立刻回答："我妈妈。我妈妈说他宁可养一条狗，也不愿意多给我一些抚养费。"说完又后悔了，感觉出卖了妈妈，顿了一下补充说，"我爷爷也说，他是个不负责任的人。"

男孩子的父母离婚多年，相互之间却一直没有放下怨恨。近年来随着孩子年龄的增长，更是为了孩子的抚养费问题吵来吵去：女方说现在孩子大了用钱的地方多，男方说她以养孩子为借口居心不良。两个人不能放下过去，经常拿孩子说事来延续他们之间的恶劣关系。

在这样的亲子关系里，孩子是缺失关爱的。妈妈把他送到我们这里来做心理辅导，目的是想让他好好学习，可是，这位妈妈从来没有认真想过，孩子处在这样畸形的亲人关系中，如何能够心无旁骛地学习？

孩子夹在相互指责、怨恨、纠缠不休的父母之间，不仅没有因为是单亲家庭的孩子而受到更多关爱保护，有意无意地，还被父母当成了可以要挟对方的筹码，或者攻击对方的武器。

他跟妈妈生活在一起，不可避免地迷失在妈妈无尽的怨恨和指责当中，年龄越大与父亲越对抗。虽然他也承认节假日去父亲那里的时候，父亲和继母对自己挺好的，但还是坚持说要报仇。

因为妈妈总是吵着跟他爸爸要更多的抚养费，又导致孩子认为妈妈没有钱，想退学早点儿工作挣钱帮助妈妈。可是，大人们往往意想不到，就是这样一个缺爱的孩子，依然深深地爱着自己纠结的父母。他用对抗父亲来表达着对妈妈的爱和维护，又带着"报仇"的心思经常去爸爸那里小住，表达他对爸爸的爱和忠诚，唯独没有对自己人生的清晰认识和规划。

父母总认为自己的事情跟孩子无关。可是，就像孩子的事情父母不能坐视不管一样，对于父母的事情，孩子也是非常敏感、关注的。

最近有个16岁的女孩子不想上学了，父母急疯了：刚上高一就不想去了，以后怎么办？他们罗列了很多孩子从小到大的问题，给我证明孩子的不求上进。

可是，孩子在我面前，焦虑和担忧的全部都是父母之间恶劣的夫妻关系：爸爸在家里除了批评就是一言不发，妈妈总是歇斯底里、哭天喊地，姨妈们又向着妈妈从中搅和……从小生活在充满争吵的家庭里，她要承受爸爸对妈妈、对自己的不满意和批评，也要承受妈妈对爸爸、对自己的抱怨和指责。

父母又把相互之间的矛盾冲突经常转移、投射在女儿身上，爸爸总是认为妻子照顾女儿不够周到，导致女儿的学习成绩太差。女孩说："从小到大，爸爸对我都是非常失望的。"

妈妈总是认为女儿学习不够努力，才导致丈夫对自己不满意。女孩说："从小到大，妈妈从来都对我没有满意过。"因此，在学校里，她对老师的看法和评价也特别敏感，越来越无法静心学习，注意力很难集中，甚至想过逃离家庭或者自杀……女孩对我说："老师，我也很努力，也有成绩好的时候，比如上学期达到全年级前十名了，可是我爸妈还是不满意。现在成绩又掉下来了，我怎么努力都没有用，越来越不想上学了，提到学习就头疼。"

所有的孩子都想成为父母眼里最好的孩子，而孩子有能力回报父母之爱最好的办法，就是让自己的学习成绩优秀。

现实就是，父母对孩子学习成绩的期望很难有满足的时候：80分不满意；孩子努力学习考了90分，父母还要孩子努力；孩子考了95分，父母还是觉得不够；孩子再努力考了99分，父母依然很遗憾；孩子真的考了100分，父母更加严厉地警告：一定要保持住哦！

经常有家长问我：我的孩子总说我不爱他，为什么？

孩子对父母的爱的需求是无限索取的，而且随时都在用各种方式验证"父母是不是真的爱我"。即使是很小的孩子，都有办法来验证爱的真实性。

比如不小心把玩具弄坏了，他不会因为怕挨骂就藏起来，而是拿到你面前展示："妈妈，我把玩具弄坏了。"如果你说："玩具坏了就不能玩了，好可惜！下次要小心一点哦。"他就会很满意，感觉妈妈是爱他并且包容他的。如果你批评他："为什么不小心一点？再破坏玩具就不给你买新的了，多浪费钱啊。你这个孩子真不乖。"他就会很伤心，感觉在妈妈心里，玩具和钱比他更重要。

有一位经营玩具商店的学员，曾经给我描述在她的店里发生的让她有点震惊的一幕情景：三个八九岁的小女孩在她的玩具店里，边看玩具边惊叹不已，突然一个小女孩说："唉！你们看吧，我不看了。我看了也没有用，我妈妈是不会给我买的，她一点也不爱我。"另一个小女孩接着说："我看还是可以看的，虽然我妈妈也不会给我买。她像你妈妈一样，一点也不爱我。"已经是两个小男孩妈妈的店主有点吃惊，注意看第三个孩子的反应，结果那个孩子说："我是可以看的，如果我想要，我妈妈也会买给我的，虽然她像你们的妈妈一模一样，一点也不爱我。"

这位学员困惑地问我：晓红老师，究竟怎样做才能让孩子感受到父母的爱呢？

在亲子沟通中，孩子内心最渴望的是被爸爸妈妈"看见"。如果孩子观察到妈妈的眼睛总是没有看到他，就会怀疑妈妈是否真心爱他。所以，我们去拥抱、爱抚孩子或者说爱他的时候，要看着他的眼睛说或做，让他感受到你在认真看他、听他、感受他，此时此刻你最在意的是他，那么，孩子就能充分感受到你的爱。

可是，我们很多父母眼里看不到孩子，因为眼里看到的都是孩子做得好的或者不好的事情：考试得了多少分？作业完成了没有？上课注意听讲了吗？有没有听老师的话？是不是跟同学闹矛盾了？放学有没有按时回家？衣服弄脏了没有？天冷了有没有加衣服？头发长了会不会影响学习？孩子早恋了怎么办？今天有没有偷偷玩手机？零花钱用到哪里去了？都跟哪些孩子交朋友？……

而孩子更想父母能够了解的是：你今天快乐吗？跟同学相处开心吗？在学校发生了什么有趣的事情？学习了什么新的知识，可以讲给妈妈听听吗？你有什么新奇的想法和目标吗？……

世界是由人事物组成的，一样都不能少。可是，很多时候，我们太过关注事物，甚至把事物放在了比生命更重要的位置上。如果在孩子那里，把孩子的成绩好坏看得比孩子更重要，孩子心里就会有爱的匮乏感，用多少物质满足都无法弥补。

有一位男士一直在预约我的咨询，两三个月后终于约到了。当我的助手通知他周五过来的时候，他提出能不能安排在周六，我的助手回复"周六老师又要讲课，所以只有周五有时间"，他居然说不能来了，因为周五他要上班。

要知道，他17岁的儿子已经患有比较严重的抑郁症，目前在乡下奶奶家里住着，整天把自己关在房间里，拒绝与人交流，拒绝洗头洗澡，浑身都已经发臭了，家人一点办法都没有。

或许正是因为有这样一个父亲，把一天的工作看得比儿子的健康更重要，才导致儿子变成现在的样子。

跟孩子的健康和生命相比，一天的工作真的很重要吗？

有一个12岁的女孩子被妈妈带来做心理咨询，因为孩子在学校里学习成绩很好，可是跟老师和同学的关系都不好，一会儿说哪个老师不喜欢她，一会儿又说哪个同学故意说她坏话，来来去去都是孤独的一个人，变得越来越敏感计较。现在，面临小升初的关键期，她却不想去上学了，总说别人都讨厌她。

我跟女孩子单独交谈的时候，她先是什么话也不说，一个劲儿地默默掉眼泪，我说："这里只有我们两个人，你如果愿意，可以哭出声音。"她摇摇头，任由压抑的泪水默默地流。我又说："我的时间很紧张的，有好多事情等着我处理，所以，你哭是可以的，从现在开始，只能哭五分钟，否则我就无法帮到你了。"她看了我一眼，继续哭。

五分钟之后，我说："时间到了。"她果然马上停止了哭泣。由此可见，她从来就是一个听话的"乖孩子"。

她声音小小地开始跟我交谈：爸爸是个军官，很少回家，回来了也不爱说话，总是很严肃地问她的成绩好不好；妈妈是个会计，工作很忙，只要求她学习好就行了，别的都不管她。

她从小到大学习成绩都很好，可是老师们并不喜欢她。有个老师还在课堂上说她太闷了，是不是脑子学傻了，结果同学们都哄堂大笑，气得她直发抖。

以前本来有两个离她家近的女孩子愿意跟她玩，可是现在都不跟她玩了，同学都说她的脾气很怪。我说："那么你觉得自己脾气怪吗？"她想了想说："我说的事情她们没有兴趣，她们说话的时候，我也不知道说什么。我也想跟她们说话的，可是我真的不知道说什么，我在家里都是一个人，妈妈工作很忙，下班也会去跟别人逛街、玩耍。"

她还说自己在电脑上查过了，她肯定是得了抑郁症，最后的结果都是要自杀的，所以现在上不上学都无所谓了。

通过了解，我知道这是一个妈妈守在身边也缺爱的孩子。后来我让孩子的妈妈进来，对于孩子的学习成绩她很清楚，可是孩子在学校的人际关系以及现在的困扰，这位妈妈一无所知。

我引导她们母女俩做一个现场体验：妈妈坐在椅子上，女儿站在旁边喊"妈妈"。女儿看着妈妈，嘴唇颤抖了好一阵子才叫出口："妈妈！"妈妈表情僵硬地看着女儿，没有回应。女儿再叫："妈妈！"她犹豫了一下才回应："哎。"女儿突然开始流泪，妈妈的眼睛瞪大了，女儿再叫："妈妈！"她呆呆地看着女儿，依然回应："哎。"就是这样，女儿哭得越来越厉害，断断续续地边哭边叫了六次"妈妈"，她连续回应了五次，就是没有动一下身体。我都实在看不下去了，就对她说："你真是孩子的妈妈吗？孩子哭得这么厉害，叫妈妈叫得这么可怜，你都不能站起来抱她一下吗？"她这才站起身来，可以说是非常笨拙地抱了一下女儿，脸上的表情很平静，没有一点感动。

即使这样，对孩子来说，已经足够了。对于情绪受伤的孩子来说，妈妈的怀抱是最好的疗愈。她被妈妈抱了之后，情绪变得很平静，非常配合地做完了后面的辅导，第二天去学校上课了。

后来在孩子初三的时候，学习压力很大，有点儿焦虑。因为成绩好又总是被老师时刻盯着，她更是感觉到压抑。有一次，老师说她的发型太怪了，不好看，她一生气就跟老师大吵了一架；过了两天课间操的时候，校长看到了也批评她发型太怪，她又跟校长吵了一架。校长很生气，让妈妈带她回家反省，她一赌气，又不去上学了。

过了两天她平静下来了，主动提出来要见我。正好我从外地讲课回来，在课程间隙给她安排了一次辅导。我问她额头边留着长长的刘海是什么意思，为什么把眼睛都遮起来了？她说好像自己的额头太宽了，想遮挡一下。

我跟她打趣说："人家都说额头宽的人聪明，怪不得你的成绩一直这样好。现在可好，你不仅不感谢这个智慧的额头，还想把它遮挡起来，太忘恩负义了吧？"她也被逗笑了。我说："不过我觉得，这样的发型确实够丑的，反而会吸引人特别关注你的额头，难怪会被老师和校长注意到。实际上，额头宽一点的女孩子梳一个马尾辫，又简单又大气，你要不要试试看？"她顺从地把头发扎起来了，我还现场给她拍照对比，她也觉得束发更好看。

只有在爱的呵护与关爱下，孩子才会带着充分的信赖和配合，那么，我们帮助孩子成长的指令，也会更加真正顺利、有效地落实在孩子身上。不被一些似懂非懂的事情干扰，有信赖的人在身边指导，孩子才能够专注自己的学习，勇敢探索未知的世界。

成长过程中的心理创伤，大多数都是来自不良的亲子关系。父母希望孩子什么事都能按照自己的要求做，可是孩子的自身能力不足够。而反过来呢，孩子唯一能够表达爱的方式，却是能够很好地完成父母的期望。亲子关系往往就是如此矛盾而纠结。

对于父母来说，我不满意你什么事情都做不好；而对于孩子来说，我不满意你们永远看不到我的努力和成绩……父母在孩子那里经常是只懂得负面强化，不愿意正面肯定。

孩子把事情做对了、做好了，父母就认为是天经地义、理所当然的事情，一切OK，就不用说什么了，连句肯定都没有。

就像前面举例的这个女孩子，只要学习成绩好，父母觉得就足够了，至于你是否快乐，父母一点想要了解的意愿都没有。孩子没有做对、做好事情，父母就开始指责、批评、拼命地纠正……岂不知，在不对的事情那里，恰好起到了一个负面强化的作用，更容易导致孩子把注意力全部集中在这些不好的事情上。

如果小时候是孝顺懂事的"乖孩子"，总是按照父母的要求和期望，努力表现成熟懂事的一面，那么作为一个小孩子，活泼好动、无拘无束的另一面就被压抑下去了。

成长过程中一直是"别人家的孩子"，优秀、懂事，相信"听话"等于"被爱"，依赖于父母的意见规划未来，无法真正按照自己的意愿做人生的选择。成年后，很容易把生活、工作中的不顺，归咎于父母的干涉。即使一直很顺利，也可能会因为从来没有按照自己的期望行事，从而对父母有怨气。

曾经有位女士在课程上问我，为什么自己的女儿硕士毕业在香港找了很好的工作，还会对父母说"活着没有意思"？我说"因为她从来没有按自己的期望"行事。她一下就明白了，但还是辩解了一句："因为我和她爸爸都是搞教育的，所以……"

我说："搞教育的，是可以在学校里教育你的学生，可是在家里，孩子应该首先是被父母爱的。如果你把她当作是你的学生一样，那么一个没有亲情连接的孩子，怎么可能会觉得生活有意义呢？"

是啊，作为老师，也没有权利在学生做人生选择的时候，强加自己的意愿，可是，作为父母，却可以利用老师的身份和优势，忽略孩子的个人意愿和感受，影响孩子的选择。做老师是经过专门学习和训练的，做父母却是无证上岗，把一件事的经验完全照搬在另外一件上，肯定不是很恰当的。

如果小时候是被忽视或者曾经有过分离创伤的，那么在成长过程中，没有被"看见"或照顾的创伤，就会让自己心里的某些部分停留在受伤的小孩状态，在父母或者权威面前，总是有一种委屈或受伤的情绪，时不时冒出来逆反一下，这是情绪投射，也是情绪报复。

如果小时候是被否定、被指责的孩子，成长过程中无法用自己的能力得到肯定和爱，多数时候就会把原因归结在自己身上，认为自己不够好得不到父母的肯定和爱，经常会显得无力、沮丧，在情感和人际关系中被动、敏感，容易受伤。

压抑隐藏的负面情绪长久积压，成年以后，虽然能够理解、接受事情背后正面的动机，比如父母用批评帮助孩子成长的方式，可是小时候的创伤一直在心里，所以，面对父母，常有愤怒情绪。

世界上没有完美的人事物。我们自己已经明白，无论如何努力都不可能做一个完美的人，那么，我们也要接受"父母并不完美"这个事实，慢慢学会放下过去，感恩生命的传承，真正接受父母本来的样子，在他们的经验里学习让自己成长得更好，更懂得做父母的意义。

同样，在孩子眼里，我们也不敢说自己是完美的父母。如果我们本身并不完美，更不可能要求孩子是完美的。

有一次在"快乐父母119"的课程中，一位男士很激动地提问："老师，如果你辛辛苦苦培养孩子成长，为他做了很多事情，他现在才14岁，却变得跟你像仇人一样，怎么办？"

我说："责任和爱根本就是完全不同的两回事。父母非常尽责任地给孩子吃好、喝好、穿好，教孩子认真学习、好好做人，可是，跟有没有情感的连接，真的是完全不同的事情。"

他说："我们真的很爱他，可是他不理解，也不愿意去上学了，什么话都听不进去，还说要报复我们，我真的想不通……"一个大男人，当着所有人的面，难受哽咽得说不下去……

他的妻子和小儿子也在课堂上。小儿子才7岁，听课时候的表现，简直是远远超出年龄的成熟与懂事。他妻子说："老师，我们现在所有的关注点都在大儿子身上，都根本顾不上小儿子，但是大儿子他一点都不接受，还说我们教育了他这样一个失败的儿子，又教育了弟弟这样一个成功的儿子。"

我说："如果他这样说，就说明他心里有不公平感。你们觉得对他的关注更多，可是他觉得你们只盯着他的不好，对弟弟很宽松。"

她说："是的，从小什么东西都要跟弟弟争，实际上他得到的都比弟弟多，他还是要争。我生他的时候很年轻，真的不懂得如何做妈妈，还经常觉得他是个负担……现在知道做错了，想要改变自己多帮助他，可是，他拒绝跟我们交流。"

通过几天的学习，孩子爸爸终于明白了亲子教育中自己的误区，他后来在课程里分享："我从小就是被父母宠爱长大的，被照顾得很周到，我也想让孩子像我一样长大，真的是很溺爱他。曾经有一段时间，我的生意遇到了不好的状况，身上只有一万多块钱了，可是，孩子有什么需求，我还是会毫不犹豫地完全满足他，要什么买什么……"他抹了好一阵子眼泪，又接着说，"我以为这样就能够给孩子足够的爱，可是，通过几天的学习我才明白了，我根本没有了解过孩子真正的意愿和感受。"

是啊，再多的物质满足也不能代替真正的爱。而且孩子会一边不断索取物质的满足，一边又焦虑这是否能代表真正的爱。况且，以孩子的能力和经验，根本不懂得用更好的方式表达对爱的需求，结果就进入一种恶性循环状态，反复用物质需求的满足与否，去验证父母是否真的爱自己。

比如说，孩子不断要求买新玩具，可是玩具到手了并不珍惜甚至只是过过手而已，并非真的想要玩这个玩具；比如孩子不停地要零花钱买零食，你又会发现很多零食他并不真喜欢吃，甚至会连包装都懒得撕开就扔一边去了……

所以，他要的不是这些东西或者零花钱，而是一遍遍透过这种方式在验证你是否爱他：得到满足了就很高兴，证明你是爱他的；没有得到满足就很受伤，你是不爱他的。

为什么会反复索取呢？因为，真正的缺失是心里的，得到满足的却是外在的，不管得到多少，心里爱的缺失依然存在，无论如何，无法用物质来取代，所以，才会反复地要求和索取。

曾经有一对大学教授夫妻，不知从哪里听说我到了他们所在的城市讲课，第一天上课就找到了上课地点。可是，那次的课程是一个专业技术课程，他们没有经过前面阶段的培训，不能进入课程学习。

而我都是白天讲课，晚上在做个案疗愈，根本没有时间跟他们交流。所以，他们在我的教室门外守了整整四天，在课程全部结束了以后才有机会跟我交流。

相信大家都猜到了，只有孩子身上发生的问题，才能使父母如此焦虑和执着。他们说，女儿15岁，刚上高一，莫名其妙就不愿意去上学了，问什么都不说。他们去学校配合老师调查了好几次，没有发现有任何不对的地方，也没有早恋现象。孩子从小到大都是很懂事听话的，虽然性格内向，可是自己知道努力学习，经常学习到凌晨才会睡觉。我问他们："你们对她的成绩满意吗？"他们迅速相互看了一眼，妻子犹豫了一下才说："可以，她的成绩在班上一直排在前十名，老师也说她学习很努力的，她自己也想考得更好……"我打断她的话，说："所以，你们对她的成绩并不满意，对吗？"丈夫低头不说话，妻子又犹豫了一会儿才说："她没有考上重点班，班级前十，在年级都排到三百多名了，我们的目标是北大，至少前一百名才有希望……"我说："你是说'我们的目标'？究竟考上北大是女儿自己的目标，还是你们父母的目标呢？"这位妈妈说："我和她爸爸都是北大毕业的，我们一直希望孩子也能考上北大，从小就给她灌输这样的概念，不断激励她把考上北大这个目标放在首位，她本人也是一直同意的……"

很显然，孩子被这个"我们的目标"压垮了，根本没有信心完成强加了父母意愿的目标，也没有足够的底气考上北大，完成父母的期望，表达对父母爱的回报，所以，干脆停下来不干了。

我在交流中了解到，身为大学教授的父母从来不打骂孩子。孩子在小学、初中一直都是成绩名列前茅，是父母的骄傲，也是整个家族的骄傲，甚至在亲戚朋友当中，都被当成了一个传说。所有人都坚定地相信，这一家人都会是骄傲的北大毕业生，是大家学习的楷模。

可是，在中考的时候，可能是压力大神经太紧张，女儿的成绩虽然考上了全市最好的高中，却没有能够进入重点实验班。中考结束以后，孩子一个暑假都没有出门。

家长虽然失望，还是努力调整心态，尽量安慰孩子，只要成绩再像以前一样好，不在重点班也能考上北大。孩子也更加发奋努力地学习，成绩却无论如何都不能在全省的尖子生中脱颖而出了。

所以，自从升入高中，全家人都盯着孩子的分数。几乎每次考试成绩下来以后，孩子看到的都是父母失望的脸色，听到的都是父母忧郁的叹息，感觉到的都是家里冰冷僵硬的气氛……

孩子拼命地学习，每天都熬夜学习到凌晨。她多么想让父母的期望能够在她身上实现，可是，那个没有任何其他选择的唯一目标，多年来已经变得像山一样沉重，把她压得喘不过气来。

她先是变得越来越沉默寡言，后来连节假日也不愿意出门，更不愿意跟父母走亲访友，害怕别人问她的学习成绩。有一次去爷爷奶奶家吃饭，姑姑看她闷闷不乐，就安慰她说："没有考上重点班也没有关系，我们家里有两个北大生了，你即使考不上北大也没有关系……"姑姑的话还没有说完，孩子就放声大哭着冲出门，而且坚持不坐车，就好像惩罚自己似的，硬是自己走了三公里路步行回家。

没有想到，孩子刚跨进家门，爸爸冷冷地看着她说了一句话："你的软弱让我很失望，我们对你只有这一个要求。"然后转身回书房去了。妈妈有点心疼女儿，又怕心一软女儿更加松劲，看着泪流满面的女儿，叹息了一声，也转身走开了。

夫妻俩生着气，迷迷糊糊地睡到半夜，妈妈听到女儿还在客厅里哭泣，她忍不住想要去看看，可是丈夫拉住了她说："你明白，她必须成功。"妈妈说到这件事的时候，哭得非常伤心，一个劲儿地念叨："都怪你，都怪你，都怪你……"因为，从那天晚上开始，孩子有好长一段时间都不叫爸爸妈妈，每天默默地上学，默默地回家，默默地写作业……直到一个月前的一天，她突然在晚饭桌上说了句："我不去上学了。"然后回到自己房间把门反锁起来，无论父母怎样劝说、责骂、砸坏门锁进去打她，她都不吭一声，默默地承受着一切。如果不过去拖她过来，她连饭也不会吃。

最后，孩子的爸爸强忍着泪水说："或许，我们从一开始就错了，太自以为是了，根本没有尊重孩子的意愿。想到女儿，作为一个教育工作者，真是觉得连自己的学生都无颜以对。如果能够重新来过，如果还有机会弥补，我一定不给她提任何成长的条件。"

试想一下，如果家长在亲子之爱里不再附加条件，如此懂事努力的孩子，又怎么可能让父母失望呢？如果父母能给孩子多一些选择的空间和权利，可能孩子更能轻松地专注于学习的精进，而不需要一直活在父母的期望里迷失自我。

成长本来就是自然而然的事情，就像小树长成大树，只要有合适的土壤环境，外力的支持只是浇灌、修剪，它就会努力向上成长。但是，如果偏要剪断枝头限制它的自由生长，得到的一定是无法顶天立地的矮树丛；如果把它扭曲、塑造成我们想要的形状，得到的只能是改变了本来面目的观赏木；如果害怕长得慢拼命拔高它的尺寸，得到的很可能就是一棵渐渐失去生命力的枯木……

2. 榜样的力量

有一次我从郑州结束课程，坐高铁到北京。有一家三口跟我在同一个商务舱里，他们家女儿只有两岁半，口齿伶俐，有样学样，特别可爱。

妈妈冲着爸爸喊："别睡了，快到北京了。"小家伙放下手里的玩具，慢悠悠走过去，趴在爸爸身边说："别睡了，快到北京了。"爸爸睁一下眼睛又闭上，说："车还没有到站呢。"小女孩又转身对妈妈说："车还没有到站呢。"妈妈打开箱子收拾东西。每放进去一件东西，小女孩再拿起来重新放一下。过了一会儿，妈妈说："你别捣乱，过去收你的玩具。"她说："车还没有到站呢。"一会儿，妈妈说："快点把玩具拿过来，我要关箱子了。"她拿着玩具站在窗边，头也不回地回应妈妈："车还没有到站呢。"妈妈无奈，说："我要去洗手间，你去吗？"边慢慢走边回头看着女儿。小女孩慢悠悠地放下玩具，又重复了一遍妈妈的话："我要去洗手间，你去吗？"她往前走了两步，一抬头看到妈妈背着双手，也有模有样地背起手跟着妈妈出去了……

模仿可能是人类最自然最本真的成长方式之一，无论是说话、走路，还是做事，孩子始终在身边成年人影响下，有意无意地通过模仿、学习，掌握生存、成长的基本能力，再慢慢发展出自己独特的风格和模式。父母是孩子的第一模仿对象，也是一辈子的模仿对象。

女儿上小学的时候，有一次我去学校接她。在校门口，有很多家长在等候。我看到一个小男孩，一路飞奔着向妈妈冲过来，人还没有站稳，就开始满脸通红地给妈妈讲述学校里的事情，没想到，刚说了几句话，他的妈妈突然用四川话对孩子大吼一声："说普通话！"那个孩子当时就蒙了，张口结舌地愣在那儿。一直到妈妈气哼哼地推过自行车，孩子眼泪汪汪地爬上车后座，母子俩骑车离开，我再没有听到孩子说一句话。

我不知道那个妈妈基于什么样的目的，想让孩子学说普通话，我也相信背后一定有美好的动机。可是，且不论妈妈引导孩子的方式或态度有问题，从妈妈本人就说方言这件事情里，我们知道，家庭里并没有说普通话的环境支持，也不能很好地帮助孩子学习应用普通话。

曾经在一次企业培训课上，一位女士提问："老师，我的孩子才一岁零九个月，脾气特别大，一生气就胡乱扔东西，请问老师这是什么原因？"

我说："除了孩子，你家里还有谁在生气的时候乱扔东西？"结果，她听完以后就默默地坐下了。下课以后，她的领导告诉我，那位女士的夫妻感情非常不好，她经常在家里跟丈夫吵架、打架，家里的电视机都被摔坏好几个了。

从出生开始，孩子的所有行为，几乎都是需要通过模仿、学习获得。父母和身边的其他重要成人，往往是孩子最容易模仿的对象。

曾经有个7岁的小男孩，被父母带来做心理辅导，因为他的破坏性特别强，经他手的东西几乎没有能够完整存在的，经常被老师和同学投诉。当时，他跟父母坐在我面前，双手环抱在胸前，一副很倔强的样子。妈妈越说越生气，还举例说："就在昨天傍晚，我带他出去散步的时候，他居然对着街道边的路灯使劲踹……"没想到那个孩子突然插了一句："那个路灯不亮了的，就是爸爸踹坏的。"父母一下愣住了……

或许对一个想要跟爸爸一样表现勇敢的小男孩来说，像爸爸一样大声地说话、像爸爸一样背着手走路、像爸爸一样在热天光着膀子、像爸爸一样爱指挥别人、像爸爸一样做冒险的事情等，都是一个勇敢的男子汉才有的表现。

那么，对一个想要跟妈妈一样表现爱美的小女孩来说，像妈妈一样娇气、像妈妈一样喜欢漂亮衣服、像妈妈一样梳好看的辫子、像妈妈一样爱照镜子、像妈妈一样珍藏一个"百宝箱"等等，都是一个爱美的女孩子应该具备的表现。

我们常说："榜样的力量是无穷的。"模仿似乎成了人类发展最自然、最本真的成长方式。因为个体在体验成长的过程中，很容易就会发现，对于自己不懂、不会甚至不太愿意做的事情，模仿可以让我们少走弯路、少费劲，更快速取得自己想要追求的价值。

有一次我去台湾讲课的时候，同机有七八个小学生，由两位老师带队去台湾参加一个游学项目。一个小学三年级的小女孩正好坐在我身边，她是第一次坐飞机，很兴奋也很紧张，可是又要表现得矜持，努力忍着不问我太多问题。慢慢从最初的慌乱不安中安静下来，她就开始观察我的一举一动并且模仿，我做什么，她就做什么。

我调整一下安全带，她也会调整一下；我拿杂志浏览，她也拿一本杂志翻来覆去地看，虽然杂志上都是成年人的文章，她看不太懂也没兴趣；我要果汁，她也要果汁；我要鸡肉饭，她也要鸡肉饭；我放下座椅睡觉，她也放下座椅睡觉；我睡醒了从包里取一本书，她也从书包里找一本书出来……真的非常有趣！

看到她的表现越来越稳定，我完全相信，等下一次搭乘飞机的时候，她都可以很自如地教别人如何做了。

孩子的模仿能力非常强，因为他们的思想很单纯，也没有经验性的思考、判断或质疑，只要感觉是对的或者好的，他们就能迅速做出同样的效果。因此，以身作则，应该是父母教养孩子最容易有效果的方式之一。

但是，有的父母因为注重"获得"感，会教孩子一些"损人利己"的行为，认为这样是对自己孩子最好的保护，却没有考虑到这样的行为是做了不好的榜样，会对孩子的未来产生很多负面影响。

有一次我在自己的会场上开了一个大型公益课。因为是周六，有家长带了孩子过来。家长听课的时候，孩子们就会在其他的工作室里绘画、在电脑上观看动画片或者做沙盘游戏。下课后，孩子还是舍不得离开，都挤在沙盘室里。

我看到一个小女孩拿了几个沙具，可是沙盘旁边都站着孩子，她的沙具没有位置可以放，便跑过来找妈妈。我正好路过看到了，就对她的妈妈说："小会议室旁边还有一个沙盘，可以带她过去玩。"小女孩的妈妈答应了一声，可是，一抬头，突然发现一个小男孩离开沙盘去展示架上拿沙具，马上对女儿说："你看他走开了，赶快去，赶快去占着位置。"我当时真的很生气，马上阻止了孩子，然后拿了一个小工具箱给孩子，对她说："你去再找一些自己喜欢的玩具，然后我带你去那边的沙盘里摆，可以做一个非常漂亮的沙盘作品。"等孩子走开后，我严厉地批评了这位妈妈："父母是孩子的榜样。你明明知道那个男孩还没有完成作品，为什么要教自己的孩子去争去抢呢？你教她的这个做法真的合适吗？一个学会了要去跟别人争抢利益的孩子，以后出去会受人欢迎吗？能够得到别人对她的尊重和支持吗？"

很多家长都在有意无意地进行"利益教育"，孩子还在上幼儿园就开始给他们灌输这样的信念：你一定要好好学习，将来考一个好大学，以后找一个好工作；你一定不能比别人差，否则好机会都会被别人抢走了；你要积极去争取自己的利益，不能吃亏……

万事万物对每个人的存在都是公平的，如果我们教孩子用不正确的方式去"获得"利益，很可能会带来更多的"失去"——失去公平竞争、失去良好的人际关系、失去学习经验的机会、失去靠自己也能成功的信心和勇气……

我们对孩子所做的应该是"未来教育"，教会孩子未来人生中可以照顾自己、发挥潜能、建立成功快乐人生的能力。

在孩子的成长过程中，父母的以身作则，就是最好的影响力。我们不能像微信段子里形容的亲子关系一样：自己飞不起来，就在窝里下个蛋，要下一代使劲飞。

家长矫正孩子不良行为的做法，经常导致相反的效果，比如孩子在外面跟小朋友打架了，家长接到投诉拖过孩子就开打，边打边教训他："让你再出去打人，让你再敢打人。"或许孩子一边哭一边在心里想：疼死我了，看来我打架还不够狠。那个可恶的小明害我挨打，下次见到他，我要打得更狠一点，让他也疼得哇哇大叫……

还有一些孩子的攻击性，来自于大人的"纵容"或"鼓励"。什么意思呢？对于有时候孩子无意中表现出来的错误言行，比如，孩子生气了胡乱骂人、打人，家长因为宠溺而忽略或包容，甚至觉得好玩，故意惹孩子重复错误的言行，导致孩子认为这样不是错误，或者如此发泄情绪是被允许的，从而固化成了不良行为习惯。

所以说，大人要随时检点自己的行为模式，给孩子做一个好的榜样。如果发现孩子有模仿到错误的言行，要及时教会孩子正确的方式，让孩子学会分辨和避免再次发生。

当然，没有父母愿意做坏榜样，也不会有意误导孩子。我们还要了解一个重要的点：并非只有大人的错误言行孩子才会模仿。很多时候，孩子因为误读了大人的言行，也会模仿出错误的模式。

比如：大人为了引起孩子的注意，故意高声说话逗闹，孩子就学会了总是用大喊大叫的方式发出请求或要求满足；大人要安排孩子做其他事项，随手拿掉孩子手里的玩具扔在一边，孩子就认为可以随意从别人手里抢夺东西，并且对自己拥有的物品到处乱丢，不会有珍惜的感觉；大人喜欢把幼小胆怯的孩子从背后硬拉出来，强迫他叫叔叔阿姨，显示自家孩子的礼貌，而孩子以为让所有人都关注到自己，就是大人眼里的"好孩子、乖孩子"，结果变成了让人头疼的"人来疯"；大人整天手机不离手，孩子就会对手机游戏流连忘返……

我们往往会认为，只有小孩子才会模仿父母。实际上，即使已经成年，我们还是会在很多方面模仿父母：思考问题的模式、表达沟通的方式、行为表现的一致性，甚至像父母一样生病等。

因为，我们总是在内心深处坚信："只有一样的，才是联结最好的。"对于小孩子来说，最重要的就是与父母有良好的联结，满足依赖、肯定和照顾的需求，获得被爱的安全感。

有一次课程里，一个7岁孩子的父母说，他们当初不懂得如何更好地教养老大，结果老大的行为习惯有很多问题，所以，现在很注意在老二这里多一些规则，比如，孩子用手机玩游戏的时间一周才有一次，一次半小时，而且他们还尽量给到老二更多的陪伴。谁知道孩子马上在旁边反驳："你们没有陪伴我。你们总是说得好好的，回家来陪伴我，可是，一坐到我身边就拿起自己的手机玩，根本没有陪伴我。"父母尴尬地看着孩子，无言以对。

你看，父母害怕孩子玩手机游戏上瘾，特意规定了每周只能玩一次，每次只有半个小时。可是，自己又每天在孩子面前痴迷地看着手机。这是现代版"只许州官放火，不许百姓点灯"。或许孩子心里最大的不服气就在这里：你们拼命给我说玩手机不好，会影响健康和学习，却又在我面前拼命玩手机，证明手机真的非常有趣。

父母经常会塞很多书在孩子手里，告诉孩子书本是人生的精神食粮，好好读书才有好的前途，自己却守在电视、电脑前面离不开，或者手机不离手。

曾经在上海的一次课程中，我建议大家上课时把手机关机了，最好中午休息的时候都不要打开，坚持到下午课程结束。结果下午上课时一问他们，有三分之二的人都没有坚持住，中午吃饭时就把手机打开了。说到这里，我想起了一个小故事。

有一位妈妈认为自己的儿子太喜欢吃甜食了，这样对身体健康不利，可是怎么说孩子都不听。后来她想到，儿子对当地的一个智者很佩服，就带着儿子去找那个智者，希望他对儿子说不要吃甜食了。

智者听完妈妈的话，认真思考了一会儿，对那个满脸充满殷切希望看着他的孩子说："孩子，你过一周再来吧。"一周后，妈妈带着孩子又来了，智者看着孩子，还是同样的一句话："孩子，你过一周再来吧。"

就是这样，连续几周都是同样的一句话，直到有一次再来的时候，智者的话改变了，他看着孩子，认真地对孩子说："孩子，真的不要再吃甜食了。"孩子马上回应说："好的。"孩子妈妈特别想不通：这么简单的一句话，为什么不一开始就告诉我们呢？智者说："因为我也喜欢吃甜食，虽然想改掉这个习惯，却一直没有下定决心去改变。我以为，一周的时间就足够我改变了，可是很显然，我根本没有想到，会用这么长的时间才能改掉吃甜食的习惯。"

就像前面所说的，我们没有的东西根本无法给到别人。古话说："己所不欲，勿施于人。"智者之所以能够成为智者，正是因为他们可以自信坚定地做给你看——原来人生可以用这样的状态活出更好的效果。

《论语》里说："其身正，不令而行；其身不正，虽令不从。"父母能够以身作则，远远大于给孩子讲很多的道理。

那么，父母在生活中，主要从哪些方面给孩子做榜样，才能对孩子的成长更有利呢？

一、人际沟通

孩子总是从家里先学会如何进行人际沟通，如何使用交流、沟通的语言。以前有个家长带孩子到我这里来辅导，原因是刚上小学的儿子喜欢说粗话，很难纠正。结果孩子当场表示委屈："你们也总是用粗话吼我呢！"

辅导结束后，我布置了家庭作业，接下来的一周看看家里共同改正的情况如何。一周后孩子跟妈妈再来咨询室，快乐得像小鸟一样飞进来，还不断地催促妈妈把家庭作业拿出来……相信你们已经猜到了，孩子做得远远比父母还好。

所以，父母在孩子面前讲话，一定要注意措辞和尊重，尤其不能当着孩子的面吵架，避免孩子模仿父母或者受到不良影响。

一个刚上小学一年级的小女孩，跟同学闹矛盾，居然偷偷把同学的水杯盖子拧松，再放回同学的书包，结果书本都被浸湿了……老师和对方家长特别想不通，才6岁的孩子，怎么会做出如此恶意伤害别人的事呢？

被家长狠狠打了一顿的孩子，在我面前很胆怯，不怎么说话。我看到她摆出来的沙盘画面，知道父母在我面前说谎了——夫妻关系应该是非常糟糕的，而不是他们所说的"很好呀"。于是，我直接问孩子："爸爸妈妈平常在家里生气吵架以后，是爸爸先去破坏妈妈的东西，还是妈妈先去破坏爸爸的东西？"

她想了一会儿说："有一次爸爸很生气，偷偷把妈妈的牙刷掰断了，他们两个就打架了，妈妈受伤。前天，妈妈还把爸爸的衬衣扔在地上使劲踩，我都看到了，没有告诉爸爸……"

所以，孩子在家庭环境里没有学会好的沟通方式，在社会环境里也不懂得如何跟他人处好关系。而人际互动和沟通的障碍，会给孩子带来心理上的阴影，让他们常常无法很好地融入团体，也很难信任他人，变得越来越敏感、封闭、自卑、攻击性强。

二、读书学习

我们不能总是讲孩子不爱学习，却从来不反思一下自己；是不是从离开校园开始，就把学习这件事抛到九霄云外去了。环境熏陶非常重要，所以才会有所谓的"书香世家"。

太多的家长带着孩子来咨询，问如何才能使孩子爱上学习。如果我们建议家长来学习亲子关系教育的相关内容和技巧，家长的第一反应往往是：孩子有问题，我为什么要来学习？

孩子不是自己带着问题来到这个世界上的。刚出生的孩子，就像一张白纸，所有的人生色彩，都与我们成年人的有意涂写和无意挥洒有关。所以，孩子的问题就是家长的问题。

有个13岁的女孩子不愿意去上学了，整天在家戴个耳机摇头晃脑地听歌曲，不管父母在家里说什么话、讲什么理，反正她都没有听进去，等于白费口舌。

她给我的理由就是：妈妈被单位裁员以后，不找新的工作也不学习，每天都出去跟朋友打麻将，给她说什么她都不懂；爸爸一个人工作很辛苦，脾气很大，每天下班回来也不好好说话，除了跟妈妈吵架，就是对着我吼"学习，学习，学习"……

这孩子最后请求我："老师，我刚才看到你们的教室了，里面有很多叔叔阿姨学习心理学呢。你让我妈妈也来学习吧，可能她学习了心理学，就懂得我和爸爸的心理了，就能把家里搞好了……"

当然，也有家长会说："我工作了一天好辛苦，回家又要做饭又要照顾老人还要督促孩子学习，哪里有时间看书看报啊？"那么可以跟孩子共同学习，而且这种学习方法还能直接帮助孩子提升成绩。

这也是我在"快乐父母119"课程里讲过的，帮助孩子有效记忆的秘诀之一：只要在周一至周五，每天抽一点时间，听孩子给你讲讲他在学校里学到的主要内容，哪怕每个学科只讲几分钟，就能让孩子在述说的过程中，一面复习提炼了当天的功课，一面又感受到了父母对他的倾听、陪伴和共同学习的乐趣。

更重要的是，我们帮孩子把白天通过意识学习记忆的内容，睡前挑出重点内容复习一遍，能促进潜意识在睡觉以后继续加深记忆。

家长们想想看：作为孩子的榜样，你给孩子留下了爱学习的印象了吗？如果没有，从现在开始，不管自己的学习能力如何，哪怕是每天在孩子身边拿一张报纸看看，读书看报的行为和形象，在孩子那里都会产生潜移默化的影响力。如果想让孩子爱上学习，那么就和孩子一起来学习吧。

三、德行修养

我们常说"厚德载物"，跟世间人、事、物的连接，需要从小到大良善方面的修为。父母在做，孩子在看。公交、地铁上你会给老人让座，孩子也就学会懂得给老人让座。你孝敬自己的父母，孩子长大也会孝敬你。你出去注重维护环境卫生，孩子从小就有环保意识。你对人有礼貌，孩子也会尊重他人……

有一次在课程中，一个妈妈带着8岁的孩子来上课。孩子在课间看到很多叔叔阿姨都在喝咖啡，也找妈妈要喝咖啡。妈妈赶快拿了一个纸杯，把自己泡好的咖啡给孩子倒了一些。没有想到，孩子喝了一口皱着眉头说："嗯，不好喝，太苦了。"居然顺手就把纸杯丢出去了。旁边的人吓了一跳，都惊呼着躲开了。妈妈一边大声呵斥孩子，一边拿了一包纸巾开始擦地毯上的咖啡渍……让所有人更没有想到的是，她居然一边擦拭地毯，一边顺手把脏纸团全都抛到了附近的墙边……不难想象，正是妈妈平常的所作所为，让孩子跟着学会了随手乱丢垃圾，而且根本没有顾及他人的感受。

所以，为人父母，在我们的身边，始终有孩子纯净的眼睛在观察着我们的一举一动，然后模仿、学习，感受过程并因此获得结果。家长要从小事做起，教会孩子正确的、与人为善的行为。付出了总会有回报的。耐心引导和示范，孩子一定会养成良好的行为习惯。

四、诚实守信

孩子非常在意家长答应他们的事情，他们会期盼你的兑现，并且会记忆很久。如果父母经常说谎，那么孩子也会对你说谎。没把握的事情不要轻易答应，答应了就一定要兑现。

在一次课程中，一位男士迟到了，还大摇大摆地走到前排，理所当然地指挥别人让一让，挤到了中间的一个空位上。正是早晨的答疑时间，他很快抢到了话筒提问："晓红老师，我儿子做什么事情都喜欢拖拖拉拉，早晨还爱睡懒觉，每天他妈妈都要花很长时间才能把他从床上拉起来，请问这种情况如何纠正他？"我静静地看了他一会儿才说话："我一直在考虑怎样回答你的问题，才不会让你太难堪，可是我想来想去都想不出更好的办法，只能直说了。我想请问你，我们是九点上课，你为什么会拖拖拉拉地快九点半了才走进来，还能理直气壮地挤到前排就座，甚至还敢抢话筒提问题？"全场哄堂大笑，他也不好意思地笑了。

我们经常会抱怨孩子做事拖拉，不按时完成作业，那么父母应该来反思一下自己，是不是也经常拖拖拉拉不守时。孩子是父母面前最明亮的镜子，如果父母以身作则先做好了，孩子自然也会做好。

五、生活习惯

好习惯等于好人生，有一个好习惯非常非常重要。如果父母把每天的生活打理得井然有序，那么孩子做起事来也会很有章法。如果父母的生活一团糟，孩子肯定会每天都在找东西。

前几天看到一篇写亲子关系的文章，其中有段话写得很好：

> 父母艰辛，孩子就学会珍惜；
>
> 父母勤奋，孩子就明白了努力；
>
> 父母冷静，孩子就学会观察；
>
> 父母认真，孩子就能学会方法；
>
> 父母尽责，孩子就明白做人要担当；

父母宽容，孩子眼里计较的事就少了；

父母开怀，孩子眼里快乐的事就多了；

父母仁爱，孩子的心一定是宽广善良充满阳光。

有一位妈妈带着12岁的女儿来到课程中，并且申请做一个家庭系统排列的个案。主要的诉求是：12岁的女儿有抑郁症，经常拿美工刀划自己的手腕，行为举止和言语表达都不成熟，还会说一些要自杀、不想活了之类的话。

孩子在课程中，总是塞一副耳机，不是拿着手机入迷地看，就是跟别人不断地说一些很偏执吓人的话，比如：

"你看我的手腕，你猜我都是用什么刀划的？

"我有几个朋友，我们都是抑郁症，我们经常拿着美工刀玩耍，轮流划自己的手腕，都说不想活了。

"我想杀死我以前的朋友。我们本来关系很好，可是考上初中以后她不跟我玩了，她背叛了我。

"我跟这个朋友，反正不是她死就是我死。"

当然，大家都明白这个孩子是有问题的孩子，想法偏执而且敏感多疑。可是听到她妈妈的分享，你就知道问题又是出在家长身上。这个妈妈在课程中讨论、分享的时候说："我没有朋友。因为我觉得别人总是会背叛我，不会真心跟我交朋友，所以，我不相信别人，我喜欢一个人……"

所有在场的人听了恍然大悟，原来妈妈就认为别人都会背叛她，所以她的女儿才会对朋友的疏远有如此极端的反应。

我经常在讲课的时候说，在家庭系统的亲子关系里，孩子常常会一边对抗着父母，一边又把父母说的话毫无保留地全盘收进心里。

他对抗的是父母一成不变的教养态度或模式，对抗的是父母对孩子武断霸道的操控，对抗的是父母强加在自己身上的期望，对抗的是父母不尊重孩子独立人格的做法，等等。可是，基于生命中对父母的忠诚和爱，孩子又会下意识地把父母的话收进去，有意无意地影响到自己的方方面面。

这样的情况，在我们成年人的身上也常常会有一些典型表现。比如，一个女孩子爱上了一个男孩子，父母觉得男孩子不够好，坚决反对，可是女孩子坚持自己的爱情，跟男孩子结婚成家。奇怪的是，结婚以后真的就会越过越不好。就好像为了证明女孩子父母的正确一样，男人身上表现出来的不足，在女人看来越来越多、越来越明显，结果导致关系障碍甚至以离婚收场。

真的是父母看得特别准呢，还是男人结婚以后变坏了呢？都不见得正确。或许，正是女孩子在对抗父母的时候，有意无意地收进去了父母说对方不够好的话，才变得特别敏感计较，只要发现一点不如意的地方，本能地就会去对应父母当初说的话，使不好的那些部分变得更加明显和夸张。

因此，你会发现在生活中，如果父母在孩子眼前呈现出来的都是比较悲苦的人生，那么，不管孩子如何能干如何富有，都会让自己的人生某些方面变得很悲苦……

因为在孩子心里总有一个信念：只有一样的才是能够连接得最好的，所以我要变得像我的爸爸妈妈一样，不管是好的部分还是差的部分，只有这样，我才能够跟爸爸妈妈有更好的关系连接。

有位女士认为自己的家庭生活不幸福。因为工作的关系，夫妻俩只能两地分居，丈夫经常是一两周才能回来一次，她觉得丈夫对家庭的支持不够，一直觉得孩子缺少父爱。

我问她："他是不愿意回来工作呢，还是必须在外地工作？"

她说："我在家管两个孩子，没有上班，他在外地工作收入高。"

我说："那么如果让你做个选择，你是希望他回来工作，宁可收入少一些也要一家人天天在一起，还是像现在这样，虽然一两周回来一次，可是收入更高一些？"

她说："肯定是收入高一些。就他一个人挣钱，我们要养两个孩子，家里的开销还是很大的。"

我说："你说他对家里的支持不够，现在又说是他一个人挣钱养家，那么经济支持是足够的。回家以后的表现呢？他会帮你做一些力所能及的家庭事务吗？会陪伴孩子吗？"

她说："可能就是因为经常不在家，他想补偿吧，回来以后他就把家务全包了，接送孩子、管孩子学习这些都是他做，也愿意陪孩子玩，每次回来孩子都特别高兴……"

我问她："那么你所说的孩子缺少父爱，就很不客观喽。"

她辩解说："因为他不能天天在家，孩子也说爸爸不爱他们……"

我说："好，我们来分析一下你刚才说的三个问题：一、两地分居是为了有更高的收入，你是愿意的；二、他挣钱养家，回家又能够包办家务来补偿，还愿意陪伴孩子，支持也足够；三、孩子特别高兴爸爸回家会陪伴他们，同时又说爸爸不爱他们，实际只是单纯地从妈妈这里接收了'因为爸爸不能天天在家，所以对家庭支持不够'这个信息而做出的反应，并不是孩子自己真实的感觉。你觉得对吗？"她愣在那里，半天才反应过来，点头表示同意。

孩子在12岁以前，更在意妈妈是否每天都陪伴在身边。只要爸爸在家的时候，愿意陪伴他们、肯定他们，就足够了。可是这个妈妈有意无意地让自己感到不舒服的感觉，影响到了孩子对父爱的真实判断。

课间的时候，她还是觉得自己委屈，对身边的一个学员说："你怎么那么阳光快乐啊？我怎么就觉得命这么苦呢？"没想到这位学员直接给怼回去了："我哭的时候不会让你看到。"

她不知道，跟她坐在一起的这位学员，是一个非常能干的女企业家，在国内国外都有公司和企业。后来，这位女企业家跟我分享的时候说：

"我是从我的父亲那里学习到的坚强和乐观，我父亲是改革开放后第一批出来做生意的人，是先富起来的那一批人。别人眼里看到的只是我们的企业越做越大，挣钱越来越多，可是他们看不到的，是我们创业时候的艰辛。

"那时候我们兄弟姐妹还小，生活艰难，父亲出来打拼，是想让全家过上好日子。所有的事情都是亲力亲为，跟工人同吃同住。我们几个孩子也是一边上学，一边要跟着父母住在库房里扛大包。那时候真是苦，也累得哭过……

"可是，我父亲经常对我们说的一句话是：'哭有什么用，干就是了。说有什么用，干就是了。'我觉得父亲就是我们人生的榜样：坚强、积极、乐观，哭也在背后哭，想要过好的生活只能靠自己，该承担的责任咬着牙也要坚持到底……"

正是因为有父亲这个榜样，一直用正向积极的力量引导孩子，所以，他们兄弟姐妹都在各行各业非常优秀和成功。

我们为人父母，都应该像这位父亲一样，给孩子做真正的榜样，潜移默化地影响孩子的成长和发展。

3. 父母关系

一个14岁的男孩子休学在家，理由是现在学校里的教育体制很不合理，太摧残人的天性。所以，他不打算去学校了，准备在家里自学成才。不管是老师劝还是家长骂，无论如何不愿意去学校。

后来，他妈妈经朋友介绍，带着孩子从外地来上我的课程，一上课就迫不及待地咨询孩子的问题。我问她孩子是哪一个，她说："他没有来。因为他不愿意出门，我就说带他去旅游，想办法把他骗来了，结果来了以后他一听是上课，就非常抵触，躲在宾馆房间里不出来。早晨我劝了他半天也不管用，他还说我肯定是遇到了像我一样的骗子，才跑来外地交钱上课，把我气得不行。"惹得大家哄堂大笑，她也不好意思地跟着笑。笑够了，我问她孩子的学习成绩和人际关系如何，她说："成绩和人际关系都是挺好的，特别是学习成绩，一直都没怎么让家长操过心，老师也很喜欢他，也有要好的朋友。本来休学在家一周后，他有一个好朋友来劝他，他又去了学校一天，老师也说一切正常，放学回来我问他怎样，他也说很好，我就去做饭了。做好了饭等他爸爸回来，总也不回来，打电话也不接，我很生气，就叫儿子过来跟我先吃饭。吃着饭我问他作业多不多，他突然就很生气，恶声恶气地说：'明天我又不去上学，做什么作业？'我一听就傻了：这不是才上了一天课，刚才都说得好好的，为什么又不去了？结果他直接扔下碗筷回到房间把门一反锁，怎么叫都不开门，就这样，一直在家里待着都快一年了。"

　　我说："哦，我现在知道孩子不去上学的原因了，是因为你们家庭关系的不和谐。你们夫妻俩的关系这几年一直都不太好，对不对？现在已经很严重了吗？"她没有说话，却情不自禁地连连点头。我接着说："所以，先不管孩子愿不愿意来上课，关键是你们家长也要学习成长，处理好家庭里的关系，不要让孩子也纠缠其中，无法安心做自己的事情。往往在分裂的夫妻关系里，大人觉得自己情感不顺非常痛苦，岂不知无辜的孩子夹在中间更是痛苦。"她边听边不停地抹眼泪，一句话也说不出来。

　　下课以后，她告诉我，夫妻俩闹了好几年时间了，吵也吵过、打也打过，一会儿好一会儿不好，这两年更是长期冷战。夫妻俩已经分房睡两年多了，半年前签好了离婚协议，准备再坚持两年，等孩子一考上高中，马上就去办理离婚手续，这些事都一直瞒着孩子。我说："你们真是太小看孩子的智商和感觉了。你以为孩子真不知道啊？那么聪明的孩子，他早就知道了，所以才不去上学。"她说："不可能吧，我们在孩子面前一直尽量克制自己，很少当着孩子的面吵架，害怕对孩子影响不好，孩子也从来没有问过。"我说："哪个孩子愿意自己的父母离婚呢？他再怀疑这件事情都不会问的，因为害怕得到证实。父母离婚了，他该如何选择？选择了妈妈等于背叛了爸爸，选择了爸爸又等于背叛了妈妈，这种选择性的痛苦并不亚于父母离婚的痛苦。无法证实，心里又不踏实，那么对孩子来说，最好的办法就是放弃自己学习的事情，回家守着父母，甚至用自己表现不好的方式吸引父母的注意力，避免最坏的结果发生。"

　　我教了她一些跟孩子沟通的方法，让她下课后回到房间先对儿子道歉，说自己不应该把他骗到这里来。儿子听了，抵触情绪明显减少，顺从地跟妈妈出去吃了晚饭，回来后还主动给妈妈讲了他正在看的书里的故事。

　　晚上睡觉前，妈妈对孩子说："儿子，今天上课的时候，老师说我和你爸爸太小看你的智商和感觉了……"孩子的笑容一下消失了，敏感地接话："你想说什么？"她愣了一下，硬着头皮继续说："妈妈要认真严肃地告诉你一件事情，是关于我和你爸爸的事情……"孩子直接打断了她的话："你们要离婚了吗？"她只好承认："是的，我们一直瞒着你，不想你受到影响，可是今天晓红老师说你这么聪明的孩子，肯定早就猜到了。不过你放心，我和你爸现在都不吵架了，我们已经签好了协议，等你考上高中再去办理手续。"儿子听了以后，长出了一口气，又放松地伸了个懒腰，说："离婚就离婚嘛，反正你们也过不到一块儿去，不用非要等我考上高中。我现在又不是小孩子，你们还不如一个没有见过面的老师了解我。你不要太贪心了，把出租的旧房子收回来，你和我爸一人住一套吧。你住旧房子也行，我陪你。"这个妈妈感动得哭了好久。没想到第二天一早，孩子也跟着妈妈起床了，他说："我也想去听一下你们的课，见识一下晓红老师和你说的好学问。"

　　上了一天课，我过去逗他："帅哥，见识了一天有没有后悔？"他红着脸连声说："没有没有，我觉得挺有意思。"

　　在我20年的心理咨询培训工作中，接触了很多青少年精神分裂症患者。我发现，很多时候，并非孩子本身意识不清分裂了，而是因为他身边的重要关系分裂了。

　　比如，爸爸妈妈关系不好，经常在家里吵架打架，可怜的孩子又害怕又无助，想帮也帮不上父母，就只能在心里"做工作"了：上课的时候或许在想，今天回家后爸爸妈妈会不会又吵架；写作业的时候也在想，如果爸爸脾气不是那么暴躁该多好；跟小朋友玩耍时又在想，如果他们知道了我爸爸妈妈总在打架怎么办；回家的路上还在想，如果妈妈不要总是唠叨，惹得爸爸不高兴该多好……

就是这样，慢慢、慢慢地，他都不知道自己在做什么，也不知道自己应该做什么了，脑子里全是爸爸妈妈的事情，结果把真正的自己一点点丢了，自我意识都不清晰了，当然就会迷茫或者无精打采、自言自语、莫名亢奋，甚至情绪不稳、妄想被害……最后变成被恶劣的家庭关系塑造出来的、年轻的精神分裂症患者。

在那一次的课程里，有一位大学老师听到我讲的这些话，非常吃惊地想到自己儿子的所作所为很可能也是他们糟糕的夫妻关系造成的。她给大家分享说："我13岁的孩子，本来从小很听话的，后来就变得越来越不积极，越来越没有学习的动力。成绩也是非常不稳定，可以突然升上去考前几名，也可以突然掉下来考倒数几名……刚才老师说孩子会用自己的不好表现，来吸引父母的注意力。我仔细回想了一下，他这学期几次成绩很差的时间，好像真的都是我们夫妻俩闹矛盾特别厉害的时间。现在真的是越想越可怕，这么多年，我们都从来没有注意过夫妻关系对孩子的影响。老师，接下来我们应该怎么做？"我说："别闹了，好好过日子！"

她老老实实地回答："是，知道了，以后不敢闹了，谢谢老师！"不过她还是有点怀疑，犹豫了一下又说，"老师，你说真这么神奇吗？父母关系好了，他的成绩马上就提升了；父母关系不好了，他的成绩马上降下来了——我的意思是说，他真的能做到吗？"

我给所有人讲述了一个真实的案例：

曾经在我的课程中，有一位男士，是非常优秀的大学老师，他给大家分享过一件自己青少年时期叛逆的事情：从小到大，父母对他的期望值一直都很高，总希望他永远都能考第一名。他没有考好的时候，父母会追问最高分是多少，前面有几名；考了第三名，会追问前面两个人是谁；考了第二名，会追问第一名是谁，他差人家几分；考了第一名也会追着说"千万不能骄傲，一定要保持住"。

父母的高要求和高期望，让他很受伤很生气。初中的时候，他突然有一天决定，以后只考第二名——不用努力保持第一名，也不会太靠后让父母失望。果然，从此以后，只要考试，他一定是班上的第二名，到了高中也是如此，进了大学居然还能做到。

这件事情，直到现在，在他的同学和老师眼里，还是一个不折不扣的"奇迹"。别人无论如何想不通，从初中到大学，一直保持第二名，他是怎么做到的？简直太牛太牛了。

他对我们说："我也不知道，最开始可能就是为了跟父母赌气吧：就不考第一，偏偏考第二，看看你们会把我怎么样，如果你们还不满意，我就继续考第二……"结果他真的做到了，而且能够维持那么多年。相信很多人都同意，这真的是"奇迹"！

在我辅导过的个案中，类似的案例很多很多。父母对孩子的爱与孩子对父母的爱往往是对等的，父母认为自己可以为了孩子牺牲生命，可是孩子为了父母，也绝对可以上刀山、下火海。

孩子们在这个铁三角亲子关系里，紧密地关注着父母的一举一动，因为，对于需要依赖父母支持才能好好成长的孩子来说，任何一点不和谐的因素，都会威胁到他在家庭关系里的安全感。

我曾多次在课程里讲过一个案例，每次讲述，都能够带给在场的人深深的触动。

这是一个两岁九个月孩子的故事。

我去一个城市讲"快乐父母119"亲子教育课程，有一位女士告诉我，她跟丈夫的关系已经非常糟糕，正准备要离婚。孩子才两岁多，她想多学习一些亲子课程，以后教育女儿的时候更有效果。

我对她说："你很爱自己的小女儿，肯定也愿意为她做更多的事情。能够结婚成为一家人并不容易，说离婚却是很容易的事。孩子还那么小，你应该想一想，为了不离婚，还可以做些什么。只要愿意学习改变，就会有一些新的方法。如果努力了还是没有办法在一起，也要想到孩子在中间，即使离婚了，因为孩子，你们永远有一份连接，所以，为了孩子，也要尽量做到好聚好散。"

过了三个月，我再去那个城市讲课的时候，她又出现在我的课堂中，并且告诉我，她已经离婚了。她说："老师，我真的努力了，可能是问题积累太久了，已经没有办法再回到以前。不过，我按照您说的，最后没有再吵架、纠缠，尽量做到了好聚好散，和平分手了。"

我安慰她说："既然已经离婚了，就多看看未来吧。孩子还小，你要好好安排生活和工作，尽量减少离婚对孩子造成的不良影响。"

上课地点是一个长方形的会议室，我们用了三分之二的场地，主办方在中间用一个大屏风做了隔断。

第三天是周六，她两岁九个月的孩子没有去幼儿园，跟着妈妈来上课。妈妈肯定给女儿认真讲过了规则，所以孩子很听话。我们上课的时候，她就会到屏风后面去玩自己的玩具、画画、贴画；下课的时候就跑到前面来找妈妈玩，旁边的叔叔阿姨也很喜欢她。

课程中间，我让大家做一个书面练习。孩子没有听到我讲课的声音，以为下课了，马上从后面跑过来找妈妈。妈妈对她说："还没有下课呢，赶快过去自己玩。"她很失望，又抬头看看周围，叔叔阿姨们都在低头做练习，也没有人理她。当她看到我在讲台前面巡看学员的练习时，就慢慢绕过人群朝我走过来。

我发现她的意图后，就站定了等她过来。小孩子走路很好玩，她不会直接走捷径，而是一面不断看着我，一面在座位之间绕来绕去。终于绕到了我面前，抬起小脸看着我，奶声奶气地说："老师，你陪我玩一会儿嘛。"我说："好吧。"我把手一伸，她立刻把小手放在我手里，带着我往会场的屏风后面走去。我问她："你在玩什么呀？"她说："我在玩贴画。"走近一看，地上已经有个被贴了一半的动物造型——至今我都不知道是公鸡还是孔雀——色彩非常艳丽。我说："哇！好漂亮！你会做这么漂亮的贴画，谁教你的啊？我都不会贴哦。"她好骄傲地说："我妈妈教我的。"我说："你妈妈好爱你哦，教你贴这么漂亮的贴画，对不对？"她很高兴，欢快地回应："对！"她蹲下身去拿了一片贴画，突然抬起头来对我说："老师，这是我爸爸给我买的。"

我知道她在平衡爸爸妈妈对她的爱，因为我刚才说了妈妈好爱她，她当然很想让我知道，爸爸也很爱她。所以我赞同她说："是啊，你爸爸也好爱你哦，给你买了这么漂亮的贴画，对不对？"她点头回应我说："对！"然后低下头去贴了一片，又仰起了小脸专注地看着我。我心头一震。你们知道吗？我第一次在一个两岁九个月的孩子脸上，看到了满脸、满眼的忧伤，真的是忧伤。她的声音低了好多，悠悠地说："可是，老师，他们两个分开了。"我也慢慢地回应，试图让她听得明白一些，我说："是啊，他们两个分开了，可是，他们还是好爱、好爱他们的宝贝女儿，所以爸爸给你买了这么漂亮的贴画，妈妈还教你贴这么漂亮的贴画，对不对？"她的声音不再带任何感情色彩，低声回应："对。"她低下头去贴了一片，又抬起头来了："老师，他们两个老吵架。"我说："是啊，他们两个老吵架，就不快乐，现在分开了，就快乐了。他们快乐了，就更爱他们的小宝贝了，所以才给你买这么漂亮的贴画，教你贴这么漂亮的贴画，对不对？"她低下头去默默地贴画，我一直都不能确定她是否回应了我……

后来我告诉孩子妈妈的时候，她都惊呆了，流着泪一个劲儿问我怎么办。孩子的妈妈告诉我，家里人根本没有告诉她父母离婚的事。孩子爸爸本来就常出差，离婚以后还没有找到住处，出差回来依然会回到这个家陪伴孩子。他们还特意商量了一下：也不能瞒一辈子，究竟什么时候告诉孩子呢？最后孩子的爸爸建议，等孩子四五岁以后再告诉她真相……

我经常对家长朋友们说，孩子是家里最敏感的接收器。很多事情，即使父母不说，孩子也能够感知到问题的存在。

这就是父母关系对孩子的影响。哪怕是如此小小的人儿，你不告诉她，她都能感应到父母的关系发生了什么变化，都会在小小的心里留下一团阴影，因此变得忧伤而无奈。

所以，夫妻之间的不和谐情况，比如吵架、打架，千万不能被孩子看到太多，否则他们的不安情绪会远远大过我们的想象。

有个7岁小女孩跟妈妈来上课。她妈妈说孩子现在越大越黏人，总是跟在妈妈身边，一刻都不想离开，只要爸爸靠近她就驱赶："爸爸，这里没有你什么事，走开，赶快走开。"这次听到妈妈要来上课，死活都要跟着来。没有办法，妈妈只好在老师那里帮她请了两天假，带着她来上课了。

女孩子特别喜欢下课的时候往我身边凑，可是我身边总有一些学员在咨询问题，她也插不上话，就挤来挤去地听我们都在说什么。一开始大家都没有在意，后来我就发现，她看着我的时候眼睛里有内容。第三天上午课间的时候，我对跟她一样凑过来的几个学员说："不好意思，这孩子在我身边挤了几天了，我想跟她聊聊。"她好开心，一下冲到了最前面。看到叔叔阿姨都退开了，她走近我身边，迅速往身后扫了一眼，压低声音说："老师，我妈妈想杀死我爸爸。"我以为听错了："我好像……没有听清楚。"她马上凑得更近，依然压低声音说："老师，我妈妈想杀死我爸爸。"我听清楚了，仔细地看着她的眼睛，知道她没有说谎，想了想，对她说："去，叫你妈妈过来。"她立马爽快地说："好的。"那表现好像一直就在等着，希望能够有人来制止一个重大事件。跳下讲台的时候，她又回过身来说："老师，不要说是我说的哦！"我说："你放心吧。"过了一会儿，她把妈妈找来了，还对围在我身边的其他人说："让一下，让一下，老师要见我妈妈。"我直接问她妈妈："你跟丈夫的关系不太和谐吗？"她看了女儿一眼，说："是的，老师，就是因为这样，我才来学习的。以前我总觉得是他有问题，学习了两天，我知道了，我也有很多问题。"我说："那么，不和谐到什么程度了呢？特别生气的时候，有没有严重到甚至想杀死丈夫呢？"她急忙否认："没有没有，哪里有那么严重啊？不过，有时候气极了，也会乱喊不想活了之类的。"她女儿在她背后用手比画着小声说："用刀，用刀。"我对她妈妈说："哦，对了，我听说你准备用刀杀死丈夫呢。"她已经猜到女儿可能在我这里说了什么，转身看着女儿："你说的吗？你怎么能给老师胡说八道呢？"她缩着脖子从妈妈身后钻出来，不敢看妈妈，看着我说："真的，用刀剁着菜板说的，要杀死我爸爸。"我故意逗她："我可没有说是你说的吧？是你自己暴露了对吧？"她连连点头。在她的一再提醒下，妈妈终于回忆起来了，几个月前因为琐事又跟丈夫大吵了一架，吵完了还是得做饭吧，她依然生着气在做蔬菜煲，就一边剁着菜丁一边对着菜撒气地念叨："杀死你，杀死你，杀死你。"谁知恰好被因不放心妈妈而跟过来的女儿听到了，以为妈妈是想杀死爸爸呢。

女孩妈妈一下联想到，当时女儿在身边的感受，以及这几个月来不让爸爸靠近妈妈的行为……原来，孩子是为了保护爸爸啊！她真吓出了一身冷汗。没有想到，夫妻俩所有的言行，都在女儿的眼里，而且带给孩子如此大的不安和恐惧。

美国著名的家庭治疗大师萨提亚认为，一个人和他的原生家庭有着千丝万缕的联系，而这种联系有可能影响他的一生。

因此，作为父母，一定要明白一件事：你的一举一动、一言一行，都可能深深地影响着孩子的现在和将来。

曾经有个13岁的男孩子，初中一年级，在城外一个半封闭式的实验学校里住读，学习成绩还不错。只是他有一些比较反常的举动，让老师和同学都很不安：他在学校里反复自残，总是用手指甲抠手臂，经常是伤疤刚结痂又揭掉，抠得手臂鲜血淋漓。家长和老师晓之以理、动之以情，反复劝说他停止这样做，但怎么说都不管用。

没有办法，老师建议家长带他到医院去检查，医生的诊断结果是"焦虑症"。拿回来了好几种药服用，两个多月了依然不见好转，后来听人介绍就带着孩子来找我。

刚开始交流的时候，孩子的话很少，只是很配合我而已。我就直接带他去做沙盘，通过沙盘游戏的呈现，发现他的焦虑来自家庭关系：感觉自己没有被父母看见，很孤独，而且父母关系不和谐让他很担心。另外，在学校里应该是有人欺负他。

他听到我对他的沙盘解析，一个劲儿地点头，话也多起来了。他还告诉我，同宿舍两个总是欺负他的同学，前几天终于被生活老师抓到了，正在跟学校申请把他们调整到新的宿舍。

说到家庭的时候，他重新变得沉默了。我问他："父母的关系有一些问题，是吗？"

他点头默认。我问他："严重到什么程度了呢？如果已经影响到了你的学习状态，我是有必要跟你父母沟通这件事的，说不定能够给他们一些建议。而且，父母都希望你能够健康快乐地学习、成长，相信为了孩子，他们也愿意做一些改变。把你的愿望告诉我，我才能知道从哪里来帮助你。"

他努力了好一会儿，终于说了一句话："我妈妈在睡沙发。"

他的爸爸妈妈是从外地来的，开店做建材生意，有了孩子后买房定居本市了。因为家事和生意经常搅到一起，总有很多争吵，妈妈也经常哭着说要带儿子回老家去。本学期开学没有多久，他在一个周末回家住的晚上，无意中发现妈妈睡在沙发上。

他不知道发生了什么事，不敢问妈妈，更不敢问脾气有点暴躁的爸爸，所以，在学校里的时候总是不安心，特别害怕父母离婚。如果妈妈真的带他回到陌生的老家，该怎么办？如果只留了爸爸一个人在这个城市工作，谁给他做饭吃？

有一次，他不小心把手肘划破了皮，结疤的时候有点痒，他就把伤疤揭开了。从此以后，他就无法控制自己了，几乎每天都在抠伤疤，结果疤痕越来越大，他也越来越烦躁、焦虑……

　　我跟他父母交流的时候才发现，父母虽然争吵不断，却并没有打算真的离婚。妈妈睡沙发的原因，是在店里帮忙的时候不小心伤到腰，医生建议这几个月要睡比较柔软的床，可是他们家一直习惯了睡硬板床，所以，她就选择晚上睡在柔软的沙发上……

　　男孩子知道了真相后，马上释然了。我又教了他一些矫正习惯性动作的小方法，他回去以后真的很快就好转了。

　　我们前面已经说过了，在原生家庭里，孩子对父母的爱与忠诚是完全平等的，绝对不会因为父亲或者母亲是什么样的人，从而对哪个的爱多一点或少一点。

　　如果母亲不尊重作为父亲的丈夫，孩子在家庭里也不会认可父亲的权威，那么，父亲在孩子那里的影响力就无法呈现，对孩子的教导也不被重视。同样，如果丈夫在家庭里比较轻视妻子，孩子也会无视母亲的贡献，往往一边享受着母亲的照顾，一边对抗着母亲的教导。

　　每个孩子生命的一半来自父亲，一半来自母亲。如果孩子的父母否认其中的一方，实际上在孩子心里，等于你也否定了他像爸爸或者像妈妈的那一部分，那么，孩子的心理世界就无法完整了。

　　记得十几年前我在医院心理门诊工作时，有一次接待了一对父女：父亲是一个中学教师，从穿着打扮看得出来，是很讲究生活品质的男人；女儿穿一身牛仔衣，剪着短短的头发，一副中性的打扮。

　　虽然女孩子的装扮像个大大咧咧的男孩子，说话的时候声音和神情却又是娇滴滴的女孩子。她跟着爸爸进来后，不叫我医生，也不叫我老师，而是细声细气地叫我"阿姨"。

　　女儿在接待室填写咨询表格的时候，父亲偷偷告诉我，大三的女儿整天跟一帮男孩子混在一起，从来不跟女孩子玩，而且在家里的表现很乖，学校老师反映的却是一个他们完全不认识的野孩子，他有点害怕女儿的性取向有问题。

我开了单子，让这个父亲下楼去缴费，半小时后再进来。没有想到，父亲出去以后，女孩子完全变了一个样，她粗声粗气地对我说："老师，我知道我爸爸担心什么，他也委婉地问过我，不是那么一回事。我有时候也跟女孩子玩的，只是女孩子事太多了，动不动就不高兴了，我不太喜欢。那些男孩子都是我哥们儿，他们都是很照顾我的，跟他们在一起玩很放松……"

她还告诉我，妈妈在家里整天就是愁眉苦脸、哭哭啼啼，总是怀疑爸爸在外面有女人，害怕爸爸不要她了。她很笃定地说："不过，我妈真的配不上我爸。我妈没有文化，说话做事都很粗鲁，还整天哭啊、猜疑啊，折腾得没完没了，我也觉得挺烦的。我爸爸就不一样了，他是非常优秀的英语老师，长得帅又懂得多，别人都很佩服他。当初如果不是我爷爷奶奶和外公外婆强迫，我爸爸绝对不会娶我妈妈。我很崇拜我爸爸的。唉！可能在这个世界上，能够配得上我爸的女人只有我了，可我又是她的女儿，没有办法……"

因为老一辈的世交约定，大学毕业的爸爸和高中毕业的妈妈结婚后，因为没有感情基础，夫妻俩的关系一直很糟糕。妻子因为自己的文化水平以及工人身份，在丈夫面前始终表现得自卑又强势，不仅追查丈夫的行踪，还经常猜疑丈夫与其他女人的关系。

结果妻子越是闹腾，丈夫越认定她这是没有文化、没有教养的表现，夫妻关系越来越差。丈夫经常借加班、补课等种种理由，尽量晚回家甚至不回家，在女儿那里也会指责她妈妈没有文化；妻子又会在女儿那里哭诉抱怨，说她爸爸是当代陈世美。

女儿从小生活在各方面都表现得极不协调的父母之间，她没有办法帮助父母，只能自己使劲。妈妈无法获得丈夫的支持，生活过得很辛苦，所以女儿会努力把自己装扮得像男孩子，期望能够代替爸爸，给妈妈一份男人一样的支持。

同样，她又努力在爸爸那里做事。妈妈不够温柔，她在爸爸面前说话声音都是娇柔的，似乎觉得这样就可以补偿爸爸在妈妈那里没有得到的，也通过与父亲连接更紧密的方式，帮助妈妈把爸爸留住。

我们在前面已经讲过，在家庭关系里，如果夫妻情感关系不和谐或者比较分裂，孩子总会成为其中最无辜的受害者。当然，这份对父母的支持都是我们看到的表面现象，真相是，孩子会在意识的层面支持一方，在潜意识的层面又会支持另一方。

所以生活中会出现这样的现象：妈妈总是批评爸爸，孩子就会支持妈妈，却使自己的行为变得越来越像爸爸……比如，妈妈批评爸爸脾气暴躁又不负责任，那么孩子会理所当然地站在妈妈一边，用他同样看到、听到和感受到的支持妈妈对抗爸爸，可是，妈妈却会惊讶地发现，孩子变得越来越像爸爸，脾气暴躁又不负责任……

在孩子的内心里，会认为如果他在生活的层面表达了对妈妈的爱，那么，他就要在行为的层面，变得越来越像爸爸，以此表达对爸爸的爱。

4.爱与忠诚

经常有家长问我：离婚了应不应该告诉孩子？

我的建议是，离婚了肯定要告诉孩子。其实，即使你选择不告诉孩子，他也能感觉得到。

前面已经说过了，因为没有很多经验性的判断和分析，孩子的感觉往往是本能而精准的反应。在家里，孩子就是最敏感的接收器，特别是来自父母的信息，根本没有办法在孩子面前隐藏。

当孩子无法在父母分裂的关系中，自由地表达爱和忠诚的时候，心里就容易产生扭曲和愤怒的情绪。比如，如果父母离婚了，他会怨恨离开的那个人："你为什么不要我了？"可是，他也会怨恨留在身边的这个人："你为什么没有本事把他留住？"

2017年8月，民政部官网发布了《2016年社会服务发展统计公报》，统计数据显示，近几年我国离婚率整体攀升。2016年有超过830万人离婚，2017年更严重。

因此，如何跟孩子有效沟通父母的离婚事件，以及如何让孩子尽量不受到太多伤害，是众多离异家庭的一个重要课题。

我们要让孩子正确地认识到，每个人都是在不断的改变中成长，无论是信念、价值观，还是做事的方式方法。所以，就像孩子之间会发生吵架、争执一样，成人之间也会因为生活中发生的事情，无法统一意见，发生矛盾冲突，产生不和谐，甚至造成婚姻关系失败。

即使父母离婚分开生活了，只是父母之间的关系改变了，不再住在一起了。可是，父母跟孩子之间的关系永远不会改变，爸爸永远是爸爸，妈妈永远是妈妈，父母对孩子的爱也永远不会改变。而孩子对父母的爱也是自由的，不需要做任何选择。

这样跟孩子沟通，有利于孩子对这件事情的正确理解，也不会因为父母离婚感觉到亲子关系的不完整，或背负不属于自己的责任。

当然，我们说到也要做到，千万不能因为大人之间的怨恨，把孩子当作筹码或武器。否则，孩子会想当然地把所有的罪过归因在自己身上，很容易出现一些极端的行为方式，有意破坏自己的人生。

比如，有孩子知道了父母瞒着自己离婚的事情后，愤怒得想制造炸药炸死所有不诚实的人；有的孩子突然情绪反常，无法控制自己反复用美工刀划伤自己的自残行为；有的孩子怀疑又害怕证实，出现不安全感或疑神疑鬼得了恐惧症；有的孩子从此变得沉默寡言，甚至留下书信离家出走……

有一位女士说，夫妻俩没有办法继续经营情感关系，因为孩子太小了，先选择了分房居住。她无法给5岁的孩子解释清楚这件事，又想趁机教育一下孩子，就对他说：是因为你睡觉的时候太吵了，所以爸爸才搬出卧室了。

如此做法，直接把孩子拉入了分裂的成人关系当中。才5岁的孩子，根本无法靠自己的能力辨别是非对错，只能信赖身边重要成人的引导和灌输。在夫妻离婚的事情里扯上孩子，事实上是把离婚的一部分责任，转嫁到了孩子身上。

这位妈妈的说法，会让孩子非常困惑。知道爸爸搬出卧室是因为自己太吵，如果是比较敏感的孩子，心里已经有愧疚感了；过几天爸爸搬走了，那么，他会怎么想呢？他会认为是自己不够乖，吵得爸爸不能在家里住，甚至会认为自己是个坏孩子。如果有一天他知道父母离婚了，又会怎样想呢？他会认为是自己做错了事情，才导致父母离婚的，父母在家里的幸福快乐是自己破坏的，自己是有罪的……

我们经常会把大人之间的事情，有意跟孩子联系起来，理由也很多，比如：趁机吓唬孩子一下让他听话，正好改掉他一个毛病，使他跟我更亲近，让他知道生活的艰辛，等等。

结果很多离异家庭的孩子来做心理辅导时，总是非常确定地告诉我："我是多余的，我不应该来到这个世界上，我就是爸爸妈妈离婚的罪魁祸首，如果没有我的存在，他们就不会离婚了。"

有的家长认为，选择不告诉孩子真相是为了保护孩子。有位女士离婚后用很合理的借口瞒了儿子一年多。现在孩子上小学二年级了，她很犹豫要不要告诉孩子真相，所以来找我咨询。

她告诉我，离婚以后她带着孩子住在娘家，对孩子的说法是，妈妈上班和孩子上学都很近很方便。而且，孩子爸爸也每周都尽量跟孩子一起吃饭、玩耍，所以，孩子真的不知道爸爸妈妈已经离婚了。

我告诉她，孩子根本不可能毫无察觉。如果不想让他从别人那里证实后更受伤，就应该由父母给孩子说明白，并且用心陪伴孩子，共同度过一段比较艰难的情绪动荡期。

她接受了我的建议。有一天晚上，等儿子写完了作业，她就把他叫过来很认真、慎重地说："儿子，你仔细听着，妈妈想给你说一件很重要的事情……"话音未落，儿子突然放声大哭，边哭边说："我知道，你和爸爸离婚了，对不对？我早猜到了，你们太坏了，我讨厌你们……"寂静的夜晚，母子俩相拥着伤心地哭了很久……

孩子都希望父母尊重自己在家庭里的知情权，能够平等地参与家庭事务，而不是被排除在外成为一个旁观者。在家庭关系里，父母无论做怎样的选择，都要顾及孩子的感受，尽量不要破坏父母在孩子心里的形象，也不要让孩子在父母之间做痛苦的选择。

因为有可爱的孩子，即使离婚了，透过孩子依然有一份很深的连接，应该尊重对方在孩子心里的位置，友好地处理两人的情感关系。因为从系统的角度，即使离婚了，双方在对方的家庭系统里，永远都有一个位置。

做不成夫妻可以做朋友，离婚了依旧是家人，为了孩子，随时都可以坐在一起，心平气和地协商如何更好地支持到孩子，承担为人父母真正的责任和义务。对孩子来说，这就是心灵里面真正"完整的家"，永远有爸爸、有妈妈的"完整的家"。

所有的孩子，都会选择用接过父母痛苦的方式，去爱和忠诚于自己的父母。如果父母有苦难或不幸的命运，孩子就会义无反顾把父母不幸命运的责任承担过来，不管是否能真正帮到父母，无论自己是否有力量、有能力、有资格承担，还是要拼命去这样做，期望用牺牲自己的方式表达对父母的爱和忠诚。

有个女孩子说，自己从小到大都特别不接受父亲的生活状态，感觉他很懦弱，神经总是绷得很紧，也没有朋友……现在让她更不能接受的事情，就是发现自己变得越来越像父亲：总是强撑着自己，不敢放松，人际关系也不敢深入。

事实上，这就是原生家庭关系里深深的"原爱"。基于内心深处对父母的忠诚，总会促使我们一定要追求跟自己的父母一样，因为我们本能而固执地认为，只有一样的才是连接最好的。因此，很多孩子往往一边拒绝父母，一边变得越来越像父母。

孩子成年以前，因为自己的幼小需要依赖爱的照顾，做的所有事情都希望能够得到父母肯定。不管因为什么原因，只要违背了父母的意愿，孩子很容易在父母的失望情绪里迷失自我，甚至一蹶不振。

　　有家长在课上提问："当孩子做错事情的时候，他老是在我们面前低着头，弯着腰，让我很困惑。怎样做才能让他不这样呢？"

　　每一个孩子都想成为父母眼里的"好孩子"，只是他们的能力和经验太有限了，很难按照父母的要求做到父母期望的标准。所以，孩子做错事情的时候，大人只是从"恨铁不成钢"的角度考虑，不管是生气、批评还是责打，动机都是为了帮助孩子更好地成长。

　　而孩子的心态和表现却要复杂很多。比如，孩子不小心打坏了杯子，首先他自己都会被突然的变故吓一跳，好希望能够得到父母的安慰；可是，惊魂未定的孩子，真正得到的大多数都是批评。打坏了杯子心情很沮丧，被父母指责心情更沮丧：一方面恨自己无能，一方面又觉得对不起父母，产生很深的罪恶感。

　　在父母视为"爱"的要求和批评里，孩子收获的并不是渴望的爱与照顾，反而是心灵受到否定的伤害。因为，父母的责骂让孩子深深地怀疑：是否在父母的心里，一个杯子都比自己的孩子更重要。

　　有个忧愁的9岁小男孩，挥舞着胖乎乎的小手对我说："我在家里没有办法说事情，我们家人都很急躁，我爸爸的脾气很急躁，我妈妈的脾气很急躁，我也很急躁，每次说事情的时候说不通，就会很生气、会吵架。比如说，我想跟爸爸说事情，刚说两句，他还没有听明白，就说你应该怎样、怎样，我刚说了两句，他又去接工作电话了，一接就是好长时间，等他打完电话我早就睡着了。我妈妈也很急，我刚说两句话，她就扯到学习上去了，根本没有听明白我想说什么。我也很急啊，我没有办法跟他们说清楚事情啊……"

　　父母经常烦恼孩子不听话，岂不知孩子也会经常投诉父母不听他们说话。父母和孩子都不了解对方心里真正的意愿，就无法相互很好地配合与支持，特别是亲子之间，还很容易造成情感的伤害。

有一次我去重庆讲课的时候，主办方负责人在周日把12岁的女儿也带来了。小女孩很积极，忙前忙后地在会场帮着干活，还负责帮我添加茶水等，很快就跟我熟悉得像老朋友一样。

中午出去吃饭时，她也紧紧地跟着我。看到我身边没有其他人的时候，她突然深深地叹了一口气说："唉！真不知道现在的大人都是怎么想的。"我明白这又是一个想在我面前告状的孩子，就对她说："你有什么话就直说呗，还搞出一副饱经沧桑的样子给我看，发生什么事情了？"她唉声叹气地对我说："昨天周六嘛，爸爸妈妈来听课了，我就在家里看书。我外婆莫名其妙地就生气了，说我从来都不干活，把脏衣服放在一边不管，就想等着大人帮忙洗，都不体谅大人有多辛苦；还说我想初中去住校，这个样子根本没有可能去住校。

"我对外婆说，我看完书再去洗吧，她还是很生气，一个劲儿地说我，所以我就放下书去洗衣服了。刚把衣服抱到洗衣机那里，外婆更生气了，说我故意跟她作对，因为内衣和外衣不能放一堆洗。我就把内衣拿出来到旁边去洗，她就把其他衣服放在洗衣机里洗了……

"我以为这样就好了，又回去看书了。可是，下午爸爸妈妈回来以后，外婆就去告状，说我太懒了，这么大的人了，连自己的衣服都不洗……唉！气死我了。"

我问她："爸爸妈妈听了以后，怎么说？"

她说："妈妈听了以后，只是看了我一眼，没有说什么话，可能是她学习了你的课程的原因吧。可是，我爸爸听了以后，立刻就鄙视地看了我一眼……"

像这样的情况很常见，比如孩子写作业错了两道题，妈妈很生气地批评了他，爸爸回来后，妈妈又告状："你看看他怎么学习的，很多题都不会做。"孩子多半都只会眼泪汪汪地被爸爸再批评一次。

你根本不需要问孩子是否会揭穿大人说谎，因为根本不会发生这样的事。有很多孩子告诉我，被大人冤枉的时候，都没有为自己申辩，一是说了也没有用，因为其他人只会相信大人而不会相信孩子；二是怕解释了让大人更生气、伤心；三是怕说明了真相让大人难堪。事实上，父母常常是远远低估了孩子体谅大人的能力。

可是，孩子的心却受伤了……孩子的心声是：

如果我不会做，请你教我怎样做，而不是想当然地认为我天生就应该会做；如果我做错了，请把你的人生经验分享给我，让我从中学到真正的价值，并且有机会修正错误，而不是一味地批评和指责；如果我遇到困扰了，请提供建设性的建议供我参考，引导我看到更多的可能性和选择，而不是武断地否定我的能力、操控我的人生……

有一次课程里，我跟大家分享幸福心理学，有一位女士说："我的幸福，还是在我的孩子那里。我就希望他能够好好学习，有健康成长的独立能力。如果孩子不好，我也不会幸福。"

她的儿子14岁，休学在家，拒绝跟父母的一切交流。孩子小时候虽然父母两地分居，但父亲是军人，母亲是医生，家庭条件优越。因为是中年得子，妈妈对孩子一直是宠爱有加、百依百顺。

妈妈自认为小时候孩子很乖，可是突然到了叛逆期，孩子就开始反抗父母的管教，完全没有办法进行沟通。而爸爸却说，他承认妈妈对孩子的爱是非常足够的，可是在孩子的教育问题上，一直存在很大的分歧，总认为妈妈在孩子那里做得太多了。

我用了系统排列的方式，帮助她呈现困扰。代表分别是妈妈、孩子与"妈妈的幸福"。上场以后，孩子侧身站在妈妈与幸福之间，浑身不自在的样子。妈妈僵硬地站在场上，很向往幸福，却无法前进，眼睛一直看着孩子。

后来孩子就看着妈妈，开始尝试侧着身体向幸福移动。孩子走一步，妈妈就往前跟一步，孩子走两步，妈妈就往前跟两步……已经靠得很近了，妈妈依然很被动，无法直接走过去。

我重新找了一个人代表"孩子的幸福"，结果"孩子的幸福"刚一上场，妈妈立刻靠近了自己的幸福，孩子却不看自己的幸福。

系统排列呈现出来的真正意义，跟妈妈的愿望一模一样：

妈妈认为，她的幸福就是孩子能过得好。她把自己应该追求的人生幸福，完全叠加在了孩子的人生里。所以，她虽然很向往幸福，却因为孩子的现状不够好，她根本无法走向自己的幸福。

可是在孩子的心里：妈妈，你想要的幸福，跟我想要的幸福是不同的。所以，他不能靠近妈妈的幸福，又希望妈妈能放开他，去追求幸福。最终，他诱导式地把妈妈一步步带向"妈妈的幸福"。

那么，为什么孩子又不靠近自己的幸福呢，他不想要幸福吗？当然不是，因为对于孩子来说：妈妈，你幸福了，我也就幸福了。

父母借着爱的名义，操控孩子人生的做法，在亲子关系教育中非常普遍。很多父母把所有的关注力和精力，都放在孩子的身上，甚至把自己没有能够实现的人生理想，也强加在孩子身上，一辈子扮演着没有自我、没有界限、没有尊严的悲情角色。

眼里看不到曾经欣赏、热恋过的伴侣，关注力全在孩子身上，夫妻关系越来越不和谐，家里争吵不断，孩子被动夹在父母中间，担心、害怕、无奈，感受不到家庭的和睦、温暖，甚至把父母失和的原因都归因在自己身上，整天心事重重，无法专注于学习和成长。而父母还在拼命互相标榜，自己为孩子付出的比对方更多……

有些人即使做了爸爸妈妈，心里依旧对日渐年老的父母充满怨念，认定自己人生的不幸都是父母的责任，怨恨着：你们当初为什么对我不好？为什么要相互争吵？为什么让我夹在中间那么辛苦？为什么导致我无法专注自己的人生，还说一切都是为了我……

如今在孩子面前，却像被蒙蔽了双眼，忘记了过去，看不到自己又在重复父母的模式，有意无意地，又让自己的孩子，变成了像自己当初一样内心孤独、情感受伤的小孩……

还有些父母对生活没有热情，只放一半的精力在工作上，却整天抱怨工作的辛苦和艰难；从不舍得全力以赴创造事业的价值，又对成功者充满了羡慕妒忌恨；整天抱怨他人、批评社会、担忧世界，却没有想过可能会影响孩子对未来失去信心，使他们不再有希望和追求……

孩子们懵懂而真诚地把父母们的一言一行复制、粘贴，在人际关系里不懂得良好沟通，习惯推卸责任在他人身上；不学习自强自立，凡事依赖父母搞定，却对父母没有敬重之心；没有目标没有理想，整天得过且过地混日子，还经常口出惊人之语……

我听到过刚上小学的孩子，居然这样解释老师的批评："老师总是批评我，只表扬我们班的小明，是因为小明家里比我们家有钱，比很多同学家里都有钱……"这是妈妈告诉他的。

也有十几岁的孩子颓废地瘫在我面前，懒洋洋地说："努力学习有什么用？现在都是坏人当道，贪官污吏那么多，好人再努力也没有用……"这是爸爸经常在家里抱怨的。

有女大学生不好好学习功课，到处交际，期望能够认识一个"富二代"把自己成功嫁出去，因为她妈妈说：干得好不如嫁得好！

27岁的大小伙子躺在家里啃老，他的理由是父母依靠爷爷奶奶的祖房拆迁，就可以舒舒服服地过日子，自己以后也有父母的遗产保障，所以不需要出去拼命工作，还取笑自己的同学努力奋斗：谁让你们的命不如我的命好呢？

父母是孩子的第一任老师，也是唯一的终身老师。基于孩子对父母最原始的爱，很多时候，对外界人、事、物以及是非对错的判断，远远不如孩子对父母的忠诚更有力量和影响力。

一个垂头丧气的13岁男孩子，被父母带到我面前的时候，头低得就好像脖子都断掉了一样。爸爸阴沉着脸一言不发，妈妈滔滔不绝地数落孩子的问题……我好不容易找到一个空当才打断她，说："我感觉好像这个孩子犯的错误，把你们家的天都捅破了。你们能告诉我最大的问题是什么吗？"父母相互看了一眼，爸爸终于艰难地对妈妈说了一句话："还是……你说吧。"妈妈又接着刚才的话继续数落。我赶紧打断她的话，对孩子说："既然是你的问题，父母的话我只当作参考，你自己来说吧，究竟发生了什么事？"孩子看了一眼父母，犹豫了一下才说："我没有考上重点初中。"

我问他们："是因为这件事，你们才来找我的吗？"他们连连点头。我说："他才13岁，未来的人生还长着呢。可是，在你们的表情和陈述里，我怎么感觉，你们认为这个孩子的一生都毁了呢？"孩子的妈妈很肯定地说："是啊，他现在已经输在起跑线上了，以后还怎么跟人家比赛呢？现在他只能上区里一般的初中，硬件设施和校风都很差，三年混完了再考不上重点高中，根本不能指望考上好的大学……"

我很负责任地告诉他们，如果这个孩子的人生真的失败了，绝对不是孩子不够优秀，而是他的父母因为孩子小升初失利，全盘否定了孩子的优秀和未来……

每一次经历都是一份成长和学习，每一次体验都是宝贵的人生财富。我们成年以后都明白，没有任何一件事情，或者任何一次的成功或失败，能够决定我们未来的人生可能是什么样子。

可是，我们害怕并且不允许孩子失利。在很多家长的亲子教导模式里，总是教孩子把注意力放在如何取得更多、拥有更多，只能赢不能输，只为了得到"好"而争取，而不是为了真正的需要而争取。

如果我们始终让孩子处于这样的状态，那么，"失去"或者"失败"就会是他完全没有想过或者从来都不准备接受，或者根本不懂得如何正确面对和处理的事情。在关键性的事情上，哪怕是一次的失利，都可能变成致命的打击，所有坚持的信念和价值在一瞬间会破碎掉，再也没有重新来过的自信和勇气。

我们应该让孩子明白，父母曾经的愿望背后真正的动机，是为了帮助孩子建立美好成功的人生，即使曾经的规划蓝图没用了，人生依然有无数的可能性。只要我们愿意，随时都可以重新绘制一份新的人生蓝图，找出成功的最佳路线，而不是一蹶不振、否定人生。

在所有孩子的心灵里，唯有对父母的爱的需求是不顾一切的。所以，我们不需要在孩子面前扮演其他的角色，比如，教育者、批评者、旁观者、打击者甚至无所不能的"上帝"。相比于完美的父母，孩子更希望拥有真实的、在亲子之爱里不附加条件的父母。

我经常接到家长的诉求：孩子已经长大了，却一直坚持保留一件小时候用过的东西，坚决拒绝更换或丢弃，比如一个洋娃娃、一条旧毛毯、一件旧衣服等，大多都是比较柔软的物件。

曾经有父母给我展示，中学生女儿拼命保护的一条毛巾被，已经是千疮百孔，根本看不出当年的颜色。每当父母提出丢弃，孩子都会坚决拒绝，甚至会歇斯底里地哭闹不止。

父母不能理解孩子的古怪行为，更不明白，孩子坚决维护的，是一份对温暖的渴望，是对父母爱的需求。

在我多年来接触的同类案例中，几乎所有的孩子，都有成长经历中的不良情绪经验或者创伤。例如，曾经被忽视、被否定、被责骂或者被寄养等，都会导致孩子在父母身上依恋感的缺失，造成一些不良行为习惯或者心理上的性格异常。

在20世纪初的时候，医学上出现了"皮肤饥渴症"的概念，指出人类需要每天进行皮肤间的接触，才可以更好地发育身体。进一步的研究还发现，在一块五分硬币大小的皮肤上，就有25米长的神经纤维和1000多个神经末梢。这个发现，为身体能够通过触觉来传达相应的信息，奠定了生物学方面的基础。

在心理学方面的进一步研究证实，带有爱意的身体接触，特别是亲人的抚爱，对于一个人的成长来说，是非常重要的生命体验。

长期以来，我们忽视了身体接触对身心健康的影响。专注于培养"独立、坚强"的同时，无意中忽略了身体对触觉的需求，使我们的皮肤长期处于饥渴状态，心灵陷入孤独的困境。我们不会轻易去拥抱亲人，因为压抑了情感，也不愿意与亲人分享生命的快乐和忧伤。

在我们的传统教育中，经常会有意压制孩子对自身真实需求和情绪的表达，刻意塑造父母或他人眼里所谓的"好孩子"，很少关注情感方面的因素对孩子成长的影响。

成年人的心理创伤，绝大多数都来自成长过程。特别是婴幼儿时期的创伤，基本都是跟爱的缺失有关。常常有成年人在叙述成长经历时会强调："妈妈从来没有抱过我""爸爸从来不看我一眼""爸爸妈妈没有时间照顾我""我从来不敢走近爸爸妈妈"等。

在心理辅导的个案里，许多行为异常或性格怪异的孩子，都有类似的经历：或者婴幼儿时期没有生活在父母的身边，或者没有得到父母很好的照顾，或者跟父母的关系很冷淡、疏远。

有的父母在得到指导后，有意去靠近、抚爱孩子时，孩子甚至会像受惊的小兔子一样跳起来……使父母在震惊之余非常内疚、难受。

在一个人成长经历中的婴幼儿时期，父母温暖的拥抱，特别是母亲充满温柔的抚爱，不仅对身体发育、皮肤的健康、由触觉所带动的整个感知能力的提升，都起着促进作用，而且，在心理健康发育方面，尤为重要。

在孩子的成长过程中，父母长辈经常性的自然抚爱，能使成长中的儿童通过身体上的温暖接触，促使孩子脑垂体分泌足够多的生长激素，满足身体健康成长的需要，从心理上获得足够的安全感，学会爱的表达和接纳，从而在与他人交往时，具备较高的亲和力。

科学家还发现，小孩子睡在柔软温暖的褥子上，会睡得特别安详。这是因为孩子感觉到羊毛柔软暖和，好似依偎在母亲怀里一样的感觉。所以，孩子会留恋小时候用过的毛巾被或毛绒玩具等，就是在享受或寻找好像依恋妈妈怀抱的感觉。

如果一个人从小就缺乏父母的亲密抚爱，曾经被忽视、冷漠对待，便会容易患上"皮肤饥渴症"。

作为一种心理疾患，"皮肤饥渴症"不仅会在心理上产生严重的不安全感，让人变得自卑、怯懦、退缩、抑郁、嫉妒，还可能引发身体健康方面的一些不良症状，如食欲不振、营养不良、睡眠障碍、智力衰退等。也会因为自身心理方面的缺失，而把期望投射在其他人、事、物上不断索取、抱怨、指责，或者故意破坏与他人的关系，甚至在人际关系中带有攻击性倾向。

我们在生活中常常会发现，有的孩子在犯错误方面"不长记性"，同样的错误会反复在他身上出现。

真的是孩子记吃不记打吗？当然不是。或许，你的孩子已经没有其他办法可以引起你的关注了，只能用重复犯错的方式吸引你。

因为，只要他不犯错，你就会认为一切OK，不需费心管理，甚至不需要多看孩子几眼。一旦孩子犯了错误，你就像寻找猎物的老鹰一样，立刻俯冲而下，坚决不允许、马上就批评。

结果，孩子慢慢有了一个偏差的认识：原来，只有我犯错误的时候，爸爸妈妈才能看到我。甚至，只有我犯更大的错误的时候，他们就会打我，而我也因此跟他们有了身体的接触和亲近。

在心理学的创伤治疗技术里，经常会用到"拥抱疗法"：通过模拟或邀请代表的方式完成"拥抱治疗"，重新连接与生命中重要他人的情感关系，疗愈成长过程中因亲子关系造成的心理创伤。

在我们的课程里，体验过这种治疗技术的人，往往会对爱的表达在认知、语言、身体方面的影响，有更加深刻的体会和感悟。

孩子的皮肤饥渴现象，在家中可以通过父母的搂抱、亲子小游戏、智力问答或相互谈心等方式解决。当孩子得到父母温柔的爱抚时，心理上会产生良好的刺激，大脑的兴奋和抑制变得十分自然协调，同时还能促进大脑的发育和智力的提高。

所以，千万别让你的孩子患上"皮肤饥渴症"。父母要以科学的态度来认识孩子对拥抱的需求，创造一个和谐、快乐、温暖的家庭环境，尽量多和孩子相处，通过感情交流、身体接触、相互支持，消除孩子身体和心理上的情感饥渴，让他们得到足够的满足，快乐健康地成长。

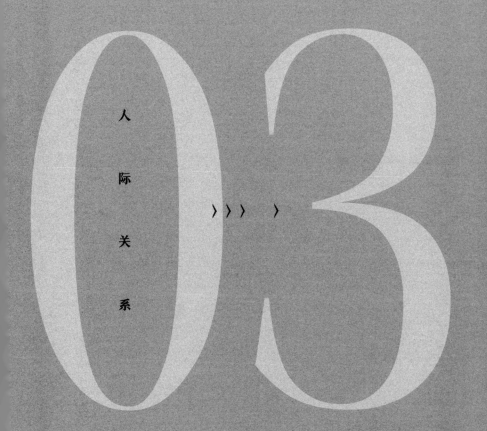

03

人
际
关
系

〉〉〉　〉

妈妈 爱我 请你 帮帮 我

1.有效沟通

什么是沟通呢？沟通是人们分享信息、思想和情感的过程。这个过程不仅包含着口头语言和书面语言的交流，也包含说话的声调、身体语言、个人的习气和方式以及物质环境等，是能够赋予信息含义的东西。

所以，沟通的基本结构，包括信息、反馈、通道三个方面，缺少任何一方都不能完成"沟通"。

如果只是单纯地表达讯息，没有得到反馈，就属于单向沟通。家长在跟孩子的沟通中，最常使用的就是单向沟通，很少认真听孩子的心声，总是单方面地发出要求、指示、命令、标准和期望，希望孩子听话好好执行，并以此评判他是否是一个"好孩子"。

人际关系障碍，几乎是从幼儿园到大学，孩子们身上普遍存在的问题，而且每一次在新环境的适应期都表现得特别明显。

从备受呵护的家里被送到幼儿园，大多数孩子都会是一副被吓坏了的表现，经常在幼儿园门口哭得歇斯底里，就好像这辈子都见不到父母家人了一样。

从熟悉的幼儿园进入纪律严明的小学，孩子很难适应的除了严格的教学，还有跟别的同伴再不能像在幼儿园时候一样共享一些学习用具，"你""我""他"之间的界限变得分明而且有了竞争性。

从小学升入初中，同学之间的差距，因为学习成绩的好坏、老师对待的态度、同学是否帮助等等，突然变得更加具体现实。孩子们开始根据自己的喜恶选择心仪的同伴关系，甚至可能会拉帮结派，形成一个一个比较固定的小圈子。

这时候，你可能会惊讶地发现，原本在老师面前本分听话的好学生，突然开始质疑有关老师的一切：教学水平太差了、穿衣打扮太可笑、说话语气太严厉、长相就像别人欠了债、每天苦着一张脸、又跟爱人吵架了、老师的孩子学习很差、只会青睐学习尖子生、表现得太势利、言行不一致……

进入高中以后，沉重的学习压力与青春期自我展现的欲望，以及青春期情感问题之间的矛盾与冲突，经常使孩子辛苦而纠结。

记得我女儿上高中的时候，在一个冬日的早晨，我顺路送她去学校。去的时候，看到校园外拐角的地方站着一个穿着单薄校服的女孩子，因为寒冷不停地在原地走动，好像在等人。我再走回来的时候，看到她跟一个同样衣着单薄的男孩子分吃着冒着热气的包子，紧紧依偎着向学校走去。走近他们身边的时候，我发现那个瘦弱的男孩子还不停地吸溜着鼻涕……真的看起来特别好笑，自己还流着鼻涕呢，都已经开始恋爱了。

这个年龄的孩子在家里突然变得懂事、听话了，对社会环境里的人际关系却看得更重了。如果父母或老师干涉他们的同伴关系或恋爱关系，就会变得特别焦躁和对抗。

从小到大，我们都没有好好教过孩子如何与他人沟通、交流，如何处理同伴关系，如何尊重长辈老师，如何把握人与人交往的尺度和界限，如何请求他人的支持与配合……

就像我们前面举出的很多案例，家长往往在乎的是孩子做还是没有做、做对还是做错的事情，并不在意孩子心里怎么想，或者嘴上怎样说。他们拼命地送上各种"解决方案"，长时间过度介入、操控孩子的人生，缺少倾听和接纳。

生活中还有一些父母，甚至把孩子学习表达信息的过程也包办代替了，什么事情都抢着替孩子表达，不是怕孩子说不明白，就是自认为完全懂得了孩子的心思……结果，孩子在能干的父母面前，变得越来越害羞、胆怯，不善于交际和言语表达。

单向的沟通方式，实际上是对孩子成长的一种束缚，会让孩子变得没有自我、失去自信。这样不仅得不到好的回馈效果，还影响了孩子独立能力的成长。当孩子需要做选择的时候，只要没有他人的安排和指挥，就表现得害怕、退缩、不知所措。

如果表达出的讯息得到了相应的回馈，就属于双向沟通。当然，也有很多父母想做得更民主一些，愿意倾听孩子的声音，只是，效果却是这样的：

　　妈妈说：宝贝，你想什么时候去写作业？

　　孩子答：我想在八点钟的时候去写作业。

　　妈妈说：八点钟有点太晚了，九点半必须要睡觉哦。

　　孩子答：今天的作业很少的，九点钟以前就可以写完了。

　　妈妈说：你每次都是这样说，可是写作业的时候又磨磨蹭蹭。上周二你就写到了九点半，耽误睡觉。

　　孩子答：那天因为题太难了，不会做嘛。

　　妈妈说：又找理由，赶快去写作业，不然我生气啦……

你看，我们好像是在倾听，却并没有完全听进去，无法跟孩子好好沟通一个有效的、并且可以长期执行下去的方案。所以，经常有孩子给我绘声绘色地描述，为什么跟父母说话没有用。

　　第一天。

　　妈妈说：宝贝，想吃什么饭？妈妈给你做。

　　孩子答：我想吃面条。

　　妈妈说：面条有什么营养？你现在正是长身体的时候，要多吃蔬菜补充维生素，我去做米饭，多炒几个菜。

　　第二天。

　　妈妈说：宝贝，想吃什么啊？

　　孩子答：米饭、炒菜吧。

　　妈妈说：一说吃的就来劲，学习怎么不积极？今天那么多作业，哪里有时间慢慢吃饭！赶快去写作业，我去给你煮一碗面。

　　上面的对话，表面上看起来是得到了反馈的双向沟通，实际上达成的效果并不理想。

　　我们希望达成有效的双向沟通。什么是有效的双向沟通呢？就是：我表达了一个讯息（不管是思想、语言、声调、表情还是行为），得到了一个回应，并且这个回应正是我所期望的。

　　既然是我先表达了一个信息，并且想要得到期望的回应，那么，我在沟通当中是有首要责任的，最起码是"好好说话"的责任。

　　孩子说：妈妈，我饿了，吃什么呀？

妈妈答：吃吃吃，一天到晚就知道吃！作业完成了没有？

孩子肯定是垂头丧气地走开，生气地摔打着书本，情绪低落到了极点。等妈妈的饭都做好了，他还没有写几个字……

其实，我们完全可以有更好的回应。

孩子说：妈妈，我饿了，吃什么呀？

妈妈答：好的，我马上去做饭。大概等你完成作业的时候，就可以来吃你最喜欢的红烧肉了。

孩子肯定是欢呼雀跃地走开，轻松愉快地开始写作业。可能妈妈的饭还没有做好，他已经完成作业快乐地在厨房门口候着了……

语言，是人类特有的一种能够快速传递信息的有效的沟通方式。语言的沟通包括说话使用的文字、内容、书面语言、图片或者图形等。

声调是指我们说话时的语气、语速、语音、语调，也可以归为肢体语言的一部分。

身体语言包含着我们的动作、面部表情、眼神、身体姿势等。

在良好沟通的效果当中，语言文字的部分只占到了7%，声调的部分占到了38%，而身体语言的部分占到了55%。

特别是在孩子那里，讲很多对孩子来说似懂非懂的道理，还不如手把手教给他一次；拼命让他相信怎样做才能有美好的人生，还不如活给他看一看。

几年前有一次培训，我给七十多个企业家讲情绪管理，讲到了人际沟通的部分。其中有一位企业家李总的妻子也在场，她已经在我这里学习过一些心理学的课程了，这次到现场来做志愿者。

刚一下课，李总就直冲我们的工作台过来了，用手指着妻子激动地开始数落："你看看你，白跟老师学习了这么久！听到了没有，语言文字在沟通效果中才占7%的比例，可是你呢，整天在家里唠唠叨叨、没完没了，看来你根本没有学懂……"其他工作人员打抱不平，说："李总，还有声调哦，你的声音也够大的。"他立马把声调放低了，依然用手指着妻子数落："我早就给你说了不要唠叨、不要唠叨……"我在旁边提醒他："李总，还有身体语言。"他愣了一下，把手收回去，两只手插在裤兜里，整个上半身前倾着，继续数落妻子："如果你少说几句，我们根本不会有那么多矛盾……"

当时大家都哭笑不得，这真正是活教材的示范。

嫌对方唠叨，自己也是喋喋不休，不断地讲道理；虽然话都没有错，可是激动的声调最容易激怒对方的情绪，陷入无休止的争吵当中；特别是带有攻击倾向指着对方的手指，不仅没有尊重，还很可能激怒对方，即使收回了手指，前倾的身体依然带着攻击性……

想想看，这样的相处模式能让自己学到什么呢？总是在抱怨和指责其他人不对，面对错误不停地辩解而不承担，心里带着不公平的感觉，说话声音越来越高，显得很没有礼貌；不仅无法很好地管理自己的情绪，还会经常跟他人发生肢体冲突。

家长不仅仅只是传达事实和信息，还要跟孩子之间建立起相互信任的连接通道，在交流信息的过程中，正确、有效地教导孩子把事情做出正面的效果。

曾经有家长说孩子正处于叛逆期，脾气特别火爆，现在在家里就是一个小霸王，根本不允许父母说他哪里不对，经常对着父母没有礼貌地大吼："烦不烦，闭嘴！"

我说："孩子最常使用的语言，往往更多都是家长最常使用的语言。你们在家里跟孩子的交流方式，应该是有一些问题。"

他说："是的，以前不懂得，再加上工作很忙，根本没有时间好好跟孩子说话，生气的时候经常也是对他吼'闭嘴，赶快去写作业'，现在真的是感觉受到报应了一样。现在我们都不敢再这样说了，可是孩子的脾气却越来越大……"

如果我们希望孩子体谅别人，就要先用体谅的方式回应孩子。就像"闭嘴，赶快去写作业"这句话，我们也完全可以换一种方式表达信息："我知道你有很多意见想要表达，可是为了保证不影响完成作业，所以，等你写完了作业我们再来好好交流。"或者说："我想另外安排时间，专心来听你的想法和意见。现在时间不合适，我要先去做饭，你去写作业，晚上九点我们再交流。"

有些家长的沟通方式不仅简单粗暴，还会带着侮辱甚至激怒孩子的言语，结果给亲子关系造成无法挽回的破坏和影响。

在我的课程里，曾经有一位28岁的男士给大家展示他的断指，并且与我们分享了那个可怕的事件：十几岁的时候，他在一个假期迷上了电脑游戏，整天躲在网吧里玩。快开学的时候，父母发现他的假期作业都没有完成，几乎每天都要去不同的网吧把他揪出来。

骂也骂了，打也打了，不管是孩子还是大人，在那个不是很大的县城里，把面子都丢尽了，他还是控制不住自己。后来给父母提出来能不能买个电脑回来，这样，他就可以不去网吧，在父母的监督下玩游戏，管理好时间，慢慢戒掉网瘾。

母亲同意了，可是父亲却说了一句激怒他的话："狗改不了

××，除非你现在断一根手指。"结果他年轻气盛，一气之下冲到厨房，拿刀把自己的一根手指斩断了……

他说："因为父母和我都不懂得如何好好沟通，冲动之下我把自己变成了残疾人，所以，我有了孩子以后，说话特别小心。我的孩子现在两岁多了，我都自认为做得很好，前几天我给一个下属打电话，说话的时候语气不太好，我孩子就过来小心地问我：'爸爸，你生气了吗？'我特别吃惊，就像老师您说的一样，孩子总是把父母的话都收进心里去，不管是接受的还是抗拒的。"

家长总认为，只有打孩子才会伤害孩子，却不知道，语言暴力给孩子造成的伤害，同样会在孩子身上留下深刻的烙印。

"从来没有见过你这么笨的孩子""你这辈子都没有出息了""有你这样的孩子真是丢人""你看看别人家的孩子都比你好"……诸如此类的语言暴力，经常在家庭里经年日久地重复上演。孩子的心里已经伤痕累累，父母还想不通：自己为孩子付出了那么多，孩子为什么不快乐？

有一个14岁的女孩子，因为考试成绩不好，面对妈妈的批评，她很不服气地喊叫："你以为我想考这么差吗？全班同学都觉得题目太难，又不是我一个人不会。考成这个样子，我都想死了。"妈妈很生气地回应："养出你这样不争气的女儿，还不如不要。你去死嘛。"结果女孩子直冲阳台从自家三楼纵身跳下去了……幸亏一楼住户为了防止楼上掉东西，做了个超大的雨棚，她被雨棚挡了一下才落地，只摔断了一只手臂。

事后，妈妈吓坏了，天天守在女儿身边，连工作都放弃了。女孩子也被吓坏了，有几个月的时间不说话、不出门，休学了一年的时间才慢慢恢复正常。

女孩子的妈妈来我这里上课的时候告诉我：后来在老师那里了解到，真的是题目太难了。女儿虽然考得不好，但还是班级前十名，所以她才那么生气……她心有余悸地对我说："晓红老师，幸亏她只是摔断了胳膊。如果真的摔死了，我也不可能活。你讲的很对，我现在终于明白了，即使她现在的学习成绩不够好，只要孩子平安、健康地好好长大，将来一定有好生活。"

曾经有个孩子跳楼自杀的妈妈，在我这里哭得歇斯底里，她一遍遍地念叨：如果她能活着，我宁肯要一个傻孩子啊……是啊，平安健康地活着，才有可能创造未来美好的生活。如果连生命都没有了，所有的期望、未来、美好，都没有意义了。

可能很多人都看到过这样一个视频：泰国一位父亲见到儿子一直坐在电脑前面，痴迷网络游戏，不与人交谈，也不出去工作，忍无可忍，一气之下递给儿子一把手枪说："有种你就别活了。"没想到他刚一转身，儿子拿起手枪就对着脑袋开了一枪……可是，在儿子开枪之后，父亲依然认为儿子是在恶作剧对抗他，还动手打了他一巴掌。看到儿子真的倒在血泊之中，他才彻底崩溃了……在激烈的语言暴力中，年轻鲜活的生命终结了。

在亲子沟通中，如果我们要孩子尊重自己和别人，就要从尊重他们开始，尊重孩子的感受，尊重孩子的选择，尊重孩子的生命，以身作则，让他们更有尊严地看待与家长平等的交流。

实际上，很多家长似乎真的不会跟孩子进行比较平等的沟通，对话始终维持"问句模式"：上课注意听讲了吗？考试得了多少分？作业完成了没有？老师表扬你了吗？……或者就是"指挥模式"：快点去写作业；去练琴了；把这些菜都吃了；上床睡觉了……

小孩子很难理解比较抽象或虚泛的概念问题，很难回答得让家长满意，对家长的询问往往感觉压力很大。

比如问孩子：上课注意听讲了吗？他就不容易回答上来，因为他不知道你问的是语文、数学还是英语，或是所有的课程。如果你问他：今天都上了哪些课程？他一定可以回答上来。然后你再问：英语学习了哪些新的单词？他都可以在回答你的时候复习一遍单词了。

一些家长还特别喜欢纠偏，而且往往是没有听明白孩子的话就急于纠偏。比如孩子说：今天的自然课好无聊啊。家长会马上纠正：自然课应该很有趣啊，可以学习好多自然知识，比如天上为什么会下雨啊、植物的生长规律啊等，都是非常有趣的……

结果孩子觉得你并不是很认同他的话，后面就不想再跟你聊下去了。当然，你可能永远都不会知道，他是嫌老师讲得不够精彩，还是对自然知识不感兴趣，或者根本就是老师有其他安排，今天的自然课变成了自习课。

再比如，孩子一进家门就叫："数学老师好讨厌哦！"家长马上敏感地接上去了："你是不是又没有好好听课啊？被老师批评了吧？老师都是为了你好，你怎么能说老师讨厌呢？是不是考试成绩很差啊……"

其实，如果你听完整了，原话可能是这样的：数学老师好讨厌哦，又布置了三张试卷，我约了小明在楼下玩滑板都没有时间了。

所以，他真正讨厌的并不是数学老师，而是那三张试卷。结果，你不问青红皂白地批评了半天，孩子第二天再看到数学老师的时候，果真感觉数学老师真的很讨厌。

当孩子有抱怨时，不见得需要你的同情或建议，可能只是想在最信任的父母面前发泄一下情绪，也可能只是想让你了解并且体谅他所反对的事情，还有可能是希望你能教他一个更有效的方法……

倾听孩子说话之后，即使你不太赞同或有新的建议，也可以换一种方式沟通：如果……你觉得怎么样呢？如果……你试试看有没有用呢？如果……你想想看，结果会不会更好呢？

如果你愿意让孩子选择接受、拒绝或反驳，孩子很可能就愿意多听你的想法，并且更乐意根据你的建议进行修正，重新考虑。

那么，当孩子不肯说出他的困扰时怎么办呢？我们都有类似的经验——不想和任何人说话——此刻，甚至永远。

有时候，我们希望能够自己处理伤害、痛苦或耻辱，孩子们也一样。他传达了明确的讯号，想要独自疗伤，即使你说"今天一定发生了不愉快的事情"，他也会掉头离去，或明白告诉你"我不想说"。那么，我们只需要让孩子知道，如果他改变主意，我们还在这里。

我们常常认为，大人才有"真正"的烦恼，却忽略了孩子也有烦恼，需要有人倾听他们的心声，认真地看待他们所担忧的事情。

一些家长说，每天回家要做饭、洗衣、照顾家人、督促孩子学习，哪里有时间跟孩子好好沟通啊？实际上，有一个很好而且很关键的沟通时间，不影响孩子学习也不耽误父母做家务，就是睡前20分钟。

年轻的父母们都喜欢给孩子讲睡前故事。常听故事的孩子想象力更丰富，理解能力和语言表达能力都能得到提升。当然，这是一种被动的成长方式。

据美国加州大学的一项研究表明：家长如果在睡觉前20分钟和孩子聊天，孩子的语言表达能力将大大提高。而语言能力，一定程度上代表了孩子的独立思考能力。

研究人员跟踪调查275个家庭的孩子，从出生后一直到4岁整整4年的时间，最后通过与孩子交谈而判定语言能力的得分。最终得出的结果就是：跟父母聊天的孩子，得分胜过只是被动听讲故事的孩子得分的6倍。研究结果还显示：即使是"成人独白"（即成年人对婴幼儿说话），也有助于提高孩子的语言能力。

而且，睡前20分钟的聊天，除了能够有效提高孩子的语言表达能力和独立思考能力，还能够促进亲子关系，加深亲子之间的相互了解，有利于父母与孩子相互信任和支持。

前一段时间给一个高三的女孩子做辅导，她已经休学过一年，现在是重读高三。高高大大的女孩子，走路时腰都是弯的，头发更是掉得厉害。父母表示经历过孩子的休学事件后，他们现在已经不再提任何要求了，只要孩子能顺利高中毕业，考上怎样的大学都接受。可是孩子给自己的压力特别大，天天学习到凌晨……

女孩子偷偷告诉我，每天去学校的时候，她两腿都是发软的，随时都害怕自己倒下去。我问她为什么，她说因为在"火箭班"，几乎每天都有考试，所有的同学都像疯了一样地学习，周围都是非常紧张的气氛，而且她觉得所有人都比休学过一年的自己更厉害。她说："老师，你放心，我不会倒下去的。我要是再休学一次，我爸爸妈妈可能都活不成了，所以，我一定会撑住的。可是，考上了清华北大之后会怎么样，我也不知道。现在，我都不敢想未来，我更不敢告诉爸爸妈妈真实的想法……"

有天中午，我跟几个工作人员交流这件事的时候，有一个工作人员说她考大学以前就是这样的，因为她背诵东西比较困难，所以，每天上学的路上，总是感觉腿软得走都走不动。

我们往往不知道，孩子多么需要被了解。特别是孩子在情绪沮丧的时候，根本不能专心做事，当然更无法吸收新的学习，这是简单的事实。我们必须以尊重的方式，了解他们真实的想法，帮助处理他们的情绪，才能让他们的头脑思考和学习。

有一对父母带着17岁的儿子来找我做咨询。孩子已经休学一年多了，身上带着好几个医院精神科的诊断书：强迫症、抑郁症、焦虑症等，中药、西药轮番吃……

我对他们说："再这样跑医院，可能很快就会有个精神分裂症的标签了。"孩子的妈妈连连点头说："是的是的，医生说再发展下去就是精神分裂症，所以，我们很着急也很害怕，都不知道怎么办了。"

我跟孩子交流的时候，发现孩子虽然因为正在服用治疗抑郁症的西药，反应略显迟缓，但却思路清晰、表达完整、认知正确，沟通没有任何问题。当我根据与父母的简短交流、孩子的自我表述，帮助他很快梳理出问题根源的时候，孩子感觉非常不可思议。

原来，在孩子成长的过程中，父母的关系不太融洽，争吵不断，父亲脾气又比较暴躁，对妻子和孩子挑剔、指责比较多。所以，孩子一方面心疼妈妈，怪爸爸素质低、不讲道理，一方面又不忍心跟爸爸直接对抗，更不知道如何才能帮到父母。

孩子的性格偏内向，在学校里朋友很少——家庭关系的模式，更是没有比较和谐的沟通方式可以影响和模仿——经常感觉到跟同学在一起无法融入，找不到相同的话题。

他本来也是个追求完美的孩子，对自己的要求很高。在高一下学期的时候，有一次考试考砸了，他先是沮丧、失望，对学习产生了畏难情绪，进入高二之后，尤其是数学已经跟不上老师讲课的进度了，很快成绩就变成了倒数几名。受此打击，他从小到大积累的所有负面情绪都被带出来了……

在心理状态最差的那段时间里，孩子无意中发现自己听到一段喜欢的乐曲之后，居然会在脑子里重复回放。慢慢地，他感觉自己的脑子里随时会有音乐反复出现，有时停都停不下来，直接影响到了他的思考和学习。他到医院诊断后开始吃药，只能暂时休学了。

所以，对于这个孩子来说，首先，家庭生活模式和父母不和谐的情感关系，都会影响他在学习上面的专注力。他又想帮妈妈，又不愿意过于苛责爸爸，这种想帮忙又帮不上的无力感，直接导致他在其他方面也没有力量，比如学习方面的动力。

其次，因为性格内向又追求完美，学习成绩的下降，导致他产生很大的压力，总感觉老师都不喜欢他，同学也不愿意搭理他。

再次，通过交谈，我发现这个孩子的思考模式属于典型的听觉型，天生就对音乐特别敏感。当他因为学习、家庭和人际关系的压力情绪低落、敏感脆弱的时候，很容易带动听觉敏感的潜能，内在也有想要依靠音乐压抑其他念头的意愿，因此，那一段自己喜欢的乐曲，就像护身符一样在脑中不断回放。

如果孩子在考试之前紧张、害怕，我们最常说的话就是："没有什么好怕的，尽力而为就好。"这样的安慰，实际上直接否定了他的紧张情绪，对孩子根本没有帮助。或者我们说："只要你平常用功了就能考好。"结果孩子就会更加紧张害怕，总觉得自己以前用功不够，甚至什么都想不起来了。

还有家长也会跟孩子一样紧张，就开始胡乱指挥："你赶快再去看看重点，把数学概念再背诵一遍，最好都写一遍……"紧张的气氛使孩子更加混乱、慌张，简直不知道从何下手。这样的做法，就好像在一个人快要淹死的时候教他游泳，根本没有意义。

如果父母能够倾听孩子的忧虑，了解孩子害怕的真正原因，才能给到孩子一些针对性的建议，或者提供一些新的可能性。这样，孩子会更有勇气去学习，更努力尝试。

对于小一点的孩子，我们问到他们的感受时，孩子往往回答我们说"不知道"，为什么会这样呢？因为他们无法判断自己的情绪。对于成年人的"为什么"，孩子找不出合理的、可以接受的原因来解释，更不会理智地分析。

曾经有一位22岁的男青年来做心理辅导，他已经休学在家快五年了。说到小时候，他有很多愤怒的情绪。比如，因为肥胖总是被同学嘲笑，导致他不想去学校，可每次父母都只会说："为什么呀？你的学习成绩那么好，老师、同学都很喜欢你，为什么不去学校啊？"

他如果说："同学都笑话我太胖了。"妈妈居然会说："胖就胖嘛，学习好就行了。他们肯定是嫉妒你，别理他们。"

他很委屈，觉得父母不理解他，可是那时候年纪太小了，根本无法理智、明确地告诉父母："班上的同学都嘲笑我太胖了，很伤害我的自尊心。"

相信如果当时父母能够耐心一点跟孩子沟通，认真体会他内心的感受，并且告诉他："被嘲笑是一种伤害，不论是什么原因，都是很大的伤害。"坚定地站在孩子一边，及时找老师了解情况，解除孩子恐惧上学、面对他人的忧虑，并且教会孩子自我保护的方式。我想，一定不会发展成现在这样的状况。

永远不要天真地期望，总有一天，孩子们自己会用更好的表达方式。因为如果没人教，他们根本不会，必须大人教导一些基本的沟通和互动技巧，并且随时提醒或者督促他们尊重界限、守规矩。

沟通的目的不是为了把我们的意愿强加给孩子，也不是为了找到方法针对孩子的不良行为，而是为了更好地与孩子一起，找出解决问题的正确方法。

与孩子有效沟通，共同解决问题可以通过以下6个步骤：

（1）倾听孩子的情绪和需求

比如，孩子考试不及格，自己都非常沮丧，需要得到情绪安抚，父母可以先接纳孩子的情绪："考试不及格，你一定很难过。"

孩子在大人这里没有因为考试不好而被指责，他就能充分表达自己的需求："对啊，我真的背诵了好久，可是今天考的内容有一半都没有写出来，这次一定不会及格。"

父母要肯定孩子的努力："我知道你用了很多功夫，现在却没有得到想要的结果。等试卷发下来以后再对照一下，究竟有哪些部分之前忽视了。"这样，孩子得到了肯定，更容易接受父母的建议，也乐于改进："知道了，老师都说了，试卷发下来以后帮我们重新讲一遍，我一定会认真听讲的。"

（2）简述他们的观点

我们前面已经说过了，很多时候，孩子没有办法把自己的意愿正确地表达出来，所以，我们可以帮助孩子准确描述，比如说："你好像很沮丧。昨天背诵了那么久，今天考试的时候还是没有写出来，换作是我，肯定也会很难受的。"

一方面，孩子知道父母看到了自己的努力，他会减少愧疚感，放松很多；另一方面，在被父母充分接纳情绪的同时，他也能够感受到父母的理解和体谅，很多孩子会暗暗给自己鼓劲，下次用更好的成绩回报父母。

（3）表达父母的情绪和需求

家长经常习惯了直接要求或者下命令，却总是没有表达清楚真正的意图，有时候是因为感觉孩子听不懂，有时候是觉得没有必要告诉孩子，有时候是根本没有考虑孩子的感受。

比如，妈妈说："快点去换衣服，我们要出去吃饭。"究竟为什么要出去吃饭而不是在家里吃饭，是自己家人聚会，还是有其他人参与，需要花多少时间、几点可以回到家等，都不会告诉孩子。

如果孩子问"为什么"或者说"我不想去"，都会惹来家长的一大通道理，甚至呵斥。

又比如，如果孩子没有考好，你又很担心，就可以直接表达你的需求，而不是批评或者假意地说"没有关系"。你可以说："我看到你的试卷上有很多单词写错了，很担心你没有背好基本的单词，以后会越来越跟不上，学习更辛苦。"这样，孩子能够真实地了解到你情绪，他也会积极想办法配合。

（4）家长和孩子共同协商，思考解决问题的方法

孩子因为没有经验的支持，看到的可能性和选择都是有限的，遇到困难也容易有畏难情绪，需要家长提供一些新的信息，并且让他感受到陪伴和有力的支持，孩子会更愿意积极思考。

比如说："你觉得看书很无聊？读书真的不是简单的事情哦，我们一起想想看，有没有更有效的读书方法？"

（5）写下所有的意见——禁止评估

孩子有学习压力的时候，也会有负面情绪甚至对抗情绪。家长要学会调整自己的情绪，防止被孩子的坏情绪带进去，可以认真地写下孩子的所有意见，再跟孩子一一讨论合理性和解决办法。比如：

孩子说："我不要学英语。"

妈妈说："还有呢？"

孩子说："放学以后，我想先玩半小时游戏再写作业。"

妈妈说："还有呢？"

这样让孩子感觉你真的很重视他的意见，并且愿意跟他共同寻找解决办法。

（6）共同筛选意见及执行

通过以上的5个步骤，我们已经可以很好地跟孩子沟通，共同筛选出双方都赞成，或者可以先试用一段时间的解决方法，然后直接制定执行方案。比如：

"为了更好地记忆，你可以把单词抄在卡片上，每天背5个好不好？"当然，也可能孩子还会有异议："好，但是我不要抄，要录音。"那么可以灵活改变一下："好的，你可以把单词朗读录音，每天跟着录音背诵5个。"

家长表达情绪的时候要简短。如果你持续不断地表示担心、懊恼或愤怒，孩子就听不进去了。

不要急于评估他们的建议。如果在他们提出"离谱"的建议时说"我们没有办法这么做"，整个过程就会戛然而止，孩子就不会再提出任何意见。如果你想要孩子的创意源源不绝，必须欢迎每一个意见，不论多么离谱。

最重要的事情就是，统一思想后，请务必拟出计划并付诸行动，否则再好的意见也会变成空谈。

家庭作业的目的，是让孩子在实战练习中加强记忆，还可以锻炼孩子学会安排时间，培养独立性及判断力。如果父母参与其中，继续替孩子承担责任，孩子就无法自己负责任。

如果没有办法帮助孩子自己完成学习，可以寻求外在的协助——找家教，或是让他打电话问老师、同学，尽量避免父母越俎代庖，过分热心地替孩子做功课。

家长邀请孩子参与解决问题，能够同时传达出有利的讯息：我相信你；我相信你可以明智且灵活地思考；我重视你的付出。

我们的关系不是"全能的大人"对"无知的孩子"施加权威，而是大人和孩子平等；并非能力、经验的平等，而是平等的尊重。

有一件事情我们可以确定：对于所有的孩子，现在和未来，问题都会接踵而来。教会他们解决问题的方法，把问题分散为能够处理的部分，鼓励他们用自己的能力解决自身的问题，就是给他们终生受用无穷的技巧。

2.尊重与接纳

我在多年的辅导经验里发现，从幼儿园的孩子到大学生，人际关系的问题与障碍普遍存在。

我们从来没有认真教过孩子如何进行良好的人际沟通，如何尊重自我与他人的界限，如何在遇到人际障碍时及时调整和求助。

我们告诫孩子："要跟小朋友好好相处哦！"却没有教给孩子好好相处的方式。我们警告孩子："千万不能打架哦！"却没有想过万一孩子被人伤害时，他应该用什么样的方式自我保护。

校园霸凌的情况时有发生，暴露出来的都已经是非常严重的个案。那些没有暴露出来的，大人或者认为只是孩子之间打打闹闹，而孩子很受伤的事例，远远超过我们的想象。

我们从各种报道中看到，在国外发生的校园枪击事件，多数都跟校园霸凌有关。而在国内的同类事件中，也时有造成身体甚至生命伤害的事件发生。

有一位家长无意中发现，11岁的儿子在书包里藏了一把刀。她吓了一跳，问儿子拿刀干什么。儿子说好玩，她把儿子训斥了一顿，警告他千万不能拿刀玩。

正好她来我的课程里学习，就问我：是不是叛逆期的孩子还会拿刀做一些危险的事情？我一听就知道不对，告诉她回家赶紧仔细询问儿子——他一定是遇到校园霸凌之类的事情了，千万不能大意。

她回家一问，果真如此。有几个高年级的孩子跟一些社会青年混在一起，已经有几次堵住他要钱。每次他都必须把所有零花钱给他们才能离开。那些人还警告他不能告诉别人，否则会找黑社会杀了他父母。

孩子没有办法，每天上学、放学都在路上躲来躲去的，也不敢告诉家长，就偷偷拿了一把刀，放在书包里以防万一。

你想想看，不管是孩子受了伤害，还是孩子伤害了他人，都非常危险，是我们不愿意看到的事情。所以，遇到这样的情况，一定要第一时间与学校联系，必要的时候及时报警，防止伤害发生。

我们中心有个老师，感觉女儿胆子太小，总是不能勇敢地表达自己，总是鼓励也没有用，她就对孩子说："你知道吗？妈妈小时候跟你一样，特别害怕勇敢地表达自己的意见，总是担心吵架了怎么办，得罪了别人怎么办，他不跟我交朋友了怎么办？"孩子听了以后连连称是："对对对，我就是害怕别人不理我了怎么办。"

因为不懂得人际沟通的方法，又担心自己得不到尊重和接纳，所以孩子就会常常压抑、屏蔽自己的感受，不敢轻易表达自己真正的意愿。如果我们了解孩子真正的困扰，就能教给孩子正确的做法。

有个15岁的女孩子，因为眼睛近视得厉害，又不愿意佩戴眼镜，总是眯着眼睛看人。有两个同学恶作剧，经常模仿她。她很生气，回家总是给妈妈抱怨这件事。

刚开始，妈妈会说"别管他们"之类的话，后来也觉得问题比较麻烦了，就教她各种方法："告诉老师"，结果老师批评过后他们的行为更过分；"骂他们"，结果同学合起来骂她，引得几乎全班同学都边看热闹边模仿她；"不理他们"，结果同学觉得她好欺负更加得寸进尺，故意把她上课戴的眼镜藏起来，就为了看她的笑话……

女孩子后来忍无可忍了，偷偷拿了一把剪刀去学校，再被他们模仿取笑的时候，突然抓住其中一个女孩子的头发，迅速把那个女孩子的头发剪了个乱七八糟。

现场所有的同学都惊呆了，老师也吓坏了，后来当然是被学校警告处分，惩罚他们几个在家反省了一周，孩子和家长都写了保证书，才被允许继续上课。而且，女孩子还被当作反面典型，在全校师生大会上被点名批评。

女孩子感觉很不公平，坚决不愿意再去学校上课。家长后悔以前没有重视这件事情，没有办法，只有托各种关系疏通，终于给孩子换了一所学校。

从此以后，孩子变得很敏感，越来越封闭自己，在新学校已经一个学期了，一个亲近的朋友都没有，学习成绩也直线下降。

孩子在人际关系中出现了问题，当他的情绪痛苦混乱时，若草率提出意见，他们根本听不进你说的话；即使他们主动要求你给一个意见，他也不见得就能听进去并照做。

因为在这种时候，他还有很多忧虑：我该如何面对朋友？我还可以再信任他吗？我是否该维持彼此的关系？我该向他解释吗？要怎样解释？……这些都是值得思考的问题。

所以，家长最好的做法，应该是给他机会更加了解人际关系。若太快提出建议，就切断了一次重要的学习经验。我们可以给孩子分享一些人生经验，提供一些比较具体的可能性，让孩子自己去尝试，换不同的方式跟他人相处，慢慢总结出适合自己的人际沟通模式。

我经常在讲课的时候，会遇到有学员咨询校园霸凌的问题。有一次，我做了一个调查，对在场的一百多个成年人说："你们有多少人曾经遭遇过校园霸凌事件，给当时的自己造成很大的困扰，甚至现在想起来还有受伤的感觉？比如：被几个同伴孤立起来、总是被同学因为某些个人特质取笑、成绩较差被同学看不起、因为老师的偏见被同学群起攻之、因家庭经济差被别人轻视、因为学习成绩太好或老师偏爱而被别人排斥……"

没有想到，现场居然有一半多的人举手，大家都很吃惊，还有人列举出了更多被霸凌的理由。而且，大多数人现在想起来，依然有受伤的感觉，也有更多人因此在成年后的人际关系中，一直受到不良影响，比如：敏感多疑、不信任他人、排斥不同意见的人、不愿意融入团队、无法跟他人建立深入的关系等。

亲子教育中还有一种情况：家长没有特别重视教育孩子尊重他人。前一段时间在网上看到一则新闻，有一个熊孩子猛推一个孕妇，把别人吓了一跳。问他为什么要这么做的时候，孩子居然说：

"听说孕妇摔了以后要流产，我想看看她会不会流产。"

像这样的现象身边真的很常见。有一次我在机场候机，对面椅子上坐着一对小情侣，快快乐乐地分享着一包饼干。旁边一个八九岁的小男孩看到了，就缠着身边的妈妈说要吃饼干。孩子爸爸生气地呵斥孩子："我们马上就要登机了，吃什么饼干？好好坐着。"孩子妈妈反复劝说孩子，大意也是马上要上飞机了，回家以后再买饼干……可是孩子不干，不断用身体撞击着妈妈的腿要赖。

那对小情侣发现了，女孩子跟男孩子商量了一下，便把饼干递给孩子。孩子不好意思拿，他妈妈就帮着拿了一块，都没有说一声"谢谢"，直接把饼干递给了孩子。

不知道是因为没有买饼干有报复情绪，还是真的不喜欢，让身边所有人都没有想到的一幕发生了：那孩子咬了一口饼干，突然把饼干朝妈妈怀里一扔，嫌弃地说："啊，呸，难吃死了！"他妈妈被吓了一跳，边急速把饼干拍打在地上，边对着孩子大声喊："讨厌！怎么能扔我身上？扔垃圾桶里去！"周围的人都看了过来，那对小情侣气得脸色都变了。那个妈妈也很难堪，却不知道如何收场，只是一个劲儿地拍打着自己的衣服，嘴里不停地说"讨厌"。我实在看不下去了，就对那个孩子说："小朋友，哥哥姐姐好心给你饼干吃，你都没有说'谢谢'，怎么能胡乱扔掉呢？这样很不礼貌哦！"

这时候，孩子爸爸也感觉到了大家谴责的目光，对着孩子吼道："再乱扔东西，看我怎么收拾你，坐下。"

实际上，哪怕孩子的不良行为我们都能够谅解，可是父母的做法却真的是让人遗憾。前面已经讲过了，我们永远无法预料，下一刻在孩子身上会发生什么样的事情，所以，很难做到提前预设式的正确教育。那么，我们就应该懂得"及时教育"——在问题发生的那一刻，也是情绪记忆最深刻的时候，要好好利用。

比如这个案例，妈妈正确的做法不是帮他接过饼干。孩子嘴馋想吃饼干，别人好心给了，首先应该让孩子先说"谢谢"再拿饼干；其次，不管是不是好吃，孩子扔饼干的行为非常没有礼貌，妈妈应该让孩子给哥哥姐姐道歉，说明自己不喜欢吃这个口味，然后再做处置；再次，父母应该再一次给对方道歉，为孩子不尊重的行为承担教导的责任，同时给孩子做到正确的榜样示范。

有些父母还会护短，纵容孩子的行为。有一次我在飞机上睡觉，突然被激烈的争吵声、孩子的哭声惊醒了。一位男士跟两位女士大声吵骂，空姐都跑过来劝架，我听了半天终于搞明白了：四五岁的小男孩，跪坐在妈妈和外婆中间的椅子上，不停抓前面男士的头发。人家提醒了好几次，孩子的妈妈和外婆却没有认真管教，后来那位男士实在受不了了，就拍了孩子的手，没想到孩子外婆愤然而起，不依不饶地骂。

后来，周围的人都看不下去了，齐声帮着男士指责，孩子也吓得哇哇大哭……是啊，你认为孩子很宝贝，但那只是你们家的宝贝，并不是所有人的宝贝；你觉得孩子还小，你可以让着他甚至纵容他，可是别人凭什么要让着他？你不愿意教孩子尊重他人，与人为善，那么自然会有别人来替你教训他……当真有人来替你教训行为不良的孩子了，你纵容孩子的做法反而会让他吃苦头。新闻里报道，公交车上的"熊孩子"被遭到骚扰的男青年背摔踹头，就是例子。

我们在孩子牙牙学语的时候，就开始教他们学习各种知识，恨不得马上培养出一个天才儿童来，却没有教过孩子要懂规矩、有礼貌、尊重别人。

只要是孩子想要的，我们一概奉上；只要是让孩子不高兴的，我们一概退让。所以，他可以随便拿别人的东西，而不需要说谢谢；他可以没大没小，有你跟在后面给别人道歉就好……

等他开始上幼儿园了，你就会发现，他越来越唯我独尊，从来不会跟小朋友愉快地相处，喜欢的玩具独自霸占，不喜欢的东西随手乱丢，遇到冲突的时候，更不懂得如何处理。

一位幼儿园园长曾经给我分享一个案例：一个4岁的小女孩在幼儿园里很霸道，什么事情都要抢先。老师为了矫正她的行为，有一次分水果的时候，故意让她排在后面，结果孩子大哭大闹要找妈妈告状。老师没有办法，只能给她妈妈打电话，希望妈妈在电话里安慰一下孩子，协助教育。

孩子妈妈没有听完电话就挂了，半小时后提着一大包水果出现在幼儿园里，当着所有老师和小朋友的面，气势汹汹地说："宝贝，过来吃吧，我倒要看看谁有本事敢不让你吃水果。"而且不管老师怎样解释她都不听，执意要找园长讨个说法：都是交了同样的学费，为什么不让自己的孩子吃水果？结果，当场把几个胆子小的孩子都吓哭了。

后来，老师也怕了，每次什么事都是优先给那个孩子。可是，孩子却很快被小朋友们孤立了，因为，她妈妈的做法，让孩子们也产生了畏惧心理，不太敢跟这个小女孩接近了。

这位园长唉声叹气地说："晓红老师，我做幼儿教育已经二十多年了，真的看到很多聪明伶俐的孩子，就是这样毁在家长的手里了。孩子还小，不懂事都是正常的，可是，如果家长也不懂事，那么孩子就真是没救了。"

记得我女儿上幼儿园的时候，班上也有一个又高又壮的小女孩非常霸道，而且欺负别的小朋友的时候，经常会大声说："我妈妈是法官，会来抓你的。"

四五岁的小孩子，能够如此清晰宣扬权力的意识，只可能来自身边重要成人有意无意的灌输。家长没有意识到严重性：孩子在以后的成长过程中，可能因此变得无法无天，导致他人的抗拒和对立，甚至遭遇恶性事件，最终害人害己。

鼓励孩子说出他的想法，正确表达自己的感受。这样，当他想分享其他小朋友的玩具时，他就可以比较容易懂得沟通："能不能让我玩玩你的玩具啊？我也可以给你分享我的玩具哦。"而不是粗暴地把玩具从别人手中夺过来。

懂得社交礼仪的孩子，能够拥有好人缘。孩子如果能学会良好的人际沟通，尽量用平静的语气与他人交流想法、寻求支持，这会使他赢得更多的朋友，得到更多的信任。

孩子上学以后，家长经常只关注他有没有考出优秀的成绩。孩子的生活只有学习、学习、再学习。不要说人际沟通，有的孩子甚至连最基本的语言表达都有问题。

有一个12岁的女孩子，被妈妈带来做心理咨询，对我的问题总是答非所问。比如，我问她："现在上几年级了？"她就很兴奋地说起来："我、我们班是四一班。我妈妈说我太讨厌了，总是喜欢粉色的东西……老师，你猜我们班的胖子有几个？哎呀，都笑死我了，胖子真多啊……我都不想去上学了，数学老师不喜欢我……"

说了半天你都不知道她想表达什么，又好像什么都想表达。关键是妈妈居然说她一直这样，而且家里人从来不觉得是有问题的，认为她现在还小，以后长大了就会变好了。而孩子的困扰却是：全班同学都说她很弱智。

记得还有一个12岁的男孩子，在学校总是被同学排挤，没有朋友。妈妈把他带到了我的课堂上，他愣头愣脑地冲过来说："老师，上你的课可以踢好足球吗？"他妈妈说："不要胡说，老师讲的是心理学课程，又不是踢足球的课。"他有点失望，又有点不甘心，转而对妈妈说："我想吃冰激凌。"妈妈说："大冬天的，吃什么冰激凌？一会儿要上课了。"他又来找我说："老师，我们上次踢球的时候输了。下雨的时候没有输，他们耍赖，我们老师气得跟体育老师吵架了。我想学习踢足球……"

大家应该都能想到，像这样无法准确表达自己的孩子，很难引起别人的兴趣和注意。相反，因为交流语言的贫乏和混乱，还很容易引起别人的嫌弃和反感。

像这种问题的发生，绝对不是一天两天的事情，而是因为长期以来，家长疏忽了有效的引导和教养，才导致孩子表达语无伦次。

他在家里随便插话，你没有教他要懂得倾听、礼貌回应；他对长辈大喊大叫，你没有教他尊重长辈、好好说话；他吃饭时霸占所有喜欢吃的，你只希望他多吃却没有教他跟别人分享；他随便说别人坏话，你只注意他有没有受伤，却不教他如何与别人好好相处；他只喜欢听表扬不能被批评，你也帮着指责他人，从不反省自己……

等走上社会特别是工作以后，这样的子女很难有效利用到社会资源的支持。我们在长期的咨询个案中，累积了太多这样的实例：

上司讲话的时候他会随便开玩笑，遭到训斥转身就辞职；刚一进公司就抢占有利的位置，结果被大家排斥不愿意合作；在公司里搬弄是非，被同事当场斥责；把领导视作父母，没完没了地提要求，虽然是名校高才生依然三个月后被开除；工作的时候不懂得合作，只埋头做自己的事情，无法跟团队合作完成任务……

有个男孩子26岁了，已经有两年时间待在家里不出门，原因就是23岁大学毕业后，在一年的时间内，他前前后后换了9次工作，最后都没有能够成功在任何一家公司留下来。

他的父母非常想不通。他们对我说："老师，我们的孩子真的非常优秀，从小都是尖子生，高中是保送到了最好的学校，大学也考上了国内顶尖的学府，为什么就找不到一个好的工作呢？"

他给我的理由也很多：公司的领导太苛刻、同事不好相处、工资太低、公司配置的电脑是二手货、单位的伙食太难吃、奖金分配不均、上司只喜欢爱表现自己的下属、工作时间太长、别人都不愿意跟他调休、感觉别人都是虚情假意地对待他、总有人在背后说他坏话……

我问他："那么，实践了一年，换了9次工作，你认为，什么样的工作环境最适合你呢？"他想都没有想地对我说："自由自在，我喜欢自由自在。"我说："在你的认识和概念里，有什么样的工作，是比较符合自由自在标准的呢？"他说："我讨厌跟别人打交道，我想一个人做事。"我说："可是，根本没有人可以独立地存活在这个世界上，几乎所有的事情，都是需要人与人之间的相互配合与支持，才能得到想要的结果。"他认真地想了想，说："也有一个人可以做的事情。我想在家里自己写书，我都写过一些了，有几万字了，还没有发表，我姑姑帮我找了一个出版社，他们说还要修改。"我说："对啊，你仔细想一想，一个人在家里写作，并不能真正得到你想要的结果。出版一本书，你还需要找出版社，你的作品要得到出版社编辑的认可，还要签订出版合同，商量稿酬，修改细节，照排重新排版，设计配合内容的封面和插图，最后还需要工人印刷、装订……这一切，哪里有可能是你自己一个人就能做到的呢？"

他听后完全傻掉了，愣在那里半天都说不出话来。他妈妈居然还在旁边帮腔说："老师，真的，他写的文章有很多了。他姑姑请出版社的人帮着看了，说写得还不错，好好修改说不定可以发表呢。"我说："可以啊，那么你们准备什么时候出版呢？以后就靠这个谋生吗？一本书的稿酬就那么多，你们家的孩子打算一年出几本书呢？如果他连门都不出，又如何去观察生活、完善作品呢？总不能一辈子闭门造车吧。"

其实，父母都知道，孩子总归要离开我们，走上社会，独立面对世界，面对难题，经历风雨，用自己的头脑和双手创造自己的人生。所以，如果你真的爱孩子，就应该在孩子离开你之前，教会他与他人、与世界好好相处的能力，这才是对他最大的帮助和保护。

曾经有家长咨询我：一个14岁的小女孩，她跟同学都没有什么话说，每天就沉浸在电视剧里。现在因为和同学的关系不好，也不去上学，感觉她整天都生活在自己的世界里。家长怎么帮助她呢？

实际上，孩子之所以沉浸在虚拟世界里不愿意出来，一定是她在现实社会中没有得到足够的满足，或者根本不懂得如何获得满足，才会在虚拟的世界里去寻找。

十几岁的孩子，正是青春飞扬急于表达自我的年龄，即使跟同伴有矛盾或冲突也是很正常的事情，关键看你用什么样的方式去引导她，让她走出困境。

家长应该耐心了解真正的原因：跟同学没有话说，是因为自己不喜欢同学间交流的话题，还是同学对她有什么偏见？与同学关系不好，只是有意见分歧还是因为什么事情吵架了？是跟一个、几个还是所有的同学关系都不好呢？跟老师的关系又如何呢？她有学习的方向和目标吗？人际关系的困扰足以破坏她对未来的向往吗？

如果因为和同学的关系不好就不去上学了，父母居然束手无策允许孩子在家里待着，这就不是孩子的问题，而是家长的问题。家长没有积极想办法与孩子好好沟通，找到问题的解决办法。

如果孩子心理的某些方面明显没有成长，维持在一个小孩子的状态，其实内心是期望总有一天，爸爸妈妈可以像对小孩子一样地关注到他、爱他。

比如这个女孩子因为人际关系不去上学了，家长就要想办法，一定要让她去上学。那么，用什么样的方式去引导她呢？

如果跟同学没有话说，是因为不喜欢别人交流的话题，但也要学习礼貌倾听，可以简单地只用语气词回应，在别人那里获得尊重和信任，这样，慢慢就可以选择交流自己喜欢的话题，同时得到对方的回应；如果跟同学没有话说，是因为别人对她有偏见，家长要帮助孩子反省自身的问题，坚持自我原则的同时，坦诚表达友好意愿，主动跟他人建立关系。

如果跟同学的关系都不好，要去了解，发生了什么事情让同学都不喜欢她。究竟是她少了一些好的与同学沟通的方式方法，还是她说话时候的言语会伤人，又或者是她说的话很幼稚，被别人轻视或嫌弃。

如果孩子在老师那里感觉有不公平了，家长要到老师那里去沟通，在中间协调矛盾，不能永远跟老师站在同一个战线去对付自己的孩子，那样会失去孩子对你的信任。

在关注孩子问题的同时，家长也要认真反思一下："究竟我的教养方式上有什么样的问题？我有教过孩子如何尊重他人吗？孩子懂得接纳是为了更好地让自己融入团队吗？为什么会让孩子的内心有缺失？为什么会让他的心态维持在很幼稚的状态不成长？为什么让他在人际关系中没有一个好的地位？"

我们的经验远远大过孩子的年龄，只有找到问题的症结，用经验分享的方式跟孩子共同成长，才是对孩子最好的帮助。

有些家长，因为孩子的问题去上很多课程，学到一些方法就简单地去套用在孩子身上。如果孩子还是没有改变，家长就开始怀疑、焦虑，感觉课程都白上了，再去找另一个亲子课程学习。总是直接把孩子的问题抛给老师，得到一个答案再去对付孩子，盲目地到处抓取，却总是没有用心真正跟孩子交流思想和情感。

有个5岁的小女孩对我说，她不喜欢去幼儿园，因为小朋友都不跟她玩，她一个好朋友都没有。我问她："是你不喜欢小朋友，还是小朋友不喜欢你呢？"她很确定："是我不喜欢小朋友。"我说："为什么呢？"她就开始给我一一列举不喜欢的原因："肖肖总是哭，不是好孩子，妈妈说不要跟她玩；明明老是爱说脏话，很没有礼貌，妈妈说不能跟他玩；浩浩的牙齿都掉了，老师说他口水都流到饭碗里了，妈妈说要离他远一点；彤彤老喜欢跑来跑去地玩，有一次就把我碰倒了，都流鼻血了，我也不跟她交朋友……"

相信大家都明白问题出在哪里了——这个女孩子的妈妈为了保护自己的女儿，教出了一个完全不能接纳他人的孩子，所以，她在幼儿园里当然没有朋友了。

为人父母的终极使命，就是为了培养出在任何环境里，都能良好适应社会的孩子。并且要从很小的时候就开始培养，为孩子提供与外界、与他人多接触的机会，鼓励孩子多参加社会实践活动，懂规矩、有礼貌，勇敢表达，学习倾听，尊重与接纳跟自己不同的人。

现代社会每个环节都需要"合作共赢"。独生子女普遍存在不同程度的人际障碍问题。人与人互为依存，个人与社会休戚相关，而个人行为的善与恶，也直接关乎社会环境的优与劣。所以，与他人和谐相处，不仅是培养孩子自身修养、生存技能的问题，也是关系到社会稳定的问题。

只有懂得尊重与接纳，才能欣赏并容纳不同的他人与不同的观点。孩子不仅是家庭的成员，更是社会的一分子，以后要融入社会环境，与他人和谐地生活、工作。具备合作精神又善于沟通的孩子，走上社会以后，更容易表达互助互爱的情感，自制并且尊重他人，更具独特的人格魅力。

3.界限与角色定位

在人际关系中，界限是非常重要的一个概念。从字面意思上来了解界限的意思，它是指不同事物之间的分类。如果放在人与人的交往方面来理解呢，它就是我们接纳外界人、事、物的心理边界。

在一次课程中，有一个外省的学员带着七十多岁的年迈父母来上课。77岁的老父亲身上还带着引流器，坚持请求我给他做一个个体辅导。我说这次安排太满了，白天上课，晚上都有个案，可以预约下次来上课的时候再做。

他告诉我可能等不到下次，因为他所患疾病除了现在最严重的癌症，还有心脏病、高血压、糖尿病等多种疾病，随时都可能倒下去。我只好安排在课程中学员做练习的时候，帮他做了一个辅导个案。

相信大家都猜到了，让一个老父亲如此急切的事情，肯定是关于孩子的事情。他有几个优秀的女儿，却有一个他认为没有出息、没有追求、自以为是、安于现状、生活穷苦、已经四十多岁的儿子。

老人家也是穷苦出身，靠自己的努力奋斗，即使在最艰难的岁月里，也不放弃精神追求和学习成长。改革开放后，已经有四个孩子的他居然还能考上大学，成为家族的骄傲。

大学毕业后，因为上级领导的安排，他一直在外地工作，后来成为一个职位比较高的领导干部。妻子是一个小学老师，唯一的宝贝儿子上学以后，正好一直跟在妈妈的班里学习。妈妈是班主任的优越感，再加上妈妈的祖护，儿子的界限感一直非常差。

他可以随便出入老师的办公室，对长辈没有足够的敬畏之心，所以对爸爸的严格要求从小就很对抗。他从来不需要做班里的清洁值日，因为妈妈没有要求，别的同学也指挥不动他，所以他跟同学的关系都很差。他很聪明，在家里听到的都是表扬，所以听不得老师批评他。他的小学学习成绩不好，父母就帮他安排进好的初中；他初中学习成绩不好，父母就帮他安排进好的高中；他高中学习成绩不好，父母就帮他安排进好的大学、修好的专业……

一路走来，他的界限感都非常差，跟同学处不好关系，跟老师也处不好关系，对所有的需求都理所当然地索取，什么事情都等着依赖父母帮忙搞定，不能吃任何苦。

上大学的时候，父母两个人的工资加起来才三百多元钱，他每个月却要花销500元钱。特别是妈妈，一直纵容着唯一的儿子。

好不容易将就着从大学毕业了，因为当时大学生很少，他被很好的公司录取，拿很高的收入，让很多人都很羡慕。

可是，人际关系之间的界限他还是不能好好把握，跟同事闹矛盾，跟领导对抗，争享受，争职位……很快就被领导晾在一边了——知道你有关系，我也不惹你，可是，我就是不给你安排工作。

他一赌气就辞职了，想考研究生。结果漂在另外的城市，用父母提供的学习费用只顾着谈恋爱了，用了两年的时间都没有考上研究生。没有办法，只好带着女朋友回了家乡。

在这么多年的时间里，家人给他安排了很多份工作，但他没有一份工作可以做得久一点，基本上都是几个月或者一两年就不做了。后来他自称跟外面的人无法相处，也不能出去工作，否则他会死掉的，便一直把自己封闭在家里，不跟外界接触，用父母借给他的钱炒股为生，收入很少。

在这个案例中，我们看到了一个聪明的孩子，如何一步步走到了父亲眼里一无是处的境地。亲子之间界限的缺失，在我们的家庭关系中普遍存在。

对于很多父母来说，跟别人可以有界限，可是孩子是我自己生的，我想怎么对待是我自己的事，我想怎么管理也是我自己家的事，却从来没有想过，孩子终有一天，也会面对他人的对待和管理。

在这个案例中，父母在儿子的人生里没有界限，完全按照自己的意愿操控孩子的人生，为孩子包办代替一切；而孩子也没有在父母那里学会如何尊重界限，把自己的人生完全托付给了父母，只知道索取，没有付出，不懂得担当。

孩子在与父母的相处中被宠溺呵护，长大以后在其他人那里就不懂得长幼有序甚至目无尊长，会随便跟长辈开玩笑，也可以随便顶撞领导，不会有足够的尊重。

孩子在同学那里唯我独尊，不懂得如何处理同伴关系；成人以后走上社会，就没有规则意识，心里只有自己，容易轻视他人，很难跟同事、朋友好好相处，处处碰壁。

孩子从来不为自己的所作所为承担责任，慢慢形成了依赖性，不仅失去了积极做事的动力，还不会珍惜身边的人、事、物，理所当然地认为他人都应该为自己服务；成年之后，也不会好好珍惜自己拥有的生活和工作，想要就要，想放弃就轻易放弃。

孩子在父母那里总是被过度满足，衣来伸手、饭来张口，从来不知道生活的艰辛，也没有努力奋斗、自己创造的意识；成年以后在社会环境里，无论如何都不会有其他人还能够像父母一样无限地满足他的需求，那么，他就会处处受阻，很容易被他人排斥在团体之外。同时，他自己也会觉得别人都对他不够友好，从而会在人群中变得敏感、多疑、容易产生不公平感，很难融入团队关系。

很多时候，孩子还没有长硬翅膀展翅飞翔，就已经在父母爱的陷阱里深深迷失了方向。我们总想给孩子很多的爱，却又用爱束缚住了孩子开创自己人生的手脚。

所以，有时候，父母真是很奇怪的存在。

曾经在一个讨论会上，有一位男士分享："我们小时候，好像父母都没有管过学习的事，一样好好学习长大成人；现在的孩子天天管着他，都不能把他教育好。我只要不出差，每天回家都会陪伴大儿子写作业。说老实话，每天都是一再调整自己的情绪，可是，不出5分钟就想发火了……"

我说："当初，父母都没有管过你的学习，你一样做到好好学习长大成人，成为一个高级工程师。现在，你为什么非要管孩子的学习呢？你不相信他也能够像你一样优秀吗？"

他恍然大悟："是啊，我儿子比我小时候还要聪明，还要懂得多呢，我为什么非要给他辅导作业呢？对，从现在开始，把他的学习还给他。"

是啊，我们的父母当初为了生活奔波忙碌，根本顾不上管孩子，结果我们自由自在地长大，一样可以成为各行各业的精英。现在，我们吃穿不愁条件优越，却非要把所有的注意力都集中在孩子身上，拼命按照自己的意愿塑造一个个自己的复制品。

还有一些父母，总是分不清大人和孩子之间的相处界限和责任：或者把自己的情绪和事情，无所顾忌地展现在孩子面前，并且要求孩子为自己的坏情绪和糟糕的事情负责；或者把孩子的所有事情当作自己的事情，轻易被孩子拉入其中从而产生负面情绪。

一个16岁的女孩子气呼呼地对我说："老师，不是我故意跟父母作对，是他们把自己的气都撒在我身上了。现在可好，恶人先告状，他们反而说我有问题，让我来见心理老师。我看他们才应该看心理医生。"

她告诉我，爸爸在爷爷创建的家族企业里工作，总是因为生意上的事情跟爷爷争吵，只要生气了，回家就冲着妈妈发脾气，看什么都不顺眼。她只要劝爸爸一句或者帮妈妈说话，爸爸立刻就会把所有的矛头都转向女儿，严厉地批评她："正是因为你不争气，学习成绩不够优秀，爷爷的眼里才总是只有你叔叔。你看叔叔家的两个弟弟都比你小，可是他们的学习成绩都比你好……像你这样下去，以后在家族企业里根本没有立足之地……"

而妈妈呢，整天除了哭自己命苦，得不到丈夫的体贴，就是把所有的关注力放在女儿身上。爸爸只要对妈妈发火了，妈妈肯定会转过来把气撒在女儿身上，一会儿哭着说女儿不知道，因为生了个女孩子，她在这个家里过得有多难；一会儿又抱怨因为有了女儿，她都不能出去工作，挣不来一分钱，所以爸爸才看不起她，可是女儿还不争气；一会儿又教女儿去跟爸爸找理由要钱……

她说："我爱他们，也挺讨厌他们。爸爸眼里只有生意，总是害怕爷爷把家产都给了叔叔；妈妈很贪婪，找各种理由跟爸爸要钱。我都知道她藏了很多私房钱了，她还编各种理由要钱……"

而她的妈妈还振振有词地对我说："老师，我们这样做也是为了她考虑——万一她以后考不上好的大学，她爷爷肯定会把更多的财产给她叔叔的孩子。所以她爸爸希望她能好好学习，不能把家族产业都拱手让给别人。我藏私房钱也是为她着想的——万一她以后混得不好，我还可以帮助她……"

女孩子还郑重其事地对我说："我也讨厌爷爷——他重男轻女，不喜欢我。我已经在网上查询过了，只要爷爷在立遗嘱的时候不偏心，我跟堂弟们得到的财产都是一样的，所以，我现在即使不喜欢爷爷也不跟他作对，尽量讨好他，以后就可以分到财产。我爸爸就是太傻，总是跟爷爷吵架，所以我爷爷肯定在背后给了叔叔很多钱。他们家就是比我们家有钱，我堂弟的电脑都比我的高级……"

女孩子的父母为了满足自己的情绪和欲望，有意无意地把女儿也卷进了家族矛盾的旋涡，让孩子成了无辜的受害者。他们把自己的兄弟当作争抢家产的"别人"，把自己的亲侄子视作女儿以后的竞争对手，不仅在亲人间制造了冲突，还给女儿造成了很坏的影响。

前两天在课程里，有一位妈妈眼泪汪汪地投诉：10岁的儿子晚上看电视没完没了。她看时间有点晚了，就对儿子说再看20分钟，然后做30个仰卧起坐帮助减肥。可是时间快到了，孩子就开始讲条件，再多看半小时，就多做15个仰卧起坐；时间快到的时候又讲条件，再多看10分钟，就再多做15个仰卧起坐……就是这样，一直讲到了晚上12点半了，还说再多看电视就做90个仰卧起坐。妈妈想到一下做90个仰卧起坐孩子身体受不了，就坚决不允许，结果孩子就大吵大闹。她气坏了，又不想跟孩子发生更大的冲突，就冲出了酒店房间，儿子居然还跟她说再见。等她在外面平复了情绪，回去准备跟儿子讲道理时，发现儿子已经睡着了。

她难受地问我怎么办。我说："其实，后面的事情完全可以不发生。你可以在20分钟时间到了以后，直接过去把电视关掉啊。"她说："可是，他要跟我讲条件啊。"我说："你为什么要允许他跟你讲条件呢？看电视的时间既然是商量规定好了的，到了时间就可以直接关掉，没有条件可讲。除非孩子觉得不公平，可以重新协商规定。还有，你把孩子需要做仰卧起坐帮助减肥的事情，当作了自己的事情，所以才接受他跟你讲条件。你要让孩子明白，减肥是他自己的事情，妈妈的督促是为了支持他，他应该谢谢妈妈才对。所以，想多看一会儿电视是他自己的事，做仰卧起坐帮助减肥也是他自己的事，他不能拿他自己的两个事情来跟你讲条件。"

我们比孩子更有经验和办法，所以，我们完全可以坚守原则，又可以灵活地分享更多的可能性给孩子，让孩子既可以自己选择适合的方法满足自己的需求，又可以轻松地配合我们的指令。

前面我们都讲过了，在孩子那里，我们坚守的底线，就是孩子在我们这里的界限。如果我们都不清晰哪些事情该坚持，哪些事情可以灵活一些，孩子更是不知道应该在哪里停止，应该在哪里继续。

我们都知道，孩子的自制力不是天生的，需要家长从小培养孩子的自律意识。对于孩子而言，自律意识和对界限的尊重，最开始都是源于家庭里规则的建立。

家长应该有意识地通过制定符合孩子年龄和认知的规则，让孩子知道：规则的意思就是，你想不想做一件事是一回事，可是，能不能做又是另外一回事；每个人的行为都必须在一定的规则和边界之内，才能得到其他人的认可和接纳。

孩子在父母的养育、教导和影响下，以不同的方式和不同的速度成长。没有统一的模式，也没有一样的人生。每个孩子都有自己的特长和短板，最关键的一点就是：父母有什么样的人生态度和境界，就会引导孩子规划出什么样的人生。

父母究竟会以怎样的一种格局引领孩子的成长呢？在常见的亲子关系角色定位中，父母类型大致有以下四类：

第一类：利益型父母

此类型的父母自我安全感很低，容易把自己对外界环境敏感、焦虑的危机意识，第一时间转嫁在孩子的所有事情上面。他们对自己的角色定位，就好像是孩子的经纪人——总是为了让孩子得到"更多"而奔忙；教育孩子的眼界，始终停留在追逐利益的层面。

看到当下什么热门就送孩子去学什么，发现什么对孩子升学有好处就催促孩子去参加相关比赛，了解什么学校升学率高就逼着孩子考那个学校，认为什么行业薪酬好就让孩子作为专业选择……

他们最信奉的口号就是：不能让孩子输在起跑线上。虽然他们自己也从来不清楚起跑线在哪里，从哪里开始，要跑到哪里去……反正就是生怕自己的孩子落后了得不到好处。

有一对夫妻咨询我：小学三年级的孩子现在特别反感课外培训学习，怎么办？我问他们："你们给孩子报了很多课外培训班吗？"妈妈说："没有，每次只有一个。现在就是让他学习小提琴，可是他都已经学习了一个学期了，还是不愿意。每天让他练习的时候，他都会找各种理由不练习，不然就是耍赖、对抗。"我说："每次只有一个的意思，是说已经学过好几个了吗？"她说："是的，小学一年级的时候害怕他功课跟不上，就让他去参加了比较难的数学培训。二年级的时候又换成了奥数。现在升学都不看奥数比赛的成绩了，又换成了围棋。去年，他爸爸说围棋比赛中机器人都把人战胜了，学了也没有用处，就换成了小提琴——我们想着如果他以后学习成绩不够好了，还可以考艺术院校……"我说："课外培训本来就是为了让孩子在功课之外学习和发展一些兴趣特长，增加学识，丰富生活，所以才叫兴趣班。可是你们却把孩子的兴趣班，变成了做投机生意一样的效益班。请问，你们了解过孩子的兴趣爱好吗？他喜欢在课外学习一些什么呢？你们帮他选择的项目是他喜欢的吗？如果他不喜欢，你怎么能指望他可以积极学习，并且取得好的成绩呢？"孩子妈妈坚持说："我觉得现在学小提琴挺好，学习成绩差了有保障。"我说："你们有想过吗？艺术院校也是神圣的知识殿堂哦，可是，按照你们这样的说法，却变成了差生的收容所。你们想想看，如果你观看的电视、电影都是学习成绩不好的学生做出来的，你们还有欣赏的意愿和热情吗？"

这就是利益型的父母，把孩子和孩子的学习，都有意无意地看作是获取利益的筹码，押宝式地教孩子进行投资型学习。押对了，皆大欢喜；押错了，可能把孩子的一生都搭进了不喜欢的行业。

第二类：操控型父母

此类型的父母特别强势，最喜欢用无所不知的态度，帮孩子包办代替一切事情，甚至把自己实现不了的愿望，也强加到孩子的身上。他们还有一个不讲理的强盗逻辑："你是我身上掉下来的肉，怎么可以不听我的话？"用生养之恩粉饰一切，把孩子看作是父母的附属品，根本无视孩子的意愿和选择。

一项对全国未成年犯的调查显示，42.3%的未成年犯表示"恨过自己的父母"。在青少年与父母关系的调查中显示，青少年对抗父母的行为其主要原因里面，有三项的得分最高：第一项，父母不理解孩子，占比是未成年犯50.7%，普通未成年人71.6%；第二项，父母不关心孩子的心理感受，占比是未成年犯46.6%，普通未成年人55.5%；第三项，父母不让孩子做自己想做的事，占比是未成年犯45.6%，普通未成年人51.7%。

这样的结果，折射出父母对孩子自由选择权利的无视，以及对孩子独立人格的漠视。他们的逻辑就是：我是父亲（母亲），你如果听我的，就是孝顺的乖孩子、好孩子，我就爱你；而你只是孩子，除了听父母的话，其他的都不重要。

所以，操控型父母养育出的孩子，大概有两种发展方向：

第一种，乖巧、懂事到完全没有了自己，什么事情都要听父母的安排。没有自主意识也没有能力自我选择，容易有讨好模式。在人际关系中遇到矛盾冲突，大多都会选择压抑情绪委屈自己，通过无限满足他人的方式获得肯定和支持。

第二种，激烈反抗，不惜破坏自己的人生，严重的甚至与父母断绝关系。前几天就有一位学员分享，当初为了对抗父母强迫自己考医学院校的决定，自己胡乱报考了两个志愿，结果学了一点都不喜欢的财会专业。

她的父母强迫孩子学医的原因，是为了以后让孩子接管自己家的医院。可是，经营一家医院需要各方面的人才，为什么非要孩子像自己一样学医呢？经营、管理、财务、营养学等，都可以学有所用，在医院里大展身手啊。

在操控型父母那里，没有任何可以与孩子协商的可能性。口头上是"一切都是为了你好"，实际上大包大揽孩子的一切。除了衣食住行，就连学习、择业、婚恋、生子等等，都不允许孩子有任何反对意见。父母为孩子择兴趣、择专业、择工作、择配偶……所以才会有很多已经成年的孩子，总是把自己过得不好的原因怪罪在父母身上。

所以，在那些缺乏独立意识、自卑又胆怯，或者一意孤行、仇视社会的孩子背后，都有着不肯放手、不尊重孩子人生的强势父母。没有任何界限感的父母之爱，最终带来的都是对孩子生命成长的伤害。

第三类：智慧型父母

此类型的父母尊重孩子的天性，从来不强加自己的意愿在孩子身上。他们更看重孩子的自我发展，乐意为孩子的兴趣、特长的展示提供物质与精神上的援助，成就孩子想要的人生。

智慧型的父母往往具备有效管理自己情绪和语言的能力，不会在孩子犯错的时候，用恶劣的语言和偏激的价值观等软暴力，对孩子稚嫩的心灵造成伤害；也明白适合的教育才是最好的教育，不会强迫孩子按照父母的方式学习和成长，相信孩子能够学会自我管理的能力，也尊重孩子自由选择的权利。

做智慧型父母，以身作则的言行和开放式的教养方式非常重要。家长的定位应该是帮助孩子成长的支持者，而不是依靠者。

我经常在课堂里讲，世界上没有天生的父母。所有的父母都是有了孩子以后，才随着孩子年龄的成长，不断学习成长做好父母的角色。而孩子天生就是一张白纸，我们的教养模式决定了这张纸上出现怎样的图画。所以，做好父母的角色是需要学习的。

我有个侄女刚生了女儿没多久，就跟着我学习心理学、亲子关系方面的课程。当时，她听到课程里很多父母分享教育孩子的困扰，感觉自己特别幸运，可以在孩子出现问题之前，学习到更好的教养理念和方法，避免以后在亲子关系中出现障碍。

所以，她的孩子被教得很好。去年，她带着3岁多的女儿，在我的导师班课程里连续学习了8天，女儿一直跟在身边。我们上课的时候，妈妈告诉她要保持安静，她真的做到了。我们上课的时候，她会静悄悄地进来听一会儿课，也不知道听懂了没有，又静悄悄地出去，一点都不吵闹，等我们下课的时候才找妈妈和叔叔阿姨们玩。

有一次进来听课的时候，看到我们正在做家排疗愈个案，有的代表在场上哭了……她以为我们在做游戏，就忍不住捂住嘴笑了。后来妈妈告诉她是不能笑的，果然，她再看到这样的场景就一脸严肃的样子……场上所有人都觉得她特别可爱又好玩。

隔了半年多，我去了侄女在外省的机构讲课。她女儿已经满4岁了，正好是周末，不用去幼儿园，就一直跟在我们身边，跑来跑去地帮忙做各种事情。在开课前一天，她一直忙着指挥她的爸爸和工作人员安排座位，最后还告诉他们："在讲台最中间的位置再放一把椅子，我大姑奶奶讲课累了的时候可以坐。对，偏了一点，再放中间一点……"她还告诉我："大姑奶奶，我给你准备了好多水晶贴。明天讲课的时候，谁听课认真，你就给他发一个水晶贴。"又问我，"明天你讲课的时候，我做什么呢？"我说："你就在会议室后面的桌子上，带领那些跟父母一起来听课的小朋友们画画、写字，让他们在上课的时候保持安静。"她说："那么，明天你就是讲课的大老师，我就是教他们画画、写字的小老师，对吗？"我说："对，我是大老师，你是小老师。"她好开心，在妈妈那里领了画笔、画纸提到后面去摆放，过了一会儿又来问我："大姑奶奶，我是小老师，是不是也要带一个胸牌呢？"我说："当然要带胸牌了。"工作人员赶紧给她加做了一个胸牌。

第二天，她果真带了好多水晶贴给我。看到我下课的时候总在回答学员的问题，她就插空问我"哪个人听课认真"，然后过去帮我奖励一个水晶贴，认真贴在叔叔阿姨的手背上。

开始上课的时候，她就把小朋友们一一带到后面去画画，下课的时候就宣布"可以去找你们的妈妈了"。大人小孩都非常喜欢她。

所以，如果我们愿意学习，提高对孩子行为的辨析、判断和创造性解决问题的能力，与孩子一起学习进步成长，了解孩子的独特个性，就能挖掘出孩子的潜能与优势，培养孩子积极向上、充满正能量的人格品质，给孩子爱与信任，使我们的良好愿望在孩子身上产生积极的教育影响和教育效果。

第四类：境界型父母

此类型的父母有很强的社会责任感。他们努力提升孩子对外界人、事、物的认知能力，注意培养孩子的使命感，引导孩子更多看到自我与世界的关联，允许孩子按照自己的意愿规划未来的人生。

我们整天都讲教育、教育，那么，什么才是最好的教育呢？

最好的教育，应该是随着孩子年龄和认知的增长，让他们知道自己想要过什么样的人生，明白现在的学习和积累，是为了以后有能力照顾自己的生活和工作，并懂得为自己的生命成长负责。

父母应该善于通过言传身教，把理性的教化、爱的滋润和积极的人生态度，倾注到孩子的成长过程中，给孩子充分展现自我的空间，多多肯定和鼓励，相信没有不好的孩子，只有独特的孩子。指导孩子做事的时候，把孩子的理想或梦想当作孩子成长的推动力，鼓励孩子大胆尝试、努力去做。

我们都明白，不管我们能够代替孩子做多少事情，都无法代替他们的成长。很多时候，我们对孩子无限的爱，会促使我们愿意为孩子提供一切成长便利。可是，父母替孩子规划的，顶多是一条跑道，而孩子自己规划的，才是他们真正的未来。

4. 配合与支持

越来越多的案例证明，家庭教育的问题，已经把很多家长带入了教育焦虑中，甚至让家长经常都没有心思好好工作，而是把孩子的学习和成长看作自己的事情。家长操心孩子的饮食、健康、早教、学习、成绩、升学、兴趣等等，总是担心、恐惧自己的选择会给孩子带来不好的影响。

对于孩子来说，父母不仅仅是保护者和抚养者，也是人生发展的引领者和榜样。无论父母是什么样的人，在孩子心里，他们应该是最值得信任的人——至少，孩子希望如此。

那么，我们在支持孩子成长的过程中，需要做什么样的配合才能更有效地帮助孩子呢？我认为，最起码要有以下四方面的配合：

一、配合孩子的年龄

我们常说，教养要及时。不是说要把所有我们认为正确的都塞给孩子，而是要根据孩子年龄的成长，关注需要正确引导的关键点，及时教导和矫正，帮助孩子不断修正自我、实现价值。

有一次去一个私家菜馆吃饭，老板是一对年轻夫妻，一边忙着招待仅有的三桌客人，一边抽空照顾着婴儿车里一岁左右的孩子。后来，孩子哭起来了，他们又急急忙忙地冲奶粉喂孩子。

孩子吃饱安静了一会儿，可能是想要妈妈抱吧，又断断续续哭起来了。妈妈一边忙一边逗孩子，没有想到越逗越糟糕，孩子开始放声大哭，爸爸就让妈妈带孩子出去玩玩。

妈妈把婴儿车推到门口，蹲在旁边哄了半天。孩子眼看着妈妈，还是在哭个没完没了。妈妈终于没有耐心了，冲着孩子大喊大叫，惹得客人都看她，孩子爸爸的脸色也越来越难看。

我正好坐在门边，实在看不下去了，就对老板娘说："你去忙吧，我在这里帮你看着一点。"她很抱歉地说着谢谢，赶紧跑过去帮助丈夫上菜。

孩子看妈妈走开了，哭了几声果真就停止哭泣了。我把他婴儿车底座上的一个玩具拿给他，他一边玩一边看外面的风景，还指给我看外边路过的小狗狗。

他妈妈忙完了，悄悄走过来。我说："赶紧抱抱你的小宝贝吧，他等了好久要妈妈抱呢。"孩子原本没有期望，被妈妈突然抱起，开心得紧紧搂着妈妈的脖子蹭来蹭去，妈妈的眼圈都红了……后来她很虚心地请教。我说："这么小的孩子，你跟他讲那么多道理，一点用都没有，因为他根本听不懂。他本来就是想让妈妈抱。如果你有时间，应该是第一时间满足孩子的需求，哪怕只有几分钟，孩子都能因为妈妈的及时回应和满足获得安全感；如果你没有时间抱，宁肯走开一会儿，他看不到妈妈了也就放弃了需求，只是一定要记得，只要忙完了马上来抱，不要让孩子等待太久产生失望情绪……"

别说这么小的孩子，再大一点的孩子，你也得用他能够听得懂的语言去引导，才有可能达成沟通的效果。

有个学员从外地来成都上课，把快5岁的女儿也带来了。课程结束的那天中午，我们出去吃饭，回来的时候走到了一起。

孩子一只手牵着妈妈，一只手牵着我，非常开心。我表扬她说："你这几天的表现好棒哦，上课的时候都是在外面玩沙盘、画画，支持妈妈安心学习，真的好乖哦。"她听了以后好骄傲，更是开心得蹦蹦跳跳。

妈妈在旁边听了，却非要"拆台"："嗯，有的时候挺乖的，有的时候就不乖。"

孩子受到打击，一下就不高兴了，带着哭腔冲妈妈喊："我哪里不乖了？我哪里不乖了？"妈妈说："你看，前几天去医院的时候你就不乖，明明说好后天去弄牙齿，去了医院你就又哭又喊，牙齿也没有治疗。"孩子不服气："我没有不乖，是你没有给我说清楚嘛。"妈妈说:"我怎么没有给你说清楚?我们不是说好了后天就去治疗牙齿,你也是答应了的呀……"我打断妈妈的话,说:"等一等,你确认你女儿知道'后天'的概念是什么吗?"她一下就愣住了,看着女儿不知道说什么。我说:"你跟她说好了后天,孩子也答应了,那么,在第二天的时候,你需要让她明白:'我们昨天说后天去弄牙齿,现在过了一个晚上,昨天变成了今天,那么我们之前说的后天就变成了明天,所以,明天妈妈带你去医院治疗牙齿,不让坏牙齿再伤害你。'到了第三天,你就要告诉她:'你还记得吗?我们前天说的后天,在昨天变成了明天,现在又过了一晚,明天变成了今天,所以,我们今天要去找医生治疗坏牙齿,这样,以后吃好东西的时候,牙齿就再也不疼了。'这样解释,既让孩子懂得了时间变化的概念,又能够延续她答应去治疗牙齿的感觉,保证顺利去医院。"

结果妈妈还没有开口,孩子马上接着我的话说:"你看,你这样说我就明白了嘛。"完全一副了然在胸的小大人口气,妈妈也很开心。如此沟通,孩子大人都轻松有效。

二、配合孩子的性别

俗话说"穷养儿,富养女",我认为这句话的本意应该是:对于男孩子,应该注重培养孩子能吃苦打拼、承担责任的坚强品格,以及独立生活和照顾他人的能力,让他们未来成为家庭的核心支柱和最强大的力量依靠;对于女孩子,应该注重培养女孩子经营家庭、享受生活的德行,让她们充分体验不同层次的生活品质,避免因匮乏而贪慕虚荣,懂得用自己的能力创造幸福生活,未来成为家庭系统里的情感中心和最温暖的心灵港湾。

我有个徒弟曾给我分享过一件让她感动的事：她怀孕6个月的时候，丈夫说想要一个男孩子。她就怪丈夫重男轻女，丈夫解释："我不是重男轻女。我知道现在的社会，谁也不能依靠谁，男孩女孩都要自己奋斗。如果是个男孩子，我觉得应该如此；如果是个女孩子，我就有点不忍心让她辛苦……"

是啊，不管是男孩还是女孩，在这个世界上，最靠得住的只能是自己。父母的责任，就是教会孩子能够承担自己人生的责任。

在我多年的家庭关系辅导中，发现有很多父母对这句话的理解有偏差：对儿子有诸多严格的要求，对女儿却一味娇惯宠爱。

在这样的成长过程中，儿子多数都会有心理创伤。特别是孩童时期，他也希望像女孩子一样可以被父母宠爱。如果得不到，首先会把责任归结到自己身上，其次就是觉得父母不爱自己。无论怎样，他都认为是自己不够好，会努力按照父母的期望去过自己的人生。如果失败了，往往一生就很难从"父母不爱自己"的阴影中走出来；如果成功了，还是有一部分人感觉不到胜利的喜悦，因为他一直苦于取悦父母，很难好好去实现自己人生的期望。

在这样的成长过程中，女儿多数也会有心理创伤。你想想，虽然得到万千宠爱，可是无论是学习还是做事，哪里都比不上男孩子，她的优越感怎么体现得出来？她在无太多要求和期望的生活中，会非常羡慕男孩子总是被父母刻意要求和关注。在对方优秀的成绩面前，她始终是自卑的，坚定地认为父母对自己是否有出息是不抱希望的，甚至会觉得父母"重男轻女"，自己不够资格光宗耀祖。因此，她会在金钱和物质方面索取更多，以是否能够得到物质方面的满足，一遍遍验证父母是否真正爱自己。

有一对夫妻从事科研工作，是别人眼里标准的"成功人士"。

可他们自己认为不是。妻子找我咨询孩子问题的时候说，他们只是事业上的成功人士，在家庭里却是失败的父母。

他们信奉"穷养儿，富养女"，对儿子严格要求，苛刻教育，特别是在学习方面，不允许有任何失误。儿子也很争气，从小到大品学兼优，虽然性格有点压抑，但学习成绩一直让父母非常满意。考入国外的世界名校后，他出色地完成了学士、硕士、博士的攻读，顺利进入美国一家世界500强企业工作。

现在，他们很困惑：因为年龄大了，特别希望儿子回来，把他们夫妻辛苦打拼、经营成功的科研公司管理起来。可是，多年来都难得回家一次的儿子，为什么找各种借口不回国？

他们对小女儿一直是宽松宠溺的态度，认为女孩子就应该被精心呵护着。从小到大，虽然女儿学习成绩一塌糊涂，可是因为父母有能力，从来对女儿都是有求必应、无限满足。

现在，他们很困扰：万分宠爱的女儿事事跟父母作对，挑来挑去至今没有工作。靠父母养着还不满足，整天不是要钱就是换车。现在又跟同样没有工作的新婚丈夫，设计让父母提前写遗书公证，保证以后把财产都留给女儿……

或许，对儿子来说，他认为父母不足够爱他，或许他心里想"你们从来不够爱我，只爱妹妹，那么我就离开你们远远的，你们的事情也跟我无关；"对女儿来说，她认为"你们眼里只有哥哥，帮助他有了如此耀眼的人生，却从来不管我有没有本事，所以我只能一辈子依靠你们……"

在性别教育方面，还有一点很重要，就是要教会孩子自我保护。女孩子要反复教她明白并且做到：小背心、小短裤遮起来的地方绝对不允许别人看或摸；幼儿园的时候，除了自己家的男人，别的男人不能抱；上小学以后，除了自己的爸爸，别的男人也不能抱。

对于调皮好动的男孩子要反复交代：跟小伙伴有争执的时候，尽量不要动手，避免造成自己和他人的身体伤害；遇到危险的事情不是直接冲上去，而是尽快请求身边大人的支持……

初中的孩子开始进入情感萌动期，应及时分享父母当初的经验供孩子参考，让孩子知道男女之间的界限在哪里，如何正确对待青春期的情感问题。

女孩子需要妈妈提前告知成长带来的生理变化，以及具体细致的处理方法。特别是女孩子生理期的时候，爸爸尽量不碰触女儿的身体，因为这种时候，孩子对男女之间的差异比较敏感，父亲对女儿的身体接触，容易造成女孩子成长的障碍：

一种情况是容易让孩子产生对男性力量的依赖感，影响她以后对其他男人的看法。尤其是成年以后，她会觉得哪个男人都不如自己的爸爸可以依靠，很难有比较顺利的情感关系。

另一种情况是可能会对异性产生反感心理，总是不能把握住跟异性之间的距离。曾经有个高二的女孩子，突然之间对疼爱自己的爸爸非常反感，不是躲着爸爸，就是容易对爸爸说的话特别计较，还会愤怒地对爸爸吼叫，事情过了又会后悔，爸爸也很委屈生气。

我给她做辅导的时候，发现她的自我认知、情绪管理的能力都具备，在其他的人际关系中也没有任何问题，就问她："如果你不从女儿的身份，而只是以异性的身份，对爸爸的真实感觉是怎样的？比如说，他是符合你期望的男性吗？你找男朋友的时候会以爸爸为标准吗？"

她连连点头，犹豫了好一阵才说："老师，只是有一件事情，我不好对爸爸妈妈说……"

原来女孩子的爸爸很宠爱女儿，享受跟女儿之间的搂搂抱抱，特别是有一个从小到大的习惯性动作，就是拍打女儿的屁股。我说："特别是在生理期的时候，对爸爸的这种亲近方式特别抗拒，是这样的吗？"她憋红着脸，不断地点头。

后来，我跟孩子的妈妈交流这个问题的时候，她非常吃惊，根本没有想过原来家庭关系的困扰，居然来自爸爸对女儿爱的方式。

高中的孩子可以享受爱情的美好，只是要教会他们，如何使得自己的学习成绩一直保持优秀，如何维护自己在异性眼里的良好形象，如何在异性相处中找出最恰当的方式。

在我们的传统文化里，性教育的普及一直是难题。家长不懂得如何做；学校里老师教得也比较少，经常把生理卫生课变成自习课，或者挪用讲其他科目。

记得在我上学的时候，好像初三才有生理卫生课：一位年轻的男老师脸红脖子粗地站在讲台上，紧张地胡乱翻看了一阵教材，突然扔下一句"你们自己看吧"，就飞也似的逃走了。

现在的学校教育里，已经非常重视生理卫生课。家长只需要结合学校教材的内容，适当给孩子做一些补充就好。

我经常会建议为此焦虑，又不懂如何教孩子的父母，让他们去书店里买生理卫生知识的书回来，不要刻意给孩子，只要放在孩子的书桌上，让他自己翻看就可以了。

特别是一些十几岁的孩子，往往会有很敏感、激烈的反应："你给我买这样的书干什么？我才不会看呢！"你只需要告诉他："没有特别的意思，只是每个人到了这个年龄阶段，都必须了解和懂得这些方面的知识。你有空的时候可以看看，了解一些生理成长知识，现在不想看也没有关系。"

家长们常常给我反馈：有的孩子看了以后又不好意思，会刻意把书摆放成原来的样子，假装没有看过；有的孩子偷偷在书里夹了头发丝当作书签；有的孩子在看到的位置做了小小的记号……

当然，一些重要的生理卫生知识，需要父母亲自告诉孩子，比如女孩子的身体发育特征和过程、生理期现象及应对方式等，必须要妈妈单独跟孩子讲明白。要知道，直到现在，还有一些提前来月经的小学生，会认为是自己得了绝症要流血死掉了。

而男孩子最好由爸爸去沟通，比如十几岁的男孩子容易遗精，大人千万不能取笑或置之不理。爸爸告诉孩子如果发现床单脏了，自己卷起来放在一边就好，妈妈拿去清洗的时候尽量不要问原因。

这些做法，都是为了更好地帮助孩子区分性别界限，学会爱护自己。

还有一点很重要，无论是男孩还是女孩，一定要教会孩子，万一遭遇性侵害的时候，要把生命（也就是活下来）放在最高的位置，尽量在第一时间勇敢地表达、求助，得到大人的支持和保护。

三、配合孩子的个性

曾经有一位年轻的爸爸在课程里分享，说才刚刚3岁的儿子已经变得无法无天，不好管教。他给我们举例：

"孩子每天从幼儿园回家以后，进门都不喜欢换鞋子。我们规定他必须换鞋，他就故意捣乱，脱了鞋子之后顺手胡乱一扔就跑开了。我每次都很严厉地批评他，让他好好放在鞋架上。

"没有想到，现在他又换花样了，每天回来故意抬脚一踢，把鞋子踢飞，然后笑嘻嘻地看着我怎么反应……有一天，我气得不

行，就对他说：'如果再把鞋子随便踢飞，我就给你扔出去。'

"第二天回家，他站在门口看着我，还是笑嘻嘻地把一只鞋子踢出去了。我一生气，就真的捡起来扔到门外边去了。你们猜发生了什么？他居然把另外一只鞋子脱下来，也扔到门外边去了……"

当时，全场学员哄堂大笑，他也哭笑不得。我跟他开玩笑说："你看，我们应该先恭喜你，生了一个跟你一模一样的儿子。"

前几天在课程里，一位女士提问：如何帮助总是把钱借出去要不回来的儿子？我还没有回答她呢，她自己先承认了："实际上这也是我的问题，我也是从来不知道如何去坚持维护自己的权益。到现在为止，我的十几万销售提成都没有领到手，我也不敢直接去找老总要。"

是的，孩子的生命里一半是爸爸，一半是妈妈。你总是会自觉或不自觉地发现，你的孩子不仅长相像你，脾气、性格、语言模式、做事的方式等，可能都跟你一模一样。

在教育学方面有一种理论，提倡应该针对孩子个性的特征，进行因材施教的教育实践，达成帮助孩子更好成长的效果。孩子的个性特征，大致分为以下几种类型：

1. 认知型

这种类型的孩子性格偏内向，比较听话、守规矩，不太喜欢公众表达，可是又很敏感，特别在意别人对自己的看法。做事的时候认真仔细，特别注重追求细节，有完美主义倾向。

对于这样的孩子，尽量在提要求的时候语气温和，步骤讲仔细一些，以肯定和鼓励为主。如果目标比较大，可以指导孩子分阶段执行，减轻压力，否则孩子会容易失去信心，变得自卑。

经常有家长咨询，孩子在幼儿园或学校里不合群，总是自己一个人玩，怎么办？我的建议是：先去观察孩子独处时候的状态，看看他是否因为独处而不开心。如果孩子为此烦恼、伤心或者生气，我们才需要去了解清楚他无法融入人际关系的原因，帮助孩子找到适合他的方法去摆脱困扰。

如果孩子独处的时候平静、开心，没有任何烦恼，那么，他只是一个偏内向性格的孩子，不太喜欢交际，家长不需要做任何干涉，他会按照自己的方式成长。或许等有一天，他准备好的时候，也会从自己的象牙塔里走出来，很自然地融入团体。

2. 开放型

这种类型的孩子非常活泼好动，对大人的要求往往是一边满口答应，一边继续我行我素。你所有的道理甚至唠叨，一般在他那里都变成了耳边风。可是，你再把他叫过来询问，他还是能够把你的要求全盘复述。是典型的机灵捣蛋鬼，聪明伶俐却又无法无天。

跟这样的孩子沟通，所谓的"苦口婆心"很难管用，而是要直接提要求、立规则，并且坚持到底，无论他怎样耍赖都不能轻易妥协。时间长了，他就能够自觉养成好的习惯了。

3. 模仿型

此类型的孩子模仿能力特别强，常常能够惟妙惟肖地模仿父母的言行举止。"榜样的力量"在他们那里体现得特别充分：你喜欢看书学习，他就会喜欢看书学习；你喜欢玩乐，他就会玩得花样百出；你喜欢交际，他也很快就能成为孩子王……

所以，你需要特别关注他的交际圈子，因为他是"近朱者赤，近墨者黑"的典型代表。同时，他对父母的要求也会很高，也会像你关注他一样，关注着你的一举一动。在你要求他的时候，他会有鼻子有眼、振振有词地把你的行为描述出来，并且质疑大人："你都是这样做的，我为什么不可以？"

曾经有个8岁的小男孩不想去上学了，想要退休。他的理由就是：爷爷奶奶退休了多好，整天可以玩啊、打门球啊、钓鱼啊、唱歌跳舞啊，多么快乐！所以，我也要退休，不去上学了。

我跟他讨论人生每个年龄阶段的任务，让他明白每个人在每个年龄阶段，都有应该做和必须做的事情。他听了以后反驳我："老师你说每个年龄都应该做事情，可是，我叔叔家刚出生的小婴儿就什么事情都不做，整天吃了睡、睡了吃。"我说："你好好想一想，他真的不做事情吗？他还那么小，会做的事情就只有吃好睡好，保证自己可以长成你这么大、我这么大。如果他像你现在一样，坚决不做自己的事，吃不好饿死了，或者睡不好累死了，就没有办法长大了，你说对不对呢？"他终于点头认可了。

最后，我问他8岁的年龄应该做什么事情，他虎声虎气地说："好好学习！"然后回去好好上学校了。

4.逆思型

此类型的孩子是最难带的，是父母和老师最头疼的孩子。他们很不合群，性格逆反，什么事情都要唱反调，喜欢跟别人对着干，口头禅就是："不！""就不！""偏不！"很容易跟他人产生尖锐的冲突。

所以，这类孩子需要大人耐心沟通，多使用一些反向、逆向激励法，借助孩子自身反叛的力量来做事，同样可以达成引导目标。

另外，这种类型的孩子因为人际关系紧张，感觉不到他人的支持和配合，内心很孤独，对他人的信任感很低，最反感别人怀疑他、不相信或不接受他。

任何时候，父母一定要坚持做到"对事不对人"，即使他犯错误了，也不能进行人身攻击，要直接讨论事情的对错，以及处理问题的方式方法，欣赏他做得对的部分，教给他具体的方法，那么，他以后将是独立能力非常强的孩子。

四、配合孩子的学习

配合孩子的学习，绝对不是操心孩子的学习，整天追着孩子问个不停：上课注意听讲了吗？老师讲的听懂了没有？作业多不多？考试成绩多少分？……

操心着、操心着，孩子的学习变成了家长的学习。孩子的成绩考差了，除了害怕家长责骂老师批评，自己对成绩的好坏居然没有任何反应——考好考坏好像都跟他无关，都是家长在那里伤心欲绝。

不要说孩子，实际上，在成人的世界里也是一样的：如果你为身边的人操心太多，对方慢慢就会习惯对你的依赖；只要有人为我们操心，我们就不再需要自己操心。

所以，家长对孩子学习的操心，本意是为了帮助孩子成长，最后的结果却是，操碎了心的家长拖着被动懒散的孩子，奔忙在求取知识的路上，真不知道是家长在上学还是孩子在上学。

曾经有一位家长给我诉苦：孩子对培训班的课程一点都不上心。学习钢琴的费用那么贵，他就是不好好学。老师教他的时候，他就是三心二意地学不会。每次回家都要我教他才能学会。

我听了以后觉得很奇怪，就问她："你自己就会弹钢琴，在家里教他学习就可以了，为什么还要花钱送他去培训班？"

她说："我不会弹钢琴啊！"

我就更奇怪了："那你怎么教他的？"

结果她说:"他在钢琴老师那里不好好学习。我没有办法,就只有帮他学习了,每次把老师教的学会了,回家来再教给他……"

我说:"如果有一天他连饭也不愿意吃了,你是否也会帮他吃呢?如果你都帮他做完了,还要求他做什么呢?看来弹钢琴应该是你的兴趣爱好,不是孩子的兴趣爱好,何必要拖着孩子耽误他做别的事呢?还不如你学习钢琴,让他去学自己感兴趣的东西。"

配合孩子的学习,首先要有正确的教育理念。

我们一定要让孩子明白,学习是他自己的事。无论出现什么情况,如何把自己的事情做好,是孩子自己必须要面对和解决的问题。家长的责任是照顾好孩子的生活、教会孩子基本的社会独立技能、给孩子做好的榜样,而不是用爱的名义拿走孩子自我成长的机会和能力。

记得我小时候,有一次试卷居然被老师扣了10分。放学时拿到试卷,我强忍着泪水第一个冲出了教室,一路掉着伤心的泪水回家了,见到妈妈哭得更凶了。妈妈看我手里捏着试卷就猜出来了,她故意大惊小怪地说:"谁把我女儿气成这样了?看我不找他算账!"我给妈妈看我90分的试卷,她叹口气说:"唉!这个我就没有办法打它了,只有你收拾它了。"我一听妈妈也没有办法,就只有自己拿着试卷重新去检查了。后来在小哥的帮助下,终于发现老师为什么"痛下杀手",原来我粗心大意,把两道大题的验算结果张冠李戴写反了,妈妈在旁边哈哈大笑。

所以,在女儿小学的时候,如果她因为作业难题太多而烦恼,我就会在旁边故意骂作业:都是什么破作业,如果把我的宝贝女儿气坏了,看我不好好收拾它。女儿听了往往觉得妈妈好可笑。对我来说最重要的是,女儿开心地写作业了。

　　我只是用妈妈曾经对待我的方式，让女儿明白，照顾好自己的孩子是妈妈的事，可是，照顾好学习是她自己的事。

　　配合孩子的学习，还要有科学的教育方法。

　　学习本来就是一个过程。我们非要盯着要一个个好的结果，生怕自己的孩子"输在起跑线"，而脑神经科学的研究却发现，人的大脑神经细胞会再生，所以，所谓的"三岁定终生"这样的说法是错误的。

　　科学实验表明，我们的大脑是在不断根据外界的需求，改变对神经网络的连接，从而让我们更好地适应外界的变化。而适应外界变化产生的结果，又反过来改变大脑，也就是说它是一个循环的过程，即大脑产生观念、观念引导行为、行为产生结果、结果改变大脑。

　　也就是说，如果我们总是贬低孩子，拿自己的孩子和别人家的孩子做比较，嫌自己的孩子不够好……孩子就会因为这些说法和看法，渐渐相信自己真的是不够好，越来越没有信心。

　　每个孩子的先天基因不同，后天环境不同，造就出来的孩子当然不一样，所以，相互比较对孩子是不公平的。

　　如果我们想要孩子好，应该顺其自然，教会孩子了解自己的长处，接受自己的短处，并且学习如何找出正确的方法，把不足的部分慢慢补起来。从观念输入上就要懂得用欣赏的眼光，鼓励孩子发展自己的能力，不断进步，建设属于孩子的正向循环。

　　配合孩子的学习，也要有健康的心理。

　　台湾著名教育家洪兰教授在一次演讲中讲到，情绪处理不当也会导致孩子厌学，要知道，孩子会因为恐惧而不去做一件事。你因为孩子数学成绩不好去骂他或者打他，结果导致他看到数学就恐惧，越恐惧越不敢学习，结果一辈子都可能学不好数学。所以，这是个很重要的观念：孩子只要喜欢就会去做，而感到恐惧时就会逃避。

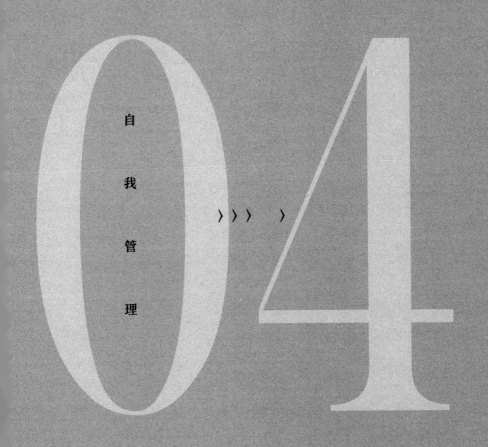

自我管理

妈

妈

爱

我

请

你

帮

帮

我

〉〉〉　　〉

1.情绪管理

我们说到情绪的时候，往往只是针对成年人的感受。小孩子有了情绪，我们就会把孩子的感受统一归纳为"闹脾气"。

既然是"闹脾气"，就是不对的、不乖的、不听话的、不好的甚至是错误的，也就是说，大人经常很轻易地就否定了孩子的情绪。

孩子不舒服哭了，我们会说"别哭了，好好说""不许哭，再哭就不要你了""哭就不是好孩子"等等。我们把情绪看作是一个问题，总是会针对情绪来做事。

那么，究竟什么是情绪呢？情绪是内在的感受经由身体表达出来的一种状态，是需求是否得到满足的反映，也是大脑保留经验记忆并与身体相互协调、推动所产生的一种现象。

所以，情绪是生命不可分割的一个部分，是个体自我保护的一种本能。我们必须正确地认知情绪，学习用正确的方式管理情绪，从而使情绪能够为我们的生命服务。

对于情绪，似乎我们天然就没有抵抗力，随时随地都有可能因为任何事情有一种情绪感受。当然，如果是正面积极的情绪，就会让我们感觉良好，信心十足；但是，如果是负面消极的情绪，就会头脑发热、产生对抗、敏感多疑，甚至导致退缩心理，限制我们的思维能力和创造能力。

所以，当孩子的情绪没有被很好地照顾或者有不公平的感觉，就很难再促进他去做好学习的事，因为情绪感受会成功地左右我们的想法与行为。对于让自己不舒服的事情，内在是坚决抗拒的。

在孩子年龄小的时候，我们要注意培养孩子的规则意识；到了十几岁的年纪，就要更多地教孩子学会自我时间的管理，合理安排作息和学习，让孩子能够有效地减轻学习压力和焦虑情绪。

成年人为了更好地融入不同的人际环境，非常善于隐藏自己的情绪；而小孩子更在意自己的感受，所以往往会诚实地表露情绪，开心了就哈哈地笑，不开心了就伤心地哭。

负面情绪总是会成功地影响或干扰孩子的学习状态，甚至会让孩子对学习有对抗反应，因为孩子的情绪直接影响他做事的行为，而不良的行为一定会制造出糟糕的结果。

孩子身边重要成人说的话，往往传达出他们对孩子的看法。尤其是家长说话时的语气和措辞，直接影响到孩子的自尊与自我价值的判断。有时候，特别深刻的话语，甚至能够决定孩子的一生。

曾经有一位大学教授，已经快要退休了，还没有把自己嫁出去。她来上我的心理学课程，还是会像涉世不深的小年轻人一样，追着我问如何跟男士相处，怎样做才能谈恋爱成功。

在她的成长过程中，特别特别想要儿子却未能如愿的父亲，一直在她的每一个错误或每一次失利面前，不断重复一句话："你看，我说女孩子是没有用的嘛。"

所以，她为了让父亲看到自己会像男孩子一样有用，拼命学习功课，以优异的成绩上到研究生毕业并留校任教。工作方面没有任何问题，生活技能与情感方面却是处处受挫，五十多岁了都没有活明白。

我们当然不希望自己的孩子像这位教授一样，困在父亲的情绪否定中，几十年的时间都在疗愈童年的创伤。

那么，如何处理干扰孩子学习的情绪呢？这里有一些方式方法可以根据需要参考：

一、不要否定孩子的情绪

孩子的情绪被大人直接否定，会表现得非常懊恼，比如：

> 孩子说：我不会做这道题，太难了。
>
> 妈妈说：哪里难了？你都没有认真想一想。
>
> 孩子说：我想不出来，我讨厌做数学题。
>
> 妈妈说：你根本就不想动脑筋，你太懒了才想不出来……

在这样的对话当中，首先是妈妈没有接受孩子的畏难情绪，直接给了孩子一个评价"你没有认真想"。孩子收到妈妈的否定信息，变得更加沮丧、懊恼和"我讨厌做数学题"。妈妈依然没有收到孩子更加糟糕的情绪变化，反而给了更武断的评判——"你太懒了"。

由于孩子对父母说话很在乎，这样的沟通往往出现两种后果：

第一种，孩子接受妈妈的说法，认为自己太懒了，因此对自己很不满意，不接受自己，越来越不自信，觉得自己永远不够好。

第二种，孩子不接受妈妈的说法，认为妈妈不理解自己，从而产生逆反情绪，不承认妈妈的评价，又因对抗心理不愿意改变，就会变得越来越固执、反叛，听不进批评，也听不进他人的任何意见。

有时候，用一个语气词或简单的一句话，就能很好地接纳孩子的负面情绪，并且引导孩子自己承担责任，比如：

孩子说：我不会做这道题，太难了。

妈妈说：哦，是吗？

孩子说：我想不出来，我讨厌做数学题。

妈妈说：我了解。难怪你不开心，接下来怎么办？

或许，孩子就会说：我想先休息一会儿，然后完成语文作业，最后再来做这道题。

或许，孩子还会说：我先不做了，明天到学校再问老师吧。

所以，当孩子开始出现情绪问题时，正确的做法，应该是及时让孩子先冷静下来，问清楚孩子情绪爆发的原因，并引导孩子动脑筋想办法，自主承担情绪爆发后的后果。

因为，当孩子抱怨"不会、做不到"而有负面情绪时，大人的应对方式，往往会决定孩子思维模式的养成方式。

美国斯坦福大学行为心理学家们经过40年研究后，相对于"固定型思维"心智模式，提出了"成长型思维"心智模式。现在已经有很多美国知名学校，把"成长型思维"作为一种有效的教学工具使用。

"固定型思维"与"成长型思维"心智模式的不同，在亲子关系中如何体现呢？当然，家长是哪种思维模式，孩子可能也是同样的思维模式。

比如，当孩子遇到挑战的时候，家长用不同的思维模式回应：

第一种，固定型思维模式。

孩子说：我不会写作文。

家长说：写作文有什么难？你看了那么多书，模仿着写就行。

那么，孩子的心声可能是：我太笨了，模仿都模仿不出来。

第二种，成长型思维模式。

孩子说：我不会写作文。

家长说：我也被你的作文题难住了，可以给我解释一下吗？

那么，孩子的心声可能是：原来连妈妈都不会。我还有成长的空间，或许我比妈妈还强一些，可以给她解释作文题目。

你很快就会发现，大多数时候，孩子在给家长解释题目的过程中，思路反而变得越来越清晰，甚至经过自己的讲解梳理，难题也就迎刃而解了。

所以，一般来说，拥有"成长型思维"模式的孩子，做事不容易放弃，复原能力更强，并且能够从过程中享受乐趣，成为学霸的概率也比较高，因此这种思维模式又被人们称为"学霸型思维"。

二、把负面情绪转换成语言

孩子不会自己疏导、释放情绪，他们的天性里也没有判断是非对错的能力，说话做事都是按照本性。遇到负面事件或者沟通不畅，如果不会适当地处理情绪，就容易出现攻击性语言或行为。

有个11岁的小男孩，在爸爸妈妈跟我交流的时候，他一直在旁边发出怪声音，"嘟噜嘟噜"地故意捣乱。爸爸很生气地盯着他，随时都会一巴掌打过去的感觉；妈妈的表情里全是无奈和厌烦……

因为是在课程休息时间，我没有时间跟他们单独谈话，就打断他妈妈的话，直接对孩子说："小帅哥，爸爸妈妈因为你的事情，希望得到我的支持。既然是你的事情，你才是真正的当事人，所以，爸爸妈妈说的话，我只当作参考，一会儿你自己的意见才是最重要的。你先在旁边玩一会儿，5分钟后我再叫你过来，好吗？"

他立马说："好的。"然后真的退到旁边去了。虽然还是竖着耳朵在听父母说他什么，可是再也没有发出怪声了。他的父母很惊异地看看我，又转头去看看儿子。他妈妈小声说："老师，您真有办法，他从来没有像这样听话过。"我说："或许你们也从来都没有像我这样，对他好好说过话。"妈妈红着脸不说话了。爸爸在旁边辩解："没有办法跟他好好说话，你看他那样子……"说着话不禁回头看了儿子一眼，看到孩子还是乖乖地站在那里，又不说话了。

我想很多朋友跟这对父母一样好奇：这样一个在父母眼里没有办法好好说话的孩子，凭什么会愿意配合初次见面的我呢？

很明显，孩子在父母那里，从来都不会被耐心地倾听和接纳，而且，只要父母说他的事情，多半都是在说他的"不好"，所以，他才会在父母说话时故意捣乱——这是一种最直接的情绪报复行为。

首先，我认真跟他说明情况，并且请他配合。虽然我没有直接肯定他害怕父母说他坏话的负面情绪，可是，我没有因为他故意发出怪声而责备他，所以，孩子感受到自己的情绪被接纳了，也感受到了我愿意跟他平等交流的尊重。

其次，因为我说过了父母的话只当作参考，他的意见最重要，孩子会认为我是一个公正的人，不会只听信父母一面之词从而否定他，所以，他愿意选择相信我。

再次，我给了他明确的时间。他知道我不会允许父母没完没了地批评他，极大地维护了他在陌生人这里的自尊，还留给了他发表自己意见的空间，所以，他愿意选择配合我。

孩子的负面情绪被接纳之后，将会受到鼓励而继续努力尽量做好事情。如果家长总是按照自己的理解方式对待孩子，随意批评和宣扬孩子的缺点，不尊重孩子在别人面前的自尊心，孩子要么自卑得头都抬不起来，要么奋起反抗甚至带着很深的敌意。

三、不要批评

当然，很多家长并不赞同这个提议：我批评孩子是为了孩子好啊，我给孩子建议也是因为我有更多经验啊，我都是为了帮助孩子成长得更好啊……

是的，我们面对孩子，所思、所说、所做都是好意，但是一连串的批评和建议，使孩子很难思考自己的问题或负起责任。

曾经有家长问我："孩子嫌弃我唠叨，还说我更年期。可很多事情作为过来人我又必须提醒他，您遇到过这样的情况吗？"

我相信很多父母都遇到过这样的情况：

在孩子小的时候，特别是3岁以前，你会觉得在孩子身上都找不出一个缺点，而且你说什么他就听什么，你怎么安排他就怎么做。可是随着年龄的增长，或许刚过了3岁才没有几天，或许在你眼里他连路都走不稳吧，他却突然对你说"不"。你再提要求，他说"就不"。你说我来帮你，他却豪气万丈地说"我自己来"。

当然，甚至在小学毕业以前，你还能够用父母的权威吓唬他、压制他，用爱的名义束缚他。可是，一旦进入中学，孩子的自我意识突然飞跃性地成长，开始要求平等对话，有了自我判断是非对错的认识、标准和能力，不再单纯地相信父母和老师的说法，希望得到更多的肯定和信任。

　　而在父母的眼里，看到的还是一个处处需要呵护照顾的小小孩，所以，不管孩子长到了多么大，父母还总是坚持像以前一样，固执地送上各种"解决方案"。

　　就像我们的父母曾经说过的一样："我吃过的盐比你吃过的饭都多，我走过的桥比你走过的路还多……"而我们当初也像今天的孩子一样听不进去、对抗、逆反。

　　亲子关系中也会经常出现这样的情况：

　　父母说："你一定要这样做，才会有很好的人生。"可孩子偏不相信，甚至会质疑："你说好，你怎么不优秀？"

　　父母说："你一定不要那样做，否则会过得很悲惨。"孩子偏要去尝试，甚至心里想：我做出来、做得好给你们看看。

　　所以，孩子长大了，父母要学会放手，给孩子更多的空间和自由，让他学会独立思考、自己动手和解决问题。

　　孩子有负面情绪了，家长要认真倾听。如果他只是找你释放一下情绪，只需要用语气词回应就足够，因为在这个世界上他最信任的人就是父母，在别人那里需要撑着，在父母这里可以完全放松而不担心被轻视或排斥。

　　如果他遇到困难了，可以在倾听后问问他打算怎么办，及时肯定对的部分，并且适当地分享一些经验感受，供孩子参考借鉴。因为对于他的事情，你已经无法再像他小时候一样出头露面包办一切，也没有可能陪伴他一生，所以，最好的帮助，是用最大的信任和支持，一步步锻炼孩子适应环境、自我创造和面向未来的能力。

四、不要说教

　　一个17岁的女孩子，已经有两个月拒绝跟父母说话了。她每天回家就把自己关起来，如果父母敲门，她就威胁要离家出走。因为她已经有过两次离家出走的经历了，父母害怕她真的又跑了，所以也不敢过多强迫她。

幸好女孩子比较听姑姑的话，愿意跟着姑姑来我的课堂学习。就像很多叛逆的青少年一样，她的自我介绍是这样开头的："我来学习心理学的课程，不是我的心理有问题了，是因为我的爸爸妈妈有心理问题……"听到场上学员的笑声，她着急地辩解，"真的，我简直受不了他们。每天不停地说教，唉！如果有办法重新选择职业，我爸爸妈妈肯定应该选择当老师，而且是那种很古老、很传统、很啰唆的老老师。唉！简直受不了，简直受不了……"

我还没有开口说话呢，结果有一位女士马上站起来说："老师，我儿子也说我心理有问题，应该来学习。你说这些孩子都怎么了？怎么都那么看不上自己的父母呢？"

是啊，我们眼里看到的孩子浑身都是毛病，总觉得他们才应该学习改变；可是，在孩子的眼里，父母那里有太多"过去"的影子，根本无法理解他们年轻一代的内心和世界。

去年我在一个北方城市讲课时，发现有一个坐在第一排的男孩子，不断地回头去看自己的左后方。顺着他的视线，我看到了一个愁眉苦脸的女士。哦！她可真是愁啊，完全一副垂头丧气的样子，好像愁得头都抬不起来了……根据长相，我猜想她是男孩子的妈妈。

下课的时候我特意问了一下助教，果然，那是一对母子。孩子14岁，有厌学情绪，总是三天打鱼两天晒网地上学，所以妈妈给他报名来上课。

男孩子听课很认真，特别是我讲到一些案例故事的时候，他都表现出特别浓厚的兴趣。可是，每当他回头看到妈妈的状态，便会变得很沮丧……只是再听到精彩的部分，又会变得专注投入。

下课的时候，我叫他过来，跟他说："你上课听得很认真哦！只是，我没有搞明白，你总回头去看妈妈干什么？在我的课程里，往往都是父母带着孩子来听课，上课的时候不断地盯着孩子，只害怕孩子没有专心听课。怎么在你这里好像反过来了？怎么，是你在监督妈妈听课吗？"

他很不好意思地笑了，然后回头看看依然愁眉苦脸在座位上一动不动的妈妈，叹了一口气，也回座位上生闷气去了。

男孩子正处于逆反期，跟父母之间的沟通本来就有问题。在学校里也不是省油的灯，总是惹是非，跟老师的交流也不顺畅，所以经常在情绪低落时，拒绝去上学，在家赖几天，心情好了又去学校。

妈妈没有办法，经人介绍来参加了主办方的一个招生讲座。听了以后认为应该让孩子来上课，就给孩子连报了四个阶段的课程，回家以后用各种办法说服儿子，让他来学习心理学的课程。

孩子真的来了，发现跟学校里的课程不一样，好奇、认真地学习了四天，然后坚定地认为应该让爸爸妈妈来上课。所以，他反过来用各种办法说服父母。在第二阶段开始前，他威胁父母说："如果你们不去上课，我也不去了。"

妈妈实在没有办法，只好跟着儿子来上课了，结果就是我看到的那样，愁眉苦脸、像受刑一样的在听课……

第二天，孩子妈妈终于在课间来找我了。她的问题是儿子快要中考了，可是没有学习动力怎么办。我跟她开玩笑说："是像你这样没有学习动力吗？"她不知如何回答。我问她："我讲课很难听吗？"她说："晓红老师，你讲得很好，昨天我很受启发。"我说："是吗？我表示怀疑。你愁眉苦脸地头都不抬，怎么可能会听我讲课啊？"她急忙说："老师，我真的听了，只是我儿子——就是昨天坐在第一排的那个男孩，你也看见了，他不好好听课，总是回头看我。我专门让他来学习心理学，如果他不好好听课，那么多钱都白花了。"我说："因为他害怕你不好好听课，所以才总是回头去看你。本来他听得很认真，可是，一看到你愁眉苦脸的样子，他就泄气了。不信你一会儿去问他本人。"没想到她说："对，他就是给助教老师这样说的，可是，他现在还是学生，我更愁的是他的学习成绩啊。"我问她："你让他学习心理学课程，是不是希望他能够有所改变，可以认真学习功课提升成绩，中考能够考个好高中？"她连连点头。我说："好吧，既然我讲得也不难听，你也可以给儿子做个榜样，接下来抬头认真听课怎么样？"

她为了儿子，真的开始认真听课了，孩子也听得安心多了。最后一天儿子睡懒觉，不太想来上课了，她想到我说的"先改变自己，再影响他人"，就自己一个人来上课了。

来了以后她马上找我说儿子赖床的事，也表示尽量先不去约束儿子，好好改变自己。没有想到，一个小时后，儿子自己背着书包赶来了，妈妈的精神状态立马就变了……或许，在这个时候，她才真正相信了我说的"先改变自己，再影响他人"是有效果的。

所以，我们关心孩子的时候，孩子也在关心我们；我们沮丧的时候，孩子也不能放松地做事。最好的支持并非没完没了地说教，而是把孩子的问题留给孩子，给他一些空间找到解决问题的办法。

至少，我们还可以给孩子做个榜样，让孩子看到、学到我们如何好好生活、好好工作、好好解决问题的方法。

曾经有一位女士告诉我，她跟已经上高中的女儿无法沟通，因为女儿每个周末从学校回来，都很不耐烦听她说话。她跟我学习了一段时间，我很了解她的性格，就故意跟她说："因为你会在说话的时候，给她设好多陷阱呗。"她辩解说："晓红老师，现在不会了。自从我来参加了学习以后，都不再像以前一样天天跟她讲学习的事了，你说要学会放手嘛。"我说："那你会怎样跟她交谈呢？举例让我听听。"她说："比如上周六，我正在厨房做饭，她可能作业少，很快写完了就过来问我做什么饭，还主动要帮我择菜。她给我说了一些学校里面的事情。我看她很高兴，就想跟她多聊聊吧，我说：女儿，你觉得现在我们家的日子过得怎么样啊？她说：挺好的呀。我说：那你想不想以后也过爸爸妈妈现在这样的生活啊？她说：我才不呢，以后我肯定要过得比你们还好！我就趁机说：那你现在就要好好学习哦……话音还没落呢，她突然把手里的菜一扔说：不择了。又气呼呼地走了……"说到这里，她自己突然反应过来了，忍不住地笑："哎呀，晓红老师，我是不是真的给她设陷阱了？我没有想这样做啊，怎么搞的呢？"我说："因为你已经习惯了呗。很多家长都像你这样，跟孩子在一起的时候，不谈学习，都不知道怎样说话。你想想，如果总是有人开口就跟你谈工作，你烦不烦啊？"

家长太想给孩子一些自认为很好的建议，可是，过多的建议等同于批评。因为你总在给他出主意、想办法，孩子不仅减少了动脑筋想办法的思考，还会觉得自己好笨，什么办法都想不出来，只能依赖于父母的帮助。

五、用想象代替现实

曾经跟一个学员朋友在一起，她说上小学的儿子有一个梦想，就是以后去哈佛大学读书，超越比尔·盖茨，成为世界首富。而且很坚定，每一次被问到以后的理想或将来要做的事，甚至在学校做演讲的时候，他的说法都不改变。我说："很好啊，越坚定的理想越容易实现。"结果她说："我也不知道他是怎么回事。反正，我每次都是听着，当然在表面上是说好啊好啊，其实在心里，好像并没有相信他就能做到。"

我们怀疑人生的态度是从小就历练出来的，因为我们的父母很少肯定我们的梦想，因为我们相信脚踏实地做出来的，不相信头脑里想出来的和嘴巴里说出来的。

所以，我们一直压抑自己，从来不敢张扬自己的理想，生怕被身边的人否定或取笑。曾经有一位公安局长对我说："其实我小时候特别想当一个警察，感觉当警察抓坏人特别威风，可是，我不敢说出来，因为我父母就希望我像他们一样，当一个大学教授，只要我说喜欢别的东西，他们会立刻否定。一直到了要考大学的时候，他们都在为我的成绩不是很优秀担忧，我就尝试着跟他们商量再报一个警官学校，我父亲马上很鄙视地说：'我们家的人，怎么能报那样的学校呢？'当时我特别受打击，也很愤怒，就故意跟他们对抗，偷偷在学校里修改了志愿，没有想到真的被警官学校录取了。我父母气坏了，一直觉得我不争气。即使到了现在，我已经是一个公安局长了，他们还是觉得教育儿子很失败。"

我们常说孩子太倔，实际上很多家长的认识也很偏颇。难道一个大学教授就值得骄傲，而一个公安局长就不值得骄傲吗？

所以，有些时候，不是孩子不争气没有实现理想，是因为他们实现的是自己的理想，而不是父母的理想，结果就被父母否定了。

有时候，我们也会固化单纯的理想，结果把生活与理想之间的关系区分得很清楚，反而把实现的难度增加了好多。记得有一次初中同学聚会时，一位同学很遗憾地对我说："唉，我们以前的好多理想都随风飘走了。现在年过半百，都想不起来当初想要做什么了。你还好，做着自己喜欢的工作。不过你的理想也变了，我记得你当初想当一个作家。"我说："没有变啊，我一直就想当一个作家。"她很不解地说："可是，你现在的工作是心理学啊。"我说："是啊，我也写了一本跟心理学有关的书出版了，现在又在写第二本、第三本呢，难道不算是一个作家吗？"她愣了半天，才说："对对对，你是同时两件事情都做了。"

是啊，谁规定了理想只能有一个呢？谁又规定了理想不可以叠加呢？小时候有很多理想：快点长大，可以自己做主，谈一场浪漫的恋爱，跟相爱的人结婚，有收入优厚的工作，养一个或几个孩子，结识志同道合的朋友……难道不是都叠加着在我们身上实现了吗？

其实，从信念的角度来看，成功只有一条途径，需要分三步走：

第一步，相信有可能。

如果我们都不相信有那个可能性，奇迹也注定不会在我们身上发生。尤其在孩子的引导方面，可以用想象代替现实的方式，激发孩子把想象出来的创意，在实际的生活、学习中实现出来。比如：

"妈妈，我想考世界上最好的大学。"

"好啊，我们先来想象一下：十年后的某一天，我英俊帅气的儿子在一个环境优美的大学里，带着爸爸妈妈参观校园，感受高雅的文化气息，欣赏世界各地学子的风采，哇！太向往了！"

这就是心理学里所讲的"未来成功景象法"。只有把期望用想象的方式表达出来，才能真正变成实现理想的推动力。

第二步，找一个新方法。

如果到现在为止，还没有实现那个理想，那么，至少证明我们以前懂得的、会的、知道的方式方法，还不够，所以，我们要学习改变和成长，看到更多的可能性，找出更好的办法。

第三步，有效做下去，无效就改变。

没有任何一个方法可以适用所有的情况，所以，如果有好的效果就继续做下去，争取获得更大的成功；如果没有效果，说明这个方法也不管用，可以再寻找一个其他的方法。因为，凡事必有至少三个解决办法，成熟、明智带给我们的最大启示就是：只要愿意改变，永远都有选择。

六、只接纳情绪

即使在制止孩子错误行为的时候，也要尽量接纳孩子的负面情绪。有个5岁的小女孩跟着妈妈与我们同桌吃饭时，不小心把汤洒在新衣服上了，她妈妈一边擦拭一边指责："你看嘛，我就说要小心一点。你非要穿这件衣服，穿了又不爱惜，今天才穿第一次就这样，下次不给你买新衣服了。"

孩子挺难受的样子，又不服气，开始拒绝吃饭，而且大家越劝她越生气，我就对她妈妈说："哦！你们家的新衣服难道不是为了穿的吗？穿了就有可能弄脏啊。我有时候也不小心会洒上汤呢，也不能穿新衣服了吗？"

饭桌上的人都笑了。孩子也笑了，情绪明显好转，妈妈再递给她饭碗的时候，就开始吃饭了。

所以，如果我们完全漠视孩子的情绪，只是针对事情的是非对错来质问、批评或教育孩子，很难改变他的行为。而当孩子的情绪被接纳时，他就比较容易改变当下的行为，并且回应我们对他的期望。

很多时候，我们甚至不用只谈论当下的这件事情，随时都可以转移话题，找出一些可以化解负面情绪的关键点，只接纳孩子的情绪，就可以达成最好的沟通效果。

如果实在找不出什么样的化解绝招，那就保持沉默吧，给双方更充足的空间思考解决办法，也能很好地维护对方的自尊心。

2. 时间管理

轻松、快乐的学习和生活，并非只能从无休止的玩乐中获得，更不是放纵心态去获得的结果；轻松、快乐的人生，完全可以在有规律、有节奏的生活中获取。

行为心理学研究表明：21天以上的重复会形成习惯，90天的重复会形成稳定的习惯。所以，时间管理对我们的生活非常重要。

对时间的管理，应该从孩子小的时候就有意引导。比如婴幼儿期的孩子，起床、吃饭、玩耍、做运动、读书或者看动画片、睡觉等，如果慢慢形成相对比较稳定的规律性，那么养育孩子的时候，大人真的会很省心，孩子也会对相应的时间有具体的期待，自然、平静地接受当下的状态。

孩子上学以后，按时起床、吃饭、上学、写作业、与家人分享生活体验、游戏、睡前复习或预习功课、准时睡觉等，也要慢慢形成相对固定的规律性。这样，孩子做事有清晰的导向，也能学会按照自己的节奏做适当的调整。

特别是刚上学的时候，家长一定要舍得时间和精力陪伴，帮助孩子形成良好的学习和生活习惯，那么，以后的十几年学习生涯中，家长不用每天盯着孩子几点起床、什么时间写作业、玩多久游戏、几点上床睡觉，没有监督、指挥孩子的压力；孩子很轻松、自然地完成各项事情，也没有被批评、操控的压力。

记得看过一本书里写的四句关于时间的短言，说得非常好：勤奋者赢得时间，懒惰者浪费时间，睿智者利用时间，愚钝者等待时间。我们在生活中也会发现，能够实现理想的人，都在坚持不懈地为理想而努力，而且这些人可以非常合理地分配自己的时间。

对于学生来说，合理的时间分配主要体现在以下几个方面：

一、按时起床

我发现家长们都很迷信"保证孩子足够的睡眠时间"，所以早晨起床的时候舍不得叫孩子起床。8点钟必须出发，7点半才叫孩子起床，然后不停地催促：快点穿衣服，快点刷牙，快点洗脸，快点吃早点，快点出门……

家长看着孩子一副没睡醒的样子，在催促中越来越烦躁、生气，孩子在家长的唠叨、催促中也越来越委屈、生气，结果大人孩子都带着负面情绪出门，还有可能影响一天的学习和工作。

睡眠是一个很复杂的渐变过程，并非上床合眼到起床睁眼这么简单，也不是睡得越多越好。实际上，睡得过多和吃得过饱都是一个道理，过量并非一定是好事。

其实，那些睡得更多的人，并不是因为他们需要长时间睡眠，而是因为他们没有好好地关照自己的睡眠系统，从而导致这个系统被削弱，不能高效率地工作。

芝加哥大学的研究人员，在对几千名志愿者进行过睡眠时的脑电波记录后，揭示了人体的睡眠周期：在睡眠中，人体首先进入慢波睡眠期，后是快波睡眠期，之后再重复开始，一夜有4~6个睡眠周期。

因此，只有充分进行好了4~5个周期的深度睡眠，人体的生理机能才能得到充分的修复，免疫系统能够得到加强，而能量也能得到充分补充。

延长睡眠时间，并不一定能弥补自己的睡眠不足，正相反，如果一味地赖在床上，却没有得到高质量的睡眠，对于人体反而是有害无益的，它甚至会缩短你的生命。

研究人员解释说，当你的身体已经醒来，人却还赖在床上时，你缩短了接触阳光的时间，体温也会因为身体长期处于不活跃状态而变得过低，从而分泌出大量的褪黑素——这是一种可以促进睡眠的人体激素——这样，接下来的一整天，都会感到更累而且昏昏欲睡。

而白天昏昏欲睡的状态，又会妨碍你在晚上进入深层睡眠。这种恶性循环周而复始下去，结果就是你的睡眠系统被削弱。生理休息期被打乱，身体得不到足够的能量，使你的免疫力也降低了。

对于小学生来说，晚上9~10点睡觉，早上6~7点起床，如果养成了固定的作息规律，既能保证充足的睡眠，又可以让孩子早晨有足够的时间穿衣、洗漱、吃早餐、整理书包。

二、早餐

我们都知道吃早餐的重要性：早餐距离前一晚的时间最长，一般在12小时以上，体内储存的粮源已经消耗殆尽，应该及时补充；否则因为血糖过低出现饥饿感，可能导致大脑的兴奋性随之降低，反应迟钝，注意力不能集中，影响学习、工作的效率。

相关研究表明，不吃早餐导致的能量和营养素摄入不足，很难从午餐和晚餐中得到充分补充。

所以，尤其是孩子，每天半个小时的早餐时间要尽量保证。我以前在养育女儿的过程中发现，早餐让孩子参与进来，根据她的喜好变着花样地做早餐，不仅可以保证孩子的营养补充，而且还能够使孩子迅速从睡眠状态中清醒过来，不赖床。

三、上学

上学时间是一天最主要、最固定的学习过程。每天几点到校，几时放学，必须按照学校的规定执行。

只是在上学期间，要教孩子学会有效利用时间，比如：

在老师讲课的时候，高度集中注意力。这样，在下来做练习和完成作业的时候，能够轻松应对，就不需要花费太多的时间问家长、问老师、查找资料了。

在下课的时候及时去洗手间，跟同学交流、放松、休息，保证下一节课有饱满的精神状态。

如果有不懂的功课，尽量利用在学校的时间，及时向老师和同学请教，避免留死角、积累问题。

放学前，认真记录当天回家需要完成的作业和老师的要求，学会承担自己学习的责任。

相对来说，孩子在学校里的时间，也是家长最放心最轻松的时间，可是，对于孩子来说，却是需要全力以赴去做的主要时间。所以，合理有效的时间安排和使用，对学习是否有好的效果非常重要。

四、写作业

孩子回家完成家庭作业的目的，是为了温习、巩固当天学习的知识，进行各门功课内容的强化记忆。这个过程必须得到保证。

因为写家庭作业这件事，需要持续十几年的时间，所以，就像吃饭、睡觉一样，最好有相对比较固定的时间，让孩子形成很自然的习惯性模式，到了写作业的时间，不需要父母的督促就可以完成。

我们在前面说过了，如果在孩子初入学时，家长舍得时间和精力陪伴，就能帮助孩子建立良好的学习习惯。

可是，有些家长往往会误解了陪伴的意义，坐在孩子身边紧紧盯着，结果是一会儿说写错了，写错了；一会儿说哎呀，写反了；一会儿说怎么连这么简单的题都不会做？一会儿又说：你好笨哦，气死我了……

前几天看到有人给语出《战国策》的"远交近攻"做了新的解释：孩子写作业的时候，离得远一点，还能稍微交流交流；离得近了，想不攻击他都很难。还有人写了一篇文章：陪读是婚姻生活第一大杀手。

其实，不是陪读效果不好，是我们过度操控了孩子的学习。这样的行为，根本不是最好的陪读，而是监督和干扰。

还有家长让孩子在旁边学习，自己却把电视声音开得很大，或者低头没完没了地翻手机……你想想看，自律能力完全不足够的孩子，怎么能够抵挡住电视声音的诱惑？他也好想知道，你的手机里究竟都有什么好看的东西。

最好的陪读，应该是尽量维护一个比较安静的环境，在孩子的视线范围内做事或者学习、看书，孩子也有相对自由的学习空间。家长既能够在孩子需要支持的时候，提供及时的帮助，又可以在孩子注意力不集中时提醒他，在孩子坐不住的时候允许他适当休息，避免学习状态不好影响学习的效果。

五、分享时间

与家人分享一天的生活体验，能够增进家人之间的情感，也能够帮助家人之间相互更深入地了解对方，做有效的支持与配合。

实际上，孩子非常愿意甚至渴望跟家长分享一天的所见所闻，因为他们好奇又不善于隐藏情感，喜欢在分享与交流中，满足更多的探索欲望。

家长可以很好地利用分享时间，有意引导孩子分享当天的学习内容，因为把自己懂得的知识再教给别人，是强化记忆最好的方式，有效率能够达到90%。

为了不耽误孩子完成功课和家长打理家务，可以根据家人相处的时间安排，在以下的三个时间段内选择合适的分享时间：

第一个是晚餐时间，这是每天最能保证全家团聚的时间，可以边吃边聊。当然，不喜欢在用餐时交流的家庭可以选择其他时间。

第二个是晚饭后的散步时间。一般小学生的作业量少一些，所以还可以安排散步的时候做分享交流，升入中学就不太可能了。

第三个是睡觉前，可以专门安排半小时做分享交流。

六、游戏、娱乐时间

一般情况下，游戏、娱乐的时间都在完成作业之后。也有一些孩子感觉上学一天了有点累，想在回家以后先放松一下再写作业，家长可以灵活处理。

很多家长一说到游戏就头疼，因为孩子很容易游戏成瘾。特别是现在手机、电脑等电子智能设备，能够自动根据你使用的数据，准确地分析出你的喜好，每次呈现出来的，都是最能满足你当下需求的事物，连大人都很难抵抗，更别说自律能力不足的孩子。

我们最好的做法还是建立规则。从一开始使用的时候，就跟孩子讲好规则，什么时候可以使用，一周可以用几次，每次多长时间，等等。随着年龄的增长，慢慢允许延长使用时间。

还要注意的是，家长要以身作则，在孩子面前做榜样。你不能要求孩子放下手机，自己却玩个没完没了。

七、睡前复习或预习功课

很多人都不知道，对学生来说，每天睡前的5分钟非常关键，现在更是被受益者们称为"记忆力黄金时间"。

这就是"睡前记忆法"。心理学家研究表明，在每天睡觉前5分钟，把当天所学习的重点知识内容过滤一遍，之后马上入睡，第二天早上起来，再回忆昨晚记忆的内容，你会发现能记得大部分内容。

最新的研究发现，睡眠能使知识在大脑中重播，增加人们对知识的记忆能力。因为我们睡觉的时候，只是意识的部分休息了，可是潜意识的部分还在工作，所以，大脑会继续整理、固定资讯，回忆醒着时发生过的事并加强印象。

因此，在早晨起床后再回想，发现记忆特别鲜明。通过跟踪调查研究证明，如果持之以恒地使用"睡前记忆法"，一年后的成果一定会远远超过你的想象！

记住"睡前记忆法"的三个步骤：

第一步：睡前5分钟做最后复习。

第二步：马上睡觉。

第三步：起床后回想。

八、准时睡觉

现在的人都很注重养生，也知道从中医学的角度有个说法是"早睡早起身体好"。早睡一般是指晚上10点左右休息，因为进入11点，人体各个器官就开始修复排毒。比如，晚上9至11点是免疫系统（淋巴）排毒时间，需要保持安静或听音乐。接下来需要在熟睡中进行的是：11点至凌晨1点，肝的排毒；凌晨1至3点，胆的排毒；凌晨3至5点，肺的排毒等。

日本厚生劳动省研究小组证实，与常常熬夜的人相比，早睡早起的人精神压力较小，精神健康程度较高。

科研人员介绍，人体激素分早晨和夜晚两种。皮质醇是早晨型激素的代表，起着分散压力的作用。因为完全没有压力的生活是不存在的，因此，皮质醇激素对守护人类健康，有非常重要的作用。

所以，让孩子养成早睡早起的作息规律，不仅能够保持身体的健康，而且还能帮助孩子有效降低压力困扰，学习更加轻松愉快。

每个人的时间都是有限的。很多时间就是在我们毫无察觉的情况下浪费掉了。如果你以为单纯地专心做事就是珍惜时间，那么你就错了。珍惜时间也要讲究方法。在专心的前提下学会转变思维、改变方法，你就会发现，在生活中还可以节省出更多的时间。

前天在课堂上还有家长分享：总感觉孩子东一下西一下的，好像很忙，做事却没有很好的效果。反省一下自己，也没有清晰的时间管理，一会儿想让孩子做这个，一会儿又要孩子做那个。

整天忙来忙去，很多家长和孩子还是感觉时间根本就不够用，每天做事的时间都是紧紧张张的，却又不知道时间都去哪儿了。

有一对母子约了个体辅导，到了我工作室，还在争辩一路都争执不下的时间问题。15岁的儿子说："老师，我每天回家都没有闲着的时候，一直在写作业、写作业，时间根本都不够用，就是因为作业太多了……"妈妈说："你每天写作业的时候都不专心，一会儿躺床上去了，一会儿出来看电视，一会儿又跟同学通电话……"

我们都能听出来了，还是时间管理的问题。孩子虽然一直做学习这一件事情，可是，学习过程太松散，这里转转，那里看看，不仅没能集中精力完成作业，还把可以用来休息、娱乐的时间都浪费了。

帮助孩子有效管理学习时间的方式，除了建立比较固定的时间规律，还要跟孩子共同找出日常浪费的时间，把碎片化的时间系统地利用起来。

如果我们仔细觉察一下，就会发现，日常浪费的时间主要体现在以下几个方面：

1. 赖床

有的孩子早晨起床都要半个多小时，连早饭都来不及坐在桌上吃，只能在去学校的路上啃面包，更别说温习或者预习一下功课了。

当然，父母们为了让孩子按时起床，也真是各出奇招：

一位妈妈说，每天早晨为了让儿子起床，都要把自己累得满身大汗。叫不醒就推；推也推不醒，就开始喊；喊也喊不醒，就开始拼命拉；最后实在不行了，就开始咬儿子的胳膊……

到现在为止，孩子胳膊上还有好几个牙印。可是，孩子并不会因此就害怕。老师嫌他到校太晚的话，他还会骄傲地把牙印展示给老师看，委屈地说："你看我妈妈咬我都咬不醒，我也没有办法。"

还有一位妈妈说，每天早晨为了叫女儿起床，都有可能发生一场家庭大战。三番五次都叫不醒女儿的时候，她就觉得要崩溃了，根本管理不了自己的情绪，开始大吼大叫甚至又骂又打。在孩子又挣扎又哭叫的时候，丈夫就冲进来了，不是冲上去重重地打女儿几巴掌，就是责骂她把孩子惯坏了……她身心憔悴，得了严重的神经衰弱。

如果问这些家长和孩子，是不是上学经常迟到呢，得到的答案基本上都很肯定：不会。

也就是说，无论用什么样的招数，家长都能保证孩子按时到校上课。哪怕只剩下了最后一分钟，家长也能把孩子塞进校门。

那么，对于赖床的孩子们来说，他为什么要对按时起床、准时到校的事情操心呢？反正无论怎样，妈妈都能保证他们在规定时间内走进学校的大门，让他们不担心被老师责罚，也不担心影响上课。

很多十几岁的孩子，也希望自己能够做到按时起床，可是长久以来，已经习惯了依赖父母的叫醒服务，自我管理能力很差。

有个孩子告诉我，他上了大学以后，天天上课都迟到，后来被老师警告。他也想按时起床，但是做不到。可能是听惯了父母叫他起床的声音，有时候，同宿舍的人无论怎样叫喊，都叫不醒他……

有个妈妈说，因为女儿起床的事情，她也是一肚子的苦水。每天早晨看到女儿的状态，又生气又心疼，还要跟丈夫争吵。而且，她的工作性质是需要一年出差几次的，可是，她为了女儿，根本不敢出差，只能推给别人，领导和同事都已经很有意见了。

我问她："女儿已经十几岁了，她没有一点想要改变的意愿吗？"

她说："有啊，去年的时候，有一次她也实在受不了了，还对我说，妈妈要不然你给我买一个闹钟吧，一个不行就用两个，天天放在我的枕头边，这样可能就把我叫醒了。"

我说："去买了闹钟吗？效果怎样？"结果她说："还没有呢，因为我太忙了，还一直没有顾上这件事。"

果真忙得连买个闹钟的时间都没有吗？哪怕就用叫女儿起床的时间，去24小时便利店，也可以买个闹钟回来。孩子自己都提出可能的解决办法了，父母还不支持，那就不能全怪孩子懒了，真相可能是父母太享受每天早晨提供叫醒服务了。

有个孩子都小学四年级了，经常在半梦半醒之间，由妈妈帮着穿好衣服，再由爸爸半拖半抱上车，一直到校园门口才能清醒过来。我就给他妈妈支了一招，让她提前做了一些工作：先给单位领导提交申请，为了帮助孩子纠正赖床行为，最近一段时间，如果迟到了就按规定扣奖金，如果没有来上班就消减年休假；再跟学校老师沟通，为了矫正孩子赖床的坏习惯，最近一段时间，不管他什么时候起床，都把他送到学校来，老师可以按照纪律要求惩罚他补功课、放学留校完成作业等，让孩子学会承担自己的责任。

然后回家告诉孩子：我对于叫你起床已经没有招了，你也越来越大了。我早晨帮你穿衣服很累，你爸爸抱你下楼也抱不动了，我们又舍不得骂你打你。所以，从明天早晨开始，我只负责叫醒你三遍。起不起床、什么时候起床，都由你自己决定。

我会在家等你起床，单位上要扣奖金、扣工资都没有关系，因为多少钱都不如我儿子重要。只是有一点我要告诉你，就是无论你几点起床，都必须去学校，而且把一天的功课在晚上睡觉之前补上。哪怕你睡到了下午，也必须去学校，至于给老师怎样交代，如何补上落下的功课，都是你自己的事。我已经给老师说好了，我再也不会插手你在学习上应该承担的责任。如果老师罚你放学以后留下来补作业，我也会一直在校门外等你，绝对不会直接面对老师。

儿子半信半疑地看着她，嘴里还念叨着"不叫就不叫呗"，晚上睡觉的时候就有变化了，没有像以往需要喊几遍，很快就去睡觉了。第二天早晨，她完全按照我的要求，把儿子叫醒，并且竖着指头告诉他"这是第一遍哦"。儿子看着她没有吭声，又把眼睛闭上了。过了五分钟，再叫醒他的时候说"这是第二遍哦"，结果儿子说："我根本就没有睡着，这次不算是你叫醒的。"她愣了一下说："那你再睡嘛，睡着了我再叫。"儿子说："我为什么要睡着？你想故意害我迟到吗？"马上翻身坐起来，迅速穿好衣服下床了。

后来这个妈妈给我分享的时候好激动，她说："晓红老师，你说得太对了，世界上没有天生的父母，不学习真的不懂得怎样用更好的办法帮助孩子成长。如果我们早学习了，知道这么简单就可以让孩子配合家长，哪里会生那么多的气哦。"

是的，世界上没有天生的父母。做好父母的角色需要学习，需要不断提升教养孩子的能力，需要随着孩子年龄的增长配合改变。

2. 看电视

现在，只要打开电视，随便浏览十个频道，可能有八个都在播放连续剧。现在很多电视剧，无限拉长剧情，动不动就演绎几十集；动画片往往也是几十上百集地演；连真人秀节目也是播起来没完没了。还有两个频道呢，很可能在播放各种看似激烈的才艺比赛。

偶尔看集剧，你就想知道下一集如何发展。无意中看场歌舞大赛，你就想知道最后究竟是谁赢了。动画片里好人与坏人、好动物与坏动物们永远都在斗智斗勇，结果教得我们的小孩们一个个都是伶牙俐齿，聪明世故得让大人们经常无言以对。

结果，当我们沉浸在别人的故事中无法自拔的时候，宝贵的时间一点点悄悄溜走了。或许，等我们反应过来想要谱写自己的故事，才发觉他人的生活根本无法套用在自己身上……

两年前我在杭州讲课的时候，有个16岁的女孩子跟妈妈来到课程里，她已经休学在家两年多了。她对我说："我最大的爱好就是看电视。我就想像电视里的人一样生活，不管是好的人生还是不好的人生，都可以活得轰轰烈烈。"我说："你说得对。既然是活得轰轰烈烈，就要先有生活，才有轰轰烈烈。如果你连生活都没有，轰轰烈烈从何而来？又能在哪些方面体现你的轰轰烈烈呢？"她愣了好一会儿才说："我也想活啊。我怎样才能活成电视剧里那样呢？"我说："艺术来源于生活而高于生活。脱离了实际生活的艺术没有生命力，也很难被人所理解。电视、电影只是把很多人的故事，放了有限的几个人身上去呈现。一个人的身上你能看到很多人的影子，让你觉得深有同感，所以你看到的人物都活得丰盛而轰轰烈烈。而真实的生活中，每个人把自己应该做的事情专注而深入地做好，用你的故事影响他人，绝对远远比轰轰烈烈更让人佩服。"

前不久，她妈妈又来到了我的课程里，一再感谢我两年前跟她女儿的谈话。当时女孩子听了我的话，回家后主动去补习英语，去年考到国外的大学了。女孩子还对妈妈说："晓红老师说自己的故事最重要。我会好好学习成长，等我把自己的故事也写得非常好了，我就去找晓红老师汇报成绩。"

所以，关上电视，认真谱写自己的故事，同时，给孩子做最好的榜样，让孩子们也能学会谱写自己精彩独特的故事。

3. 使用手机

手机，我们手里这个小巧而神奇的电子产品，已经成功地俘虏全年龄段的人。无论是幼儿还是老年人，几乎人手一部手机。通信、电影、电视、新闻、购物、订车、订餐、订票、旅游等，一部小小的手机，能够搞定一切。倒退几十年，这是完全无法想象的事。

手机方便生活的同时，也占用和浪费了大量的时间。使用越频繁越有依赖感，越依赖越缺少自制力。虽然不断从各种新闻报道中看到因痴迷手机掉进水里、低头看手机被车撞飞、只顾玩手机丢了孩子、开车抢红包导致惨烈车祸等等，依然不能让我们放下手机。

甚至，我们开始滥用手机。经常有妈妈告诉我，孩子放学以后，总要用四五通电话陪他回家。孩子刚走出教室就开始接电话："放学了吗？"10分钟之后第二个："走到哪里了？"15分钟之后第三个："还没有到家吗？"25分钟之后第四个："进家了把门反锁好哦！"30分钟后第五个："快点写作业啊，不能玩手机游戏。"

我经常在讲课的时候说，像这样的情境，几乎每天都在无数个家庭里发生，看似是家长在督促孩子学习，其实让人哭笑不得，是家长们不讲理的行为方式。我们一边拼命想禁止孩子玩手机，一边又不断地通过手机监控、指挥孩子，有意无意地促使孩子一遍遍拿起手机体验它在生活、学习中的不可或缺。

家长要尽量跟孩子协商使用手机的界限——什么情况下需要通话，什么时候玩游戏。要让孩子明白，手机只是通信、游戏、娱乐的电子工具，并不是生命里的必需品，更不能让手机反过来操控了人生。

4. 固执

这里我想跟大家分享的固执，是指对自我负面情绪的放纵。前几天的课程里，有个学员对我说："晓红老师，我每天都把很多时间花在了生气方面，总觉得生活处处不顺，老公惹我生气，孩子也惹我生气。我经常在想，如果我有一天气死了怎么办？老师你说，我为什么总是会生气？"我说："因为你太固执了。"她不服气地说："这个跟固执有关系吗？"我说："当然有。正是因为你太固执了，才总是放不下对别人的评判和固有的认识，认为别人都不改变，只有自己一个人在努力、付出、辛苦，永远期望所有的事情都按照自己的节奏来完成。"

她听了频频点头，并表示她知道自己的性格比较强势。所以，现在孩子也像她一样固执，不高兴的时候，脾气特别倔，无论如何都说不通道理。老师也经常为此投诉家长。

有个三年级的小女孩，因为妈妈批评比较多，外婆又宠着她，妈妈和外婆不一致的教养模式，经常让孩子无所适从，也找不到合适的理解对象，所以特别爱生气。

她一生气就要气上个把小时，结果到了睡觉的时候，又大哭大闹地说作业都没有写完。我给她做辅导的时候，她说都是因为大人不公平才惹得她生气，结果耽误了写作业的时间，都怪爸爸妈妈。

我跟她商量："你不高兴了当然可以生气。可是，现在你的生气影响到了你的学习，我相信你肯定不愿意因为学习差被同学瞧不起。如果把生气的时间和写作业的时间交换一下，你想想会发生什么样的事情？"

她认真地想了好久，然后问我："可以换。怎么换？"

我让她每次生气的时候，都先去把应该做的事情完成了，然后再坐下来生气。这样，既不耽误写作业，也不影响生气。

没想到，一个小小的交换行为，很快变成了转移注意力的最好方法。父母后来给我反馈，孩子在写完作业后，常常会忘记了之前想要生气的事情，学习成绩提升了，人也变得越来越开朗快乐。

固执往往是负面情绪的僵硬反应：不满意了唠叨半天，生气了伤心好久，愤怒了拒绝做事，焦虑了做什么都做不好……所以，佛家说要"放下我执"。执着于一件事情，不仅浪费了做其他好多事情的宝贵时间，还为此耗费了精力，影响了身心健康。

3.目标管理

目标是一个人对未来的规划与期望，是走向未来的航标灯。懂得制定目标的人，界限感清晰，愿意为自己的人生负责，也有足够的能力做选择。

　　目标管理是一种自我参与、民主和自我约束的管理方法，也是一种把个人需求和未来发展有效结合起来的管理方式，能够调动个体的主动性、创造性和积极性，具有很好的激励作用。

　　有目标才有可走的路，所以，目标是引领我们前行的推动力，也是奋斗过程中体验成功的保证。如果一个人没有了人生的任何目标，他就可能停在原地不动或者转圈，也有可能东一下西一下地胡乱走，很难达成一个具体的结果。

　　很多时候，孩子对学习没有太大热情，可能源自他根本没有一个明确的奋斗目标，所以动力不强。

　　小孩子的理想总是会变来变去，因此，家长对孩子的目标也仅限于口头上说说而已。经常出现的情况是，家长不仅不相信孩子能够坚持这样的目标，甚至还会有意打击孩子的理想。

　　　　孩子说：妈妈，我长大了想当医生。

　　　　妈妈说：好啊。

　　　　过了一天，孩子又说：妈妈，我长大了想当个汽车司机。

　　　　妈妈很生气：你到底想干什么？

　　　　过了几天，孩子又说：妈妈，我长大了想当科学家。

　　　　妈妈当头棒喝：癞蛤蟆想吃天鹅肉，你也不看看你的成绩！

　　　　就是这样，孩子一直学到高中都要毕业了，还不知道自己的理想是什么，考什么样的大学合适，应该专修和选修什么样的专业，将来从事什么样的工作……

所以，很多孩子在大学里，对学科没有热情和兴趣，只求不要挂科及格就好。混到大学毕业后，从站在街边发传单，到拥进求职门槛较低的保险公司或中介机构，再到满大街骑着电单车送外卖……只要能够养活自己就好，不愿意认真学习一门技术，也不愿意进入企业从头做起，更不愿意花时间钻研一项能够发挥特长的事业。

前几天在课堂上，有家长提问：高三的孩子本来学习压力就很大，还总是给自己设定很高的目标。每次达不成目标的时候，又会变得非常沮丧。家长应该如何引导？

是的，目标太小了没有推动力，目标太大了又不容易实现，那么怎样去管理自己的目标规划，才有利其成功地达成呢？

首先，清晰认识梦想和目标之间的区别。

目标与梦想最大的区别就是：目标很具体，会引发人的行动；而梦想很空泛，让人永远不知道往哪个方向迈出第一步。

梦想是一种虚泛价值，很难实现。比如，孩子说"我长大了要当个科学家"，你说"我要在三年后变成一个有钱人"，他说"我要成为一个成功快乐的人"，这些都是梦想。

很多家长听到孩子说"我长大了要当个科学家"，就开始拼命地表扬孩子："哇！你真棒！"大人高兴了，孩子开心了。可是，科学有很多种学科类别，他究竟是喜欢当哪一种学科的科学家呢？

我以前在做少年儿童情商技能训练时，在一次亲子分享课程上，有个小女孩说"我长大了要在医院里给人扎针"。爸爸妈妈很高兴地回应说："好啊好啊，当医生治病救人，是非常好的职业。"孩子想了一下说："不是医生，是扎针的。"妈妈犹豫着不说话了。爸爸试探着问："你说的是专门打针的护士吗？"孩子很高兴地说："是的是的，我长大了想当专门打针的护士。我每次都会轻轻地给病人扎针，让他们高高兴兴地治好病。"

多么善良的孩子！只要家长愿意肯定孩子的目标规划，支持她的选择，呵护她充满爱意的小小心灵，谁能保证她不会是下一个南丁格尔呢？

如果他想研究心理学，你就可以引导他多关注跟心理有关的课题，比如，了解每个年龄阶段的心理发展内容，了解不同性格与人格特征，了解情绪对人的影响，了解信念、沟通对人际的意义等。

如果他想研究动物，你就可以引导他多关注跟动物有关的资料，比如动物的分类、不同动物的特征、动物的习性等。

如果他想研究宇宙，你就可以引导他多关注天文知识，比如时间和空间的概念、物质和能量的概念、物质世界的运动和发展等。

如果他想研究植物，你就可以引导他多关注跟植物有关的信息，比如物种的起源、植物的种类、光合作用、生态作用等。

当然，要想有能力引导孩子的规划目标，就要与时俱进，认真了解跟孩子的目标相关的知识。否则，就像我们前面讲过的案例：孩子想学习动漫设计，你会认为是他想看动画片；孩子想学习服装设计，你认为他只是喜欢穿针引线。

同样，你说"我要在三年后变成一个有钱人"，那么你很难成为一个真正的有钱人，因为你根本都不清晰怎样才算是有钱人。有车、有房、有存款就是有钱人吗？还是够自己生活所需就可以？需要有多少钱？100万？500万？还是1000万？

曾经有人在我的课程里做目标策划的时候说："我要在两年内挣两亿美金，去帮助全世界想学习却没有钱交学费的人。"意愿真的很美好也很善良。可是用什么方式在两年内挣到两亿美金呢？她坚持说："我的《金刚经》老师说，每个人都可以挣到两亿美金。"我说："好吧，也许那个老师真有奇招呢。请问你是做什么工作的？经营房地产还是有更大的生意？"她说："我是做红酒生意的。"我问她："那么现在年收入能达到多少呢？"她说："100万左右。"在场的人都哄堂大笑。我尽力维护她的理想："你想想啊，现在年收入100万左右，在两年之内就挣到两亿美金，恐怕有点困难吧。这样吧，你能不能先换成人民币呢？两年之内挣到两亿人民币。"她想了一下，勉强地说："好吧，先听你的，我要在两年内挣两亿人民币。"

实际上，我们都能想象得出来，这只是一个心理没有长大的孩子不切实际的梦想而已。想成为一个有钱人，就要根据自己的现状和能力设定相应的目标，争取月收入多少、年收入多少、一年存储多少钱、用几年可以达到一个期望的数值……

同样，你说"我要成为一个成功快乐的人"。

凭什么成为一个成功快乐的人呢？依赖他人还是自己努力？处理好人际关系还是得到想要的支持？挣足够多的钱还是做自己喜欢的工作？实现父母的期望还是自己的理想？

成功的标准又是什么呢？小的成功还是大的成功？阶段性的成功还是最终的成功？一次的成功还是多次的成功？快乐只是一种感觉体验。那么，什么事情发生了就会感觉到快乐呢？好的学习、好的工作、好的财富还是好的人际关系？

还有很重要的一点，时间期限是多久呢？一年、三年，还是八年、十年？因为如果没有了时间期限，说出来甚至做的时候，感觉都是遥遥无期，根本无法保证可以实现目标。

其次，目标必须是自己想要的结果。

每次临近小升初、中考和高考的日期，考生家庭就开始紧张起来了。在我的系统排列疗愈场上，经常有人为了孩子升学的事情请求个案呈现。

有一家人住在二级城市，父母特别希望儿子能够去省城读书。孩子也愿意去，可是一想到去省城的事，又感觉心跳加速、压力很大。父母害怕自己移居省城的规划，影响到孩子的学习，所以来我这里咨询怎么办。

询问了当事人的意愿和家庭规划以后，我让孩子的父母告诉孩子："本来我们自己也很想去省会城市居住，所以才买了房子。现在只是借着你读书的理由，一家人换个居住环境。"

本来心情很紧张的孩子听到父母说的话，立刻觉得轻松了。因为对孩子来说，如果去省城读书只是他自己的目标，却影响到了整个家庭的迁居，那么，美好的目标就会变成沉重的压力。

所以，不管是小升初，还是中考、高考，都要了解清楚孩子自己的目标规划，才能按照孩子的意愿帮助他完善个人目标。

经常有家长来咨询我：孩子马上就要面临大考了，现在越来越紧张，作为父母可以为孩子做些什么？我的回答是：家长为了支持孩子轻松应对大考，应该给自己约法三章：第一，禁止谈学习；第二，禁止谈学习；第三，禁止谈学习。

你想想看，无论是孩子的小升初，还是中考、高考，对于孩子的学习目标，父母能够做什么呢？真的是什么都做不了。本来孩子每天都在学习，老师天天都在给他们讲学习，回家写作业还是学习……如果家长还要天天谈学习，真的相当于给孩子念紧箍咒了。

前几天在线上答疑，还有人在提问：家有高三的孩子，现在只能在家上网课。担心她用手机，内心不能做到完全地相信孩子——也知道该相信，但不能完全做到，面对她高三的状态，有一些不由自主的担心，怎么办？

家里有高三的孩子，可能几乎没有不担心的家长。在家里学习担心，在学校学习肯定也担心，这是一个不能否认的事实。

已经是高三的孩子，其实，有些话你不用说，孩子也明白。与其让孩子通过你的表情、言行去猜测，还不如直接把自己的担心说出来，跟孩子好好沟通一下，如何把学习和娱乐有效区分，合理安排，保证学习的时间和效果。

我们只能把人生经验分享给孩子，让他明白，自律和责任是一个人能否成功的最大保证，千万不要为了当下的一些小娱乐游戏，或者在网上关注别人的故事，耽误了好好书写自己人生的精彩故事。

事实上，往往在这种时候，有的父母比孩子更紧张，每天都把神经绷得很紧。全家人的关注力都聚焦在孩子学习的目标上，随时关注孩子是否在学习状态。

家里的音响设备一律沉默；说话、走路的声音有意控制到最小；每顿饭都讲究营养搭配，然后盯着孩子吃进肚子里；好像全家人都要上考场……试想一下，孩子在这样紧张得好像随时都会爆炸的状态下，真的能够坦然自在地学习吗？

以前有个邻居的孩子在高考期间，我有事去找孩子妈妈说点事。她打开门以后把手指竖在嘴巴上，悄悄地迎接我进门。我以为孩子在睡觉呢，进去一看，原来孩子正在书房学习，而他们夫妻俩坐在客厅里把电视调到静音，好像在看默片。

那个被妈妈为了增加营养，每天逼着吃四个鸡蛋的胖乎乎女孩，有一次在放学回家的路上遇到了我。一路聊着回家，我问她的高考目标是什么，她深深地叹了一口气，悠悠地对我说："阿姨，只要能离开那个像棺材一样憋气的家，爸爸妈妈想要什么样的目标，我都愿意拼命。可是，我太累了，我太压抑了，真的想一睡不起算了……"

后来，孩子终于考上大学了，妈妈并没有让孩子在暑假结束前放松一下，又开始每天用各种训练逼着她减肥……

也有一些父母，在家里时时谈学习目标。曾经有个孩子告诉我，就连他系鞋带的时候，父母都在催：动作快一点！现在的时间多宝贵啊！学习的事一点都不能耽误！别忘了你的目标！

他父母还在家里挂个大大的日历，每天都很夸张地用红色的记号笔，在日期上画个重重的圆圈，一到了晚上又会在圆圈里画个黑色的叉，表明一天又过去了，高考的日期越来越近……父母对孩子学习的过度关注，搞得孩子神经都要崩溃了，每天一听到学习就头痛欲裂。

有的家长并不直接说学习、高考的事，而是像我刚才说的那个邻居一样，在家里每天变着花样地给孩子补充营养——这个说是补脑的，那个也说是补脑的。有个孩子曾在我这里投诉："老师，你给我妈说说吧，她要是再给我吃补品，我就要吐了。她也不想想，如果我的脑子真有个洞，临时补上能管用吗？如果高考失败了，她肯定又该心疼买补品花了很多钱。"

有的父母干脆请长假在家里全程陪伴孩子，把孩子的学习目标完全当成了自己的人生目标，却不知道无形之中给孩子造成了更大的困扰——本来学习压力就很大，还连累到父母不能好好工作。

孩子心里带着愧疚感，更难专心学习，而且恐惧失败的心理越来越强，整天都在担心害怕：万一大考不如意，怎么对得起父母如此大的付出和期望呢？

还有一些父母为了帮孩子减压，又会走向另外一个极端，虽然心里特别盼望孩子能有个好成绩，嘴上却一再强调：成绩不重要，努力了就好。孩子就很困惑了：我辛苦学习好多年，就是为了用成绩来验证是否达成了学习目标，怎么突然就不重要了呢？如果成绩不重要了，那么是不是我的学习目标全部都没用了呢？

在孩子学习目标达成的关键时期，家长避免跟孩子主动谈论学习、大考的事情，是为了给孩子留出空间和时间，让孩子自己梳理学习的目标和达成的方法，自己去经历这个特殊的成长过程。

而且我们介入越少，孩子就会自己承担更多。如果少了可以保证的依靠，就必须自己想办法保证成果的实现，这几乎可以说是个体生存的一种本能反应。

所以，每当父母认真而坚定地对孩子说"学习是你自己的事"的时候，孩子的危机意识就会被启动。为了让生存不受到挑战或威胁，他就能马上调动力量自己做事。

如果孩子愿意主动谈论学习的事情，家长要尽量放下评判和送上解决方案，认真倾听，提供一些可以让孩子参考的信息，还可以分享一些自己的经验，使孩子看到更多的可能性，从而做出最适当的选择。

最重要的是，一定要让孩子明白：以后人生中每个阶段，都有可能遇到类似的考验和事件，父母不可能陪伴孩子一辈子，所以，学习和提升自己面对困难解决问题的能力，才是最可靠的保障。

孩子在学习过程中规划目标，是为了让自己的学习更有动力，所以，这个目标必须是孩子自己想要的结果。换了我们家长，恐怕也很难为了实现别人想要的目标，长久地坚持下去。

另外，目标真正的意义是为了引领，关键是我们做事的过程，而不是必须要达成的结果。即使一次或几次的成绩不理想，结果并没有预先期望的那么好，也不能就此断定孩子一生会成为什么样的人。

目标也是为了让我们的努力有一种仪式感，体现出我们对所做事情的尊重和热爱，特别是能够帮助孩子始终心怀期望，重视自己的选择和自己的未来。

心理学研究认为，正常的身心成长需要一定的仪式感。郑重地制定学习目标，是一件很有仪式感的事情。在此仪式中，其实更多是一种强烈的自我暗示，让自己的注意力更集中、更认真、更用心。

对孩子来说，规划和一步步实现学习目标，更容易让他们感受到努力奋斗的仪式感。有一句名言说得好：生活就摆在那里。以后活成什么样，完全取决于你规划未来的态度。

第三，目标规划在自我能力范围之内。

有一次我给公安民警讲课的时候，一位女警察提问："老师，我最着急的是孩子做事动作太慢了，不管什么事情都会磨蹭半天。我做事喜欢干脆利索。不过孩子爸爸以前做事动作要慢一些，在我的训练下，现在已经好多了。"大家都笑了，我说："那么孩子就像他爸爸呗，也可以训练一下。"她说："我也训练了，可是没什么效果。我喜欢做任何事情，马上就有结果，绝不拖泥带水，他却什么事情都要磨叽半天。"我问她："孩子多大了呢？"她回答："6岁多了，刚上小学一年级。"我问她：

"刚才你说自己无论做什么事情，都能快速完成对吧？"她说："是啊，我只要做事都会很快完成，不喜欢磨蹭。"我再问她："那么，我请问你，你怀孕用了多长时间才生下孩子？"她说："当然跟别人一样，怀胎十月嘛。"我说："你不是说，自己做什么事情都是快速完成吗？那你怎么不能做到第一天怀孕，第二天就生个孩子出来？你怀他都要那么久的时间，现在他才6岁，你却要求他立刻像个大人一样做事迅速、马上有结果，你有考虑到孩子现在的年龄和能力吗？"

父母对孩子的要求总是超前的，3岁希望他像个士兵一样随叫随到，5岁希望他像个小学生一样可以识字读书，8岁希望他像"别人家的孩子"处处完美，12岁希望他懂事得像个大人什么事都能自己搞定，17岁希望他能考上最好的大学……好不容易大学毕业刚刚参加工作，又希望他能赶快结婚生子……

曾经有个小伙子给我诉苦：上高中的时候，父母像防小偷一样监视他的行为，一再告诫他绝对不能早恋；考上大学以后又警告他，好好学习不要恋爱，万一工作后分居两地很麻烦；他大学毕业工作才没有几天，妈妈又开始不停地唠叨："你看看你的哪个哪个高中同学都结婚了，哪个哪个初中同学都有孩子了……"

父母如此自说自话的期望，总是让孩子哭笑不得、无可奈何。这孩子说话也很好玩，他愤愤不平地说："老师，你看我的想法对不对哈？我对我妈说，就是种一棵树嘛，也得等它长大、开花、结果，才能收获果实嘛。你都没有允许我恋爱过，我怎么能做到马上结婚生子呢？"

是啊，能力是人生经验的积累。我们已经习惯了在人群中加快脚步去抢先，稍微慢一点，都害怕被别人先得到了；我们也习惯了用自己的短处跟别人的长处相比，眼里看到的永远是自己没有的；我们还习惯了羡慕和仰望，所以不管是否有能力、是否适合都去模仿。

所以，我们教养孩子的时候，不自觉就会把渴望成功的期待附加在孩子的人生里，害怕孩子错过每一个自认为很重要的时机。刚会说话就教孩子认字，刚会认俩字就教孩子读书，刚会读几本书就教孩子写作，刚会写点文章就教孩子出名……

有个女孩子初中毕业没有考上重点高中，从此以后就没有去学校读书了。一转眼在家里已经4年了，她的同学都变成大学生了，她却怀揣着作家的梦想，至今没有能够发表一个字……

4年的时间，几乎足不出户地潜心写作，她已经完全跟社会脱节了，对于走出家门跟人交际特别恐惧，总觉得走到哪里都有人盯着她。现在更是经常莫名其妙地哭泣，也不愿意跟父母交流。

父母都知道孩子心理出问题了，却没有任何办法把她带出门。她爸爸说如果实在没有办法，就只有找人把她抬出家门了。

女孩子从小聪明伶俐，能说会道，3岁就会背诵很多首唐诗，在亲戚朋友当中是出了名的小才女，让父母觉得特别骄傲、有面子。上小学的时候表现也非常棒，写的作文经常贴在学校板报上，被语文老师当作范文在各个班级传阅……

身边所有的人都认为，女孩子将来一定前途无量，会成为一个知名的作家。父母也鼓励孩子写作，给她报各种作文大赛她也真的靠实力拿回来了几次奖项，小学毕业后顺利进入当地有名的中学。

因为优秀学校的名声在外，特招进校的优秀生也很多，女孩子的写作优势自然被弱化了。没有了以前的风光和表扬，她有点抗拒初中学习的环境。初二开始，所有学科的难度突然都提升了一个档次，特别是她本来就有点偏科，理科科目的增加和难度，都使她很难适应。

即使这样，父母并没有引导孩子重视各门功课，还是鼓励她不停地写作、不断地投稿，所以，她中考的成绩非常不理想，甚至连一般的高中都是勉强够得上分数线。女孩子不能接受这样的打击，坚决不愿意去上学了。我问她父母："在孩子初中成绩不理想的时候，就没有想过应该帮助她提升成绩吗？因为，当一个作家也需要尽量考上一个好的大学，经过专业训练才更容易实现啊。"结果她妈妈说："当时就想着出名要趁早嘛！既然孩子有这个特长，就鼓励她去努力奋斗，如果成功了就比别人提前好几年功成名就了……"

"出名要趁早，比别人先成功。"正是父母有如此急功近利的思想观念引导，孩子才深深地陷了进去无法自拔。

世界上没有两个人是一样的，也没有两个人的人生完全一致，总有人相比你的弱势要胜过你一些，也总有人相比你的优势要比你差一些。无论怎样强大，真相是：你根本没有可能赢过所有人。

每个人都有属于自己的成长节奏。并非每一件事情都能够被我们预想得到，也不是所有的事情对我们的人生都有意义。

在什么样的年龄、什么样的环境、什么样的心态下，就可能有什么样的想法、什么样的意愿、什么样的做法。只要我们一直在努力认真准备，或许，正确的行动时机，正是能力具备的那一刻。

在教养孩子的过程中，要根据孩子的年龄和人生体验，帮助他设定能力范围内能够实现的学习目标。对于孩子来说，最重要的是把学校教育的科目认真学会学懂，能够进行发散性思维，泛化到对各种学科的兴趣提升方面。然后再根据孩子的特长和爱好，在课余时间学习相应的其他技能，补充孩子的求知心理，满足孩子的探索欲望。

第四，目标设定要符合现实生活需求。

经常有家长焦虑：给孩子制定了各种各样的学习目标，执行不了怎么办？也经常有孩子在我这里诉苦：从小到大，给自己制定过好多次学习目标，可是，大多数都完成不了，不知道为什么？

原因是我们在设定学习目标的时候，不仅偏离了现实生活，也高估了个体的实际能力，把学习目标制定得太详细太紧凑，没有办法标准地执行，导致实现目标的执行力变成了做事的压力。

实际上，我们一定要知道，越大的系统越要设定精细的目标，可是，越小的系统越要设定粗略的目标。

如果是一个公司、组织或工厂，就需要制定很详细的目标，细到每天每个人要做些什么样的工作、每个工作几点到几点上生产线以及具体的产品规格等。

就像一部机器的运作，需要每一个零部件都发挥不同甚至精细的作用，才能保证让整部机器正确、有效地运转。

可是，具体到每一个零件本身呢，我们根本没有办法使它保证能够永远不会出问题，所以才要经常检修：螺丝松了要及时拧紧一些，刀片钝了要更换新的，电线烧坏了要重新连接等等。

而小到一个人这样的小系统，在制定目标的时候，就要考虑到每天生活、学习、工作的不确定性，把目标规划设定得更灵活一些，方便有变化时可以随时调整，保证目标的完成过程少受干扰。

有一个初二的女孩子，反复自残，手臂上带着好多伤痕。爸爸妈妈小心翼翼地把她带到我面前，几乎每说一句话，都要看一眼女儿的脸色，生怕哪句话说得不对，女儿又会生气。

我让女孩子在咨询室外面填写表格时，父母很小声地跟我交谈。虽然我说在外面听不到里面的声音，他们还是压低声音说话……

孩子的爸爸还叹气说："唉！以前家里都是我说了算，全都好好的，一点问题都没有；现在全部都是她说了算，有一点不如意，就拿美工刀划自己的手腕……"

妈妈听到爸爸的话，很不满意地瞪他一眼，然后就开始从头到尾讲家里的故事，话语里全是抱怨和不满。孩子的爸爸几次想要插嘴都忍住了。我几次找机会打断了她的长篇叙述，可是，等我一停顿，她就又开始痛说家史，直到他们的女儿敲门进来。

爸爸在单位里是一个领导，在家里也是领导的作风，安排什么事情都很武断，从来不容妻子女儿多说话。妻子在这样的丈夫面前，没有办法表达自己的意愿，心里不满意又无法改变，所以慢慢变成了一个事事抱怨的受害者。

进入中学以后，孩子的学习成绩总也提升不了，爸爸就帮着女儿制定目标规划，比如每天语文学什么内容、数学做多少练习、英语记忆哪些单词、物理背诵什么公式等。

可是坚持不了多久，整个计划就执行不下去了——一门功课没有做到，其他的都无法保证。爸爸一生气就怪妈妈没有督促孩子；妈妈被责怪了就伤心不已，不停地在女儿面前唠叨、抱怨。

女孩子也恨自己没有毅力，开始用自残的方式惩罚自己——只要制定好的学习目标没有达成，就用美工刀在手臂上划一道。

发展到后来，只要爸爸一批评就在手臂上划一道，只要妈妈一唠叨又在手臂上划一道，吓得父母在她面前说话，声音都不敢放出来。

即使现状如此糟糕了，可是，父母和孩子都没有意识到需要调整一下目标规划。哪怕先确定一个小一点的目标，一个一个完成，慢慢积累自我管理目标的经验，提升完成最终目标的能力。

如果让孩子把学习目标规划到每一天都做些什么，真的是很难坚持下去，因为，生活随时都可能发生变化。

比如，今天老师拖堂，下课晚了一点，导致孩子错过了一班公交车，回家就可能晚半小时。回家晚了，如果必须按时睡觉，写作业的时间就有点紧张了。一紧张孩子就会有烦躁的情绪，一烦躁就有可能影响学习的效果，效果不好就会拖延时间，时间长了又影响睡眠……就是这样，恶性循环反复上演，原定计划很快就坚持不下去了。

或者，昨天全家陪同客人出去吃饭，很可能原本要记忆的10个单词，就没有办法完成了。那就今天背诵20个吧。可是今天数学多了3张试卷，用去了大部分时间。睡前勉强背诵完成了5个单词，想到计划中未完成的15个单词，心里开始焦虑……结果，目标任务越积累越多，信心越来越差，完成目标又变成了一句空话。

所以，越小的系统越要制定宽泛一些的目标。特别是孩子的学习目标，至少要以每周来计划，而且要在周末尽量留出一两天的时间方便灵活安排。

如果一周需要记忆50个单词，周二有其他事情耽误了，就可以在另外的四天每天只需要多背诵两三个，这样就不会造成太大的学习压力，而且，即使另外四天实在不想打乱其他的学习规划，周末留出的时间正好可以利用。

要至少坚持两周的时间，然后根据自己的完成情况加以调整。特别需要注意的关键点，一定是保证孩子能够坚持下去，而不是必须完成多少的量。规划必须在孩子的能力范围之内。宁可目标小一点，让孩子慢慢形成比较固定的习惯，避免因无法完成半途而废。

家长还要明白，既然是孩子的学习目标，真正要完成计划的是孩子，家长只是孩子完成学习目标的协助者。尊重孩子的个性特征和做事风格，才能保证孩子具备有效完成学习目标的意愿。

有个9岁的小男孩，周一到周四的家庭作业都能很好地完成，可是一到了周五就不想写作业，总是拖延到星期天晚上睡觉前才能赶着完成，每次都搞得大人孩子很生气。

家长的说法是孩子只要有假期就贪玩，不愿意及时完成作业；孩子的说法却是妈妈在周末的时候，总是强迫他马上完成作业……

母子俩在我面前争论不休，我在旁边终于听明白了：

孩子认为周一至周四只有晚上可以写作业，所以只能按时完成。周末有两天三夜的时间可以完成作业，就想让自己轻松一下，分散开安排完成作业，中间的时间可以玩玩游戏、看看书。

妈妈说孩子玩游戏的时间一向都能自觉遵守，所以父母也不干涉孩子玩游戏。强迫孩子写作业的原因，是想让孩子一鼓作气把所有作业完成了，然后安安心心地玩游戏、看课外书。

最后在我的主持下，母子俩终于达成了一个双方都满意的学习方案：孩子保证在周日上午12点以前，完成所有的周末作业；妈妈允许孩子按照自己的方式安排学习时间和内容，不再强迫孩子一次性完成所有家庭作业。

4.关系管理

在很多家长看来，只要孩子学习成绩好，其他方面的不足都可以被原谅，特别是在人际关系方面。反正家长说孩子听就行了，不需要征求一个小孩子的意见，甚至不需要告诉他为什么。

可是，在社会环境中怎么办呢？孩子在人际关系中的学习和成长，经常被家长漠视或者错误地归因，不能给予正确的引导和解释。

比如，幼儿园的孩子给家长说："妈妈，小朋友都不跟我玩。"妈妈说："为什么？你惹他们了吗？"孩子说："我没有惹他们。"妈妈说："不玩就不玩呗，你自己一个人玩也挺好的。"孩子说："我拿玩具的时候，小朋友挡着不让我拿。"妈妈说："那他就是个坏孩子，你把他推开就好了。记住啊，以后离他远一点，不要再跟他玩了。"第二天，孩子说："小朋友说我推人，都不跟我玩怎么办？"妈妈胸有成竹地说："没关系，只要你听话，老师喜欢你就行了。"

家长不仅没有接受孩子在人际关系中受阻产生的负面情绪，也没有教给孩子正确的沟通方式，还给孩子的小朋友贴了"坏孩子"的标签，强调了权威人物的重要性。

这样长大的孩子，不会进行良好的人际沟通，很容易把关系不和谐的责任推到别人身上。身边越来越多妈妈眼里的"坏孩子"，慢慢自己也变成了蛮不讲理的"坏孩子"。可是，他一点都不会担心，因为妈妈说了，只要在老师面前做个"乖孩子"就可以了。

所以，从小到大，在孩子心里，跟权威的关系才是最重要的，其他人都不用放在眼里。以后进入社会，讨好心理特别强，做什么事都希望身边的权威能够看到，为了得到权威的肯定，其他的同事、人际关系都可以漠视。

因为不懂得尊重他人、在意他人的感受，很容易受到身边人的排挤。又像个小孩子一样期待权威的认可，所以会变得敏感、计较、疑心重，对人充满敌意，过分在意别人对自己的看法。总觉得身边的人都在欺负自己，只要跟人有了矛盾冲突，就会找权威诉苦。只要权威对其他人好，就觉得自己受到了冷落，委屈、伤心、怨恨，认为全世界都欺骗了自己……

有一位女士上课的时候提问：如何帮助在外地上大学的侄女学会人际关系的管理？我问她："现在人际关系问题，已经对她造成困扰了吗？"她说："不只是困扰。现在她一个劲儿地要求父母，去学校帮她办理休学手续，再也不想在大学里学习了。可是，她以前的学习成绩挺好，在中学是学生干部，老师都特别喜欢她。考的大学也很不错，可她说老师根本都不管学生。她父母去学校了解过了，辅导老师就像中学的班主任一样，管学生很认真负责。她的辅导老师说，她的人际关系处理有问题，同宿舍的人都不喜欢她。"我问她："她现在还在学校里，还是已经休学回家了？"她说："因为过了大半学期了，我哥嫂要求她必须把这学期上完，然后再帮她办理休学。她不相信父母的说法，最近一直在威胁父母，还说如果不去接她回家，她就自己出去流浪。她父母吓得不行，委托我上课的时候请教一下老师现在怎么办。"我说："她一定从小到大都是一个乖孩子，在父母眼里听话、懂事，走到哪里都是父母的骄傲；在老师眼里努力、积极，是老师身边最得力的好助手。可是，她跟同学的关系应该不太好，在同龄人当中比较受排挤，很少能交到好朋友。"她说："对啊对啊，晓红老师你怎么知道的？真的，不管是小学还是中学，她跟老师的关系都处得很好，老师都很喜欢她，可是她不愿意跟同学交往。也可能是总当班干部吧，同学也都不愿意跟她玩。不知道为什么，我女儿也不愿意跟表姐玩，以前我还总是批评女儿，说她是嫉妒姐姐学习成绩比她好，现在才发现好像是姐姐有些问题。"

这就是典型的"权威眼里的乖孩子"，我在辅导工作中遇到过很多：小学、中学的时候，几乎都是学校里有名的好学生；学习刻苦认真，成绩很好，从小到大都表现得特别懂事、听话、努力、好强；反正只要是大人说的话，她都会认真去执行；处处争强好胜，喜欢表现从而得到大人的关注，是大人眼里所有孩子的榜样。

此类型的孩子，很少有自己的主见。她努力学习的动力，都是来自大人的表扬和关注。

在人际关系中，她的所有表达也是为了让权威满意，跟同龄人的关系往往很疏远。虽然是学校里人人皆知的好学生，可是上学、放学都是很孤独的孩子，很少有同学跟她结伴而行。

因为在同学们眼里，她是老师的红人，万一有什么不良言行被告状怎么办？她是学习优异生，跟她在一起容易有自卑心理；她更像一个"书呆子"，跟她在一起玩会很无趣。

等她上了大学以后，很快就会变得很失望。第一，同学们跟她一样，都是来自全国各地的优秀生，她的学习成绩优势很难有突出体现，肯定会有一定的失落情绪。第二，各科老师都是讲完了课就离开。没有哪个教授有足够的时间去关注学生的状况，除非你特别优秀偶尔被教授发现，愿意带在身边培养，以后成为自己的研究生。第三，辅导老师不会像小学、中学的班主任，特意在学生中树立典型，每天督促指挥，更多只是在生活和学习方面统一管理。所以，她以前养成了被动学习模式，进入大学后根本没有办法适应，也缺少自我安排、管理学习的能力。第四，以前习惯了被表扬，现在却缺少了权威的关注，她的学习动力也会跟着下降。第五，以前缺少了跟同龄人的互动，现在进入一个完全陌生的新环境，还要跟同学生活在一个宿舍里。近距离造成的人际压力，更加让她无所适从。

所以，家长不能按照自己的意愿，理所当然地塑造我们眼里听话、懂事的"乖孩子"。因为，在每一个时代，我们的人生价值需要在同龄人当中得到认可，才能让我们更好地融入团体，得到有效的配合。

比如，上学的孩子对家长说："妈妈，我们班的同学都不喜欢跟我玩。"妈妈很武断："他们肯定是嫉妒你的学习成绩比他们好。"孩子说："我都没有一个朋友。"妈妈说："只要学习成绩好就行了，有没有朋友都不重要，又不是要跟朋友过一辈子。好的成绩才能帮助你有好的人生。"

这样长大的孩子可能真的学习成绩特别好，可是在人际关系中唯我独尊，优越感特别强，总是拿自己的长处跟他人的短处相比。在众人面前，喜欢挑别人的毛病，还会通过揭人短处、贬低别人来抬高自己。轻视和批评他人的动机，都是为了凸现自己的重要性。

曾经在新闻里看到一个真实的案例：一位母亲说，儿子从小天资聪明，学习成绩优秀。为了让孩子有更美好的前程，家里甚至卖掉了房子，供孩子出国深造，渴望孩子学成归来有好的工作成就。

可是，学业优秀、外语流利的儿子回国以后，在短短的时间里，居然先后被几个录用了他的大公司以各种理由开除了。这位母亲想不通为什么，通过关系找到其中一家公司的领导，询问儿子被辞退的原因，结果对方说："先不说他的工作能力如何，首先是他的工作态度就很差，安排给他的工作，想做就做，不想做就不做。凭着自己的'海归'身份和高学历，动不动就贬低同事、嘲讽领导。公司里没有一个人愿意和他接触，更别说配合工作了。你觉得这样的人才，我还敢留他吗？"

这位母亲不知该如何回答，真的有点羞愧难当。她仔细回想儿子的学习生涯，因为学业优秀，优越感很强，的确在人际沟通、待人接物方面表现很差。父母总觉得孩子年纪还小，没有当回事，认为长大自然就懂事了，却没有想到，影响到了孩子的职业生涯。

实际上，很多时候，孩子在家里与父母相处的模式，即使有问题也常常会被忽略。比如，孩子对家人没有礼貌、不够尊重的时候，父母最多只是教训几句而已，不要求孩子道歉，也没有让孩子承担责任的意识，结果变相地纵容了孩子在关系中的不良言行。

时间长了，孩子在家里就养成了任性、霸道的作风，说话做事从来不顾及别人的感受，成为名副其实的"熊孩子"。在家庭环境里可以被父母接纳、纵容，在社会环境里，却没有人愿意容忍他的任性和无理，只会受到排斥。

最近有个想要自杀的大学生，写了一份遗书。他父母下载了发给我们求助，其中有一段话是这样的：

> 高中的班主任老师，对不起让你失望了。在你眼里的班长，成绩好，还学过艺术，喜欢打球爱运动。在你看来一个文武双全的孩子以后一定会过得很好，没想到我心理有这么大的问题。我高中也在你面前崩溃过，说羡慕别的同学虽然成绩差，但是那么会说话，会做人会享受生活，有说有笑很开心呢，可自己怎么努力就是做不到，好像别人在这方面付出1点会得到10，我要付出10才会得到1一样。

家长和老师都想不通，为什么在他们眼里学习成绩良好、如此优秀的孩子，居然不想活了。

是的，学习成绩好，不是人生成功的唯一法宝。没有人可以独立地存活在这个世界上。生命成长的过程，也是一个群体互动性的过程。人与人之间相互支持和配合，才能保证我们有更多的成功机会。

同样，只会被权威欣赏的优秀，也不是真正能代表自己意愿的优秀——虽然成功满足了权威的期待，却牺牲了自我期待。

在我的系统排列工作场里，曾有一位妈妈想要探索的议题是：儿子非常优秀，名牌大学毕业，可是找工作失利两次后，再也不愿意出门，认为社会的阴暗面太多，拒绝出去工作……

已经成年的孩子，大学毕业两年了却在家"啃老"，妈妈还在自豪和炫耀他的优秀和名牌大学学历，那么，他曾经一定也是父母、老师眼里的"乖孩子"。如果他都没有按自己的期望生活过，就有可能随时停下来。

还没有社会经验的积累就说"阴暗面太多"，那么，他跟外界人、事、物的连接一定不会太好，找不到人际关系里的互动与支持。

思想家伏尔泰说过：自从世界上出现人类以来，相互交往就一直存在。所以，社交是我们在现实生活中无法规避的一个课题。父母教会孩子管理自己的人际关系，对孩子的成长是非常重要的。

当然，我们这里所说的关系管理，并非每个人都要训练得擅长表达，甚至八面玲珑，而是根据自己的性格和行为模式，找到与他人更恰当的交流方式，使自己更容易融入不同的人际环境。

对个体而言，性格内向还是外向没有好坏之分，各有优缺点。最初的性格特征，在生活经验中，会慢慢形成比较固定的、习惯性的行为模式。

做好人际管理，首先要清楚自己的行为模式。20世纪早期，美国心理学家马斯顿博士，研究了"人类行为语言"，并且划分为四种类型：**支配型、影响型、稳健型和谨慎型。**

支配型的孩子愿意做，积极主动。家长要是支持孩子参加学校社团活动，他一定会成为其中的领袖人物。影响型的孩子喜欢说，善于表达。家长要接纳孩子会有很多朋友，喜欢成为众人注目的焦点。稳健型的孩子乐意听，缺乏自信。家长要了解他知足常乐的人生态度，习惯他在人际交流中只做最佳听众。服从型的孩子善思考，注重细节。家长要适应他喜欢独处的方式，朋友很少却能相交很久。

所以，了解自己的行为模式，可以帮助我们更容易与他人相处，并且用自己的模式影响他人，便于他人理解和配合我们。我们也要了解别人的行为模式，更好地理解他人，增强自己的说服力，有效利用他人的行为模式，达到沟通的最佳效果。

那么，如何做才能管理好人际关系呢？我在这里分享一些基本的方法，供家长朋友和孩子参考。

第一，尊重他人。

鼓励孩子说出他的想法、表达他的感受，教会孩子用尊重他人的语言和方式。比如，当他想玩其他小朋友的玩具时，就可以平心静气地发出请求："我可以玩你的玩具吗？"而不是粗暴地把玩具从别人手中抢过来。

我们常说，尊重他人，就等于尊重自己。相互尊重是人际关系良好的重要前提条件。孩子尊重他人的态度和行为，肯定是从家庭关系里开始模仿和学习的，所以，父母之间相处的模式，是孩子学习关系相处的典型示范。

如果父母在相处中，存在不尊重对方的言行，孩子肯定是有样学样，也会有不尊重他人的言行。

有个9岁的小男孩，跟妈妈来做辅导的时候，妈妈说他不好好说话，每天在家里对着父母都是吼着说话。他很不服气地说："你也吼着说话的。你先吼的。"妈妈涨红了脸说："你胡说八道。每次说你都不承认……"孩子果然大声吼："不是我说的，是爸爸说的。他说别人是歌唱明星，你是吼叫明星。"这个妈妈当着我的面，尴尬得不知道说什么才好。

我们在亲子沟通中，还要尊重孩子的意愿和人格特征。即使孩子犯了错误，也不能否定他整个人。如果家长经常用简单粗暴的方式对待孩子，孩子就会把这些言行带到他的人际关系当中。

第二，帮助他人。

社交关系即人与人之间的关系。如果这种关系保持得好，我们就会觉得快乐，感受到归属于团体的安全感；如果关系因为某种原因破裂了，我们就会觉得痛苦，感受到被排斥在外的不安全感，这种痛苦也被称为"社会疼痛"。

有时候，为了摆脱这种不舒服的疼痛感觉，我们宁愿更多地付出，甚至不求任何回报。心理学实验发现，通过帮助他人增强社交连接，已经成为一个人的社交天性，能够增加愉悦感。

在实际生活中我们也会发现，帮助他人，比请求得到他人的帮助，更容易让我们收获快乐的感觉。

在我的课程中，经常有父母来学习的时候带着孩子。父母听课的时候，孩子都在会议室外面或后面玩耍，还不能发出太大的声音，有的孩子就开始哼哼唧唧地纠缠父母。

因为孩子习惯了依赖于成人的照顾，以此获得安全感，所以，当大人专注做自己的事情的时候，孩子如果意识到自己长时间没有得到关注，就会有不安定、不舒服的感觉。

如果我发现了这种情况，就会让工作人员给那些孩子找点事情做，比如帮助摆放水果、点心装盘、整理一下文具、下课的时候给老师送点水果等。

孩子们都很乐意参与在大人的活动当中，通过帮助大人做事，就能有效体会到跟大人关系连接的安全感，可以放心地继续在旁边玩自己的游戏。

第三，停止猜测。

有些时候在人际关系中感觉很累，也可能是因为我们想得太多导致。为了维护好的关系，我们总是试图努力去揣摩他人的内心，这样不仅消耗精力，还没有好的效果。

常言说"人心难测"。事实上，我们经常连自己的心理状态都无法准确地把握，又怎么可能猜测到别人的内心活动呢？

有时候，家长会在无意中强化孩子的猜测心理。比如，孩子说："妈妈，小明不跟我玩，他不喜欢我。"妈妈回应说："他为什么不喜欢你啊？"孩子就容易陷入沮丧的情绪当中，越来越迷惑，有意无意地去猜测：是啊，他为什么不喜欢我啊？长期如此，孩子遇到人际关系障碍的时候，总是会花费很多时间和精力，努力去猜测别人的心思，而不是积极想办法解决问题。

父母应该了解清楚孩子的行为目的是什么，才知道往哪个方向引导。只有明白了孩子的意图，才能够教给他具体的方法。

所以，妈妈的回应最好是这样的："哦，你想跟小明玩什么呢？"

不去猜测小明的心思，而是把焦点集中在自己的目标上。比如，孩子说他想跟小明玩积木，妈妈就可以教他学习如何把积木搭建得更好，吸引小明的注意力；也可以教他如何跟小明沟通，说服小明跟自己玩；还可以教他不去特别勉强小明，如何找到其他的小伙伴一起玩……这样，孩子就能够从不开心的负面情绪中抽离出来，梳理自己遇到的问题，在大人的引导下思考解决问题的办法。

不猜测别人也不刻意隐藏自己，有什么事情真诚地表达意愿。如果事情已经发生了，再去揣摩对方的言语、表达、行为，对未来建设没有太多意义，而认真思考、虚心求教解决问题的办法才是关键。

第四，关注自己。

在人际关系方面，有一个我们都不太愿意接受的真相，就是无论你怎么做，都会有人不喜欢你。也就是说，不管我们做什么、做多少，都根本没有可能讨所有人的欢心。

你仔细观察一下就会发现，那些特别活跃、八面玲珑，几乎得到所有人欢迎的人，经常在人际关系中，流露出疲惫不堪的状态。

家长每天接孩子放学的时候，总是喜欢问孩子："今天老师表扬你没有啊？小朋友喜欢跟你玩吗？"无意中就把孩子的注意力，都转移到别人对自己的评价和看法方面，忽略了孩子本身在社会环境里的体验和感受。

如果总去关注别人对自己的看法，反而容易在他人的意见和评价中迷失自己，永远活在别人的期望中，始终没有成功满足的感觉。

家长可以尝试跟孩子这样沟通："今天在学校都发生了哪些有

趣的事呢？有没有想跟妈妈分享的事情？今天的学习开心吗？今天学习了什么新的内容吗？"

引导孩子更多关注自己和正在做的事情，促进孩子回忆一天的学习体验，积极思考当下的问题，在意自我的感受，慢慢学会跟整个外界人、事、物的关系。

第五，换位思考。

换位思考，是为了从他人的角度去看待问题，避免自己的主观认识影响双方沟通的效果。所以，我们常说要学会共情，或者要提升自己的共情能力，才能在人际关系中有效连接。

经常有小孩子在沙盘游戏治疗室里，会发现自己特别喜欢的小沙具：或者是一个小人偶，或者是一辆小汽车，或者是一棵树，或者是一个可爱的小动物……他们往往会爱不释手，离开的时候可怜巴巴地请求："我好喜欢它哦！我想把它带回家。"有的父母也希望工作人员能够答应，满足孩子的心愿。可是，我们的老师都会坚持原则："是啊，这个小沙具很好玩，很多小朋友都喜欢它。如果你把它拿走了，别的小朋友来了看不到它，多伤心啦！你可以把它还是放在这里，这样，别的小朋友来了可以玩，你下次过来还是可以玩。"

我们的老师教孩子用换位思考的方式，心甘情愿地放下小沙具，学会体谅他人、尊重界限。

共情能力，可以让我们从他人的角度考虑问题，使对方觉得自己受到重视和赞赏，从而让交际双方顺利展开交谈。正如沟通大师吉拉德曾经说过的：当你认为别人的感受，和你自己的一样重要时，气氛才会融洽。

特别是在需要他人配合与支持的环境中，共情能力比理性思考更重要。因为，沟通良好的共情能力，可以让我们更好地利用集体的力量，去解决当下的问题，而不是单打独斗。

当我们愿意换位思考，去回应他人感受的时候，表示你正在跟他人分享共同的经验，也能够为你的想法和建议创造出更亲和的气氛。因为你所做的回应是为了更好地接受他人，所以，别人也会自然提高对你的接受程度。

这就是所谓同理心的意义，当你的所作所为像别人的时候，你就开始接受别人的情感，认同他的一些看法。最直接的好处，就是你更多感知到了对方的心态，了解到了对方做事的风格或模式，那么在合作的时候，你就能够凭直觉知道，提出什么样的建议容易得到对方的支持，或者何时提出建议更合适。所以，同理心水平高的人，在人群中更有竞争力。

第六，融入团体。

相关研究发现，我们对自己的了解，大多是从别人对我们的反馈中得来的。然而，如果我们总在根据别人的反应来判断自己，就容易陷入社交焦虑中。

如果我们能够融入团体中，就可以参与自己的见解和意愿，把目标变成共同的方向，而不是被动接受别人的意见和评价。

有个11岁的男孩子跟同学打架了，被老师批评、家长责骂，他就不愿意去学校了。我问他因为什么事情跟同学打架，他很委屈地说："他嘲笑我，说我什么都不会。"

原来学校组织素质教育周活动，各个班级都成立了各种才艺小组，训练一段时间之后，先在班级选拔，然后再去参加学校大赛。同

学们都踊跃报名，大部分人都参加了不同的小组。有个同学看他什么
也没有报，就取笑他什么也不会。我对他说："你以前都没有参加过
才艺方面的培训吗？会一点也可以啊，本来都是要集体训练的。如果
一点都不会，也没有关系啊，人本来就各有所长嘛。打人的行为肯定
是错误的。"没想到他说："我参加过啊，我会吹笛子。"我说：
"那你也可以申请参加才艺比赛啊。"他说："我妈妈说，别人都不
会吹笛子，只有我一个人会，肯定竞争不过其他们的小组。"我说：
"你不去试怎么知道呢？或许别人都不会正好是你的优势呢。你可以
去问一下老师，是否允许一个人代表一个小组参加比赛。"

结果这个孩子在班级选拔中直接晋级，并且在学校大赛里勇夺
二等奖。他的父母非常激动，给我发信息分享喜讯，感谢我对孩子
的鼓励，还说根据孩子最近积极、自信的状态，他们相信，这件事
一定会影响孩子的一生。

第七，接纳失去。

心理学研究指出，人的大脑，最多只能拥有200个社交关系。
所以，随着年龄、环境、社交圈子的变化，有时候，失去友谊、断
了关系，都是不可避免的常态。

国外有个心理学家在大学讲课，课程中讲了一个精彩笑话，所
有人都哄堂大笑。过了一段时间，他又把这个笑话，重新认真地讲
了一遍，只有少数人笑了——同学们都以为他忘记了刚才已经讲过
这个笑话。可是，过了一段时间，他居然又认真地把这个笑话讲了
一遍。这一次没有一个人笑，大家都觉得很尴尬，也渐渐变得严肃
起来。

心理学家最后说了一句意味深长的话：既然没有人会因为同一

个笑话笑几次，为什么总会有人为了同样一件事情痛苦好久呢？

是啊，不管是快乐还是痛苦，都是已经发生过的事情带给我们的感受，当时的情绪或躯体症状都是个体正确的反应。事情过去了，就要学习把当时的感受也放下，开始新的生活。

前几天在课程里还有家长问：孩子过生日的时候请了同学，可是同学过生日的时候没有回请他，孩子很伤心，现在怎么办？

家长的动机当然是想帮孩子讨回公平，可是，我们哪里有能力左右别人的行为。况且，即使我们真的有办法做些什么，令对方又改变了主意，之前有点小受伤的心理反应，却不可能凭空消失。

所以说，与其花费时间、精力，在关系中斤斤计较，把自己搞得很累，不如学会适应环境，结交新朋友，开始新生活。

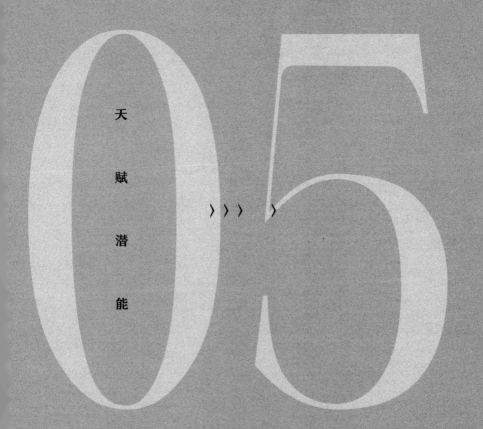

05

天赋潜能

>>> >

妈妈 爱我 请你帮帮我

1.左右脑的使用

右脑被称为潜能脑、情商脑，左脑被称为意识脑、逻辑脑。

按照传统的印象，逻辑性强、有条理和善于分析的人，左脑占优势；而富有创造力和艺术型的人，右脑占优势。但是，科学界的研究表明，左右脑分工明确的说法是误传。

实际上，使人类能够既进行创造性又进行分析性思维的，是所有脑区域之间的联系。也就是说，任何功能都是左右脑同时参与，并不存在优势右脑或者优势左脑的情况。所以，科学地说，左右脑是有分工的，但没有我们想象的那么悬殊和明确。

左右脑的差别，只是处理问题方式上的差别，而非其功能本身的差别。我们在使用大脑的时候，有一个偏好使用某一大脑区域，来完成某些功能的偏侧优势。比如说，左脑对细节更加关注，始终看重细节的人当然有可能促进左脑优势；而右脑则更看重大局，特别偏爱变化和创造的人，可能会更多体现右脑优势。

当然，孩子在成长过程中，大脑使用的偏侧优势，肯定会对学习能力的训练有相当大的影响。虽然只是偏好使用，但是我们可以把大脑使用有差异的孩子，简单归纳为左脑孩子和右脑孩子，来分析一下不同的偏好可能对孩子学习能力造成的影响。

左脑型的孩子在阅读、写作和说话等方面更为出色，看书的时候比较认真仔细，练习数学题的时候会按规定完成步骤，语言表达方面的能力也比较好，可是在动手以及运动方面的能力要差一些，空间感也不是很强，比较适合传统的学校教学方式。

右脑型的孩子不太喜欢按部就班的学习方式，看书的时候可能一目十行，做数学练习的时候只想直接写上答案，可是对富有创造性的事情很痴迷，在行动与运动方面能力更强，更善于摆弄机械构造，擅长需要三维空间的各种活动，比较难适应传统的学校教学方式。

传统教学方法，都是老师在课堂上系统、细致地讲解，学生们被动地接受，无意中强化了孩子的左脑偏侧优势，也在一定程度上阻碍了孩子进行自由创造和创新的能力。

有一位海外回来的研究生，本来应聘到一个省级重点高中教书，可是教了一个学年就提出辞职。校长珍惜人才，很不想让他离开，并且承诺了更好的待遇。可是他教书教得很压抑，暑假期间来学习一些心理学的课程。他很纠结地对我说："晓红老师，我在国外进修的就是教育学，真的很想回国好好做教育事业。可是，我每天看着这些省内顶尖的优秀生们，真的是没有一点教学的激情。不是我的学生们不好，他们都是刻苦努力的好孩子；也不是我想改行，做教育是我一辈子的事业。

"我看到他们每天死气沉沉地埋头学习，因为都不爱运动也没有时间运动，很多孩子身材都是圆乎乎的；表达能力很好，却很少有自己独立的思考和选择；学习成绩非常棒，基本都靠死记硬背；没有对哪一项学科知识的热情，所有的努力都是为了考上一个好大学。

"我很担忧，这些尖子生们以后考上了大学，如果也没有热情去喜欢和钻研专业学科，没有独立思考的能力和进行创造的能力，上了大学又有什么用呢？"

后来，他还是辞职了，我有一年多时间没有见过他。春节期间收到他的微信祝福，介绍了自己的近况。虽然离开了省级重点学校，他还是放不下自己喜爱的教育事业，现在在一个职业高中教书。我说："祝贺你，终于能把自己的教学主张应用到孩子们身上了。"

他很感慨地说，做了这个选择已经半年多了，我是第一个祝贺他的。很多人都想不通，一个"海归"的高才生，为什么会选择一个普通得甚至有点糟糕的职业高中？可是，我知道他的选择是为了什么。

对于职业高中的孩子，很多人认为，他们都是学习成绩不好的学生，只能学习一门技术走上社会。可是我们不知道，恰好在这些孩子当中，想象力丰富、富有创造性的孩子特别多。

他们很难按照老师的要求和步骤把各门功课学好，也不喜欢被动地听老师讲课。上课时要么是不断插嘴，要么就是质疑老师，要么就是动个不停，要么就是沉浸在自己的创造中执迷不悟，所以学科类的学习成绩真的不如人意。

可是，这样的孩子恰好是创新能力特别强的孩子。他们的思维特别活跃，总是有很多创意和点子，能够把所学的知识直接转换成实际技能，改变原有的学习模式。

有个15岁的男孩子在上学的时候，学习成绩真的无论如何都提升不了。他的父母可以说是用尽了各种手段，想要改变他，希望他能够把心思用在学习上面，提升学习成绩，但都没有好的效果。

可是，他偏偏喜欢摆弄一些手工的东西，比如把家里的小闹钟拆了重新组装、用雪糕棒组装一个小房子、用妈妈买的小番茄拼出一个穿红裙子的少女、用爸爸扔掉的烟头摆出一幅画……为此，父母认为他不务正业，没有少扔他的"创作"工具。

孩子的表姐在我这里上课的时候，专门把他和父母带来，找我咨询怎么办。我对他父母说："很多家长都是像你们一样，守着一个真正的天才，却拼命在重新塑造一个自己想的、孩子对抗的优秀生。"我对男孩子说："你本来就具备成为一个天才的潜质，可是如果没有经过专业的培训和训练，很难做出真正的大成就。所以，现在喜欢动手做自己喜欢的东西没有错，如果尽量提升一些文化课的成绩，以后考入一个能发挥自己潜能的专业学校，我都想象不到你会多么优秀呢。"

孩子和父母都高高兴兴地回去了。我在第二天的课程里给学员分享说，从此以后，这个孩子肯定再也不用父母操心他的学习了，因为他可以为自己喜欢的事情努力奋斗了。结果孩子表姐马上站起来分享说，孩子当天回去以后就开始认真学习了，还说以后一定要当一个世界著名的设计师呢。

实际上，左右脑的功能差异是相对的，它们以不同的信息处理水平相互联系、协同活动。不管学习什么样的科目，既与左脑有关，也与右脑有关，所以，家长朋友们要注意以下三点：

第一，不要迷信所谓的"右脑功能"。很多人相信，一些科学奇才或者大师，都是"右脑型人才"，比如爱因斯坦，但是经过科学研究发现，爱因斯坦的大脑左顶叶比常人要大，而顶叶这片脑区主管着视觉空间认知、数学能力和运动想象能力。由此说明，爱因斯坦异于常人的主要是左脑，而不是传闻中的右脑。

第二，不要迷信市场上的"右脑测试"。研究表明，尽管右脑控制左手，但也不是所有的左利手都是右脑占主导。有统计数据显示，不到20%的左利手是右脑型。因此，仅通过看图或者做题来测试主导脑，是非常不科学的，要通过科学的脑扫描和脑测试才能确定。

第三，不要迷信商家鼓吹的"右脑开发"。前面我们已经说过了，左右脑只是信息处理方式的不同。所谓"右脑是创造的源泉""开发右脑，提高学习潜能"之类，只是商家把左右脑的使用功能极尽简化之后的营销口号而已。

很多家长偏偏迷信"右脑开发"的宣传，经常带着孩子参加各种右脑训练。正是由于家长对孩子的学业焦虑，催生了一批又一批利用"开发右脑"的名义赚钱的培训机构。

经常有家长来咨询我，为什么孩子参加过"右脑潜能开发"的培训和训练，现在学习成绩还是很差？这是因为我们有个误区，认为孩子做了一段时间的训练，回去以后就能够一直保持，一劳永逸地享受短时间训练开发的记忆模式。

脑神经学的新研究发现，人的大脑神经元能够再生。而改变是大脑的天性，每一个经验都改变大脑的连接，进一步强化了大脑神经的可塑性。所以，丰富的环境资源、具体的学习任务、适当的体育锻炼项目，才能持续不断地促进大脑神经的运作和再创造。

记得好几年前，有个家长带11岁的儿子去做智商测试，结果发现孩子的智商达到了140，当时激动得都哭了。

当时，那个男孩在我合作的一个培训机构接受托管服务，每天放学跟几个同学来培训机构里，在培训老师的管理下完成家庭作业，也有参加数学和英语的课外培训，学习成绩的确很好。

那次测试之后，孩子的成绩反而开始下降，学习的时候也不如以前认真专注，上课的时候不停地说话，还常常取笑他人、顶撞老师。只要老师一批评，他就猛摔东西，赌气不去培训机构。

培训老师跟家长沟通了几次，家长很不以为然，回应总是一些"没有问题的""没关系""好的，知道了""他赌气完了就会去上课"等敷衍的话。

期末考试结束了以后，他的父母才发现，孩子学习成绩下降很厉害，非常生气，直接来找培训机构的负责人交涉。意思是我们交了那么多钱，就是为了保证孩子的学习成绩可以一直领先。现在成绩下降了，证明你们培训机构没有好好管理孩子，因为老师说，他这一学期经常都没有完成家庭作业。

培训机构罗列了孩子的表现，以及家长没有配合管教的例子，拒绝了家长要求退学费的要求，只是答应下学期免费托管。可是，这个孩子的不良行为很难矫正，他不仅不愿意认真完成作业，还很对抗老师对他的要求。实在没有办法，老师建议家长带来找我。

孩子跟家长来了以后，两手环抱在胸前，很生气的样子。家长的陈述里虽然有焦急，可是语气里充满了对儿子的欣赏和骄傲，说了好多次"我儿子很聪明的""他从小就很聪明""他本来就是个很聪明的孩子"之类的话。

我跟孩子单独交流的时候，没有了父母在身边，他的底气就差了很多，也愿意回答我的问题。他对学习成绩的下降有焦虑，可是又不愿意承认自己没努力。说到培训机构的时候，他突然冒出了一句话："那些老师太弱智了，就知道告状。"

我很严肃地告诉他，说别人弱智是很不礼貌的用语，在我这里是绝对不允许的。他红着脸解释说："我的意思不是骂他们。我想说的是，他们的智商太低了，还不如我呢。"我一下明白原因在哪里了，就问他："你是不是做过智商测试？"他立马来了精神，挺直身板说："我测试过了，是140，老师说是天才一类的。我们好多同学都去测试过了，都很低。老师你知道吗？有个女孩子，就是我们培训班学习最差的那个女孩子，智商才78，老师说她是弱智……"他越说越兴奋。我打断他的话对他说："当时测试的老师有没有告诉你，智商低的人如果一直坚持学习、训练，也会提高智商；智商高的人如果一直坚持不学习、不练习、不动脑筋，智商也会变得很低？"他一下就愣住了，惊讶得半天说不出话来，因为这是他从来不知道的残酷真相。

现在我们知道这个孩子为什么学习会退步了吧？因为，经过智商测试以后，孩子从老师和家长那里知道了，他的智商很高，而国际上认定智商140以上就是天才。

孩子才11岁，认识问题的方式非常简单。老师和家长的说法和反应，让孩子清晰地认识到了一件很重要的事：我是个天才！

或许对孩子来说，他的反应非常正常：是啊，我是个天才，如果我是个天才，还需要学习、写作业吗？如果我是个天才，老师都不是天才，凭什么来教育我呢？

可以说，培训机构为了招揽生意，让家长更加心甘情愿地掏腰包，以非专业的方式，做了一个非常不负责任的智商测试。而家长呢，为了满足自己的虚荣心，在他人和孩子面前反复强化"天才"的诞生，甚至当孩子出现问题时，都错误地认为智商可以代表一切。

脑神经科学研究证实，人的大脑一直在发展，一直在变化……所以，"三岁定终生"这样的说法，也是不成立的。在我们的成长过程中，大脑还有非常强的可塑性，也就是说，大脑会不停地因外界的需求，而改变神经网络连接。

所以，如果我们一直在用大脑做事，在不同的环境和情况下，做各种不同的事，能够促进大脑发展而且使其变得越来越灵活。否则，不管你的智商有多高，如果停止使用大脑，智商肯定会跟着下降。

曾经看到一篇杂志上的文章，有个国外的科学家论述了他的研究成果：即使你现在的智商达到了120，可是，如果你从现在开始不再动脑思考，最多三年的时间，智商会下降到80。

不管这个研究是否有足够的科学根据，至少经过生活经验的积累，我们能够确定并且认同的部分就是，如果我们不爱动脑筋，百分之百会变得越来越笨。

有一次，看到台湾的脑神经学家洪兰教授的讲座视频，她引用了战国时期子思所著的《礼记·中庸》里的两段话，非常经典：

> 人一能之，己百之；人十能之，己千之。果能此道矣，虽愚必明，虽柔必强。
>
> 或生而知之，或学而知之，或困而知之，及其知之一也。

第一段话的意思就是：

别人学一次就能够学会，自己可以学一百次；别人学十次就能够学会，自己可以学一千次。如果真的能够像这个样子去做，虽然原来比较愚笨，也肯定能够变得越来越聪明；虽然原来比较柔弱，也肯定能够变得越来越坚强。

前一段时间看到一个新闻报道，有一个在城市里打工的小伙子，因为几年来每天都坚持练习书法，现在写的字帖非常有水平，在朋友圈里晒了以后，收获了大批粉丝。现在，他家乡的相关文化部门还把他特别吸收进书法家协会。

勤能补拙，著名的"一万小时原理"就是这个道理。实际上在我们的身边，经常都有这样的典型事例。

几年前，在我的课程里有一位女士，每次来上课的时候，都带着自己七八岁的小女儿，而且她总是坚持把女儿留在会议室外面，常常给女儿搬一把椅子，再找一个垫子，让孩子趴在椅子上写字。

有一次的课程在北方城市里，我看到孩子在楼道里有点冷，就对孩子妈妈说让孩子进来吧，在会议室后面也不影响我们上课。她沉默了好一会儿，对我说："晓红老师，我可以跟你单独谈谈吗？"

原来这个孩子在出生的时候难产，造成了头颅损伤，所以智力水平比正常的孩子低。上幼儿园的时候，转了几次幼儿园，都没有能够坚持上完。五岁多的时候去医院做检测，智力水平才达到两岁的水平，自理能力很差。

上学以后，才学习了半个学期，老师就建议她把孩子送到特殊教育学校去，孩子也总是被别的小孩取笑和排斥。我说："可是，我看到她写的字很好看啊。她写字很认真，跟她说话也不回应，我以为她只是害羞呢。"她说："她现在已经九岁了，医生说智力水平只有五岁左右。因为她的行为比较幼稚一些，总被别人追着问或者用异样的眼光看她，她知道自己跟别的孩子不一样，有些自卑，都不敢跟别人说话，所以，我不想让她跟很多人接触，害怕别人问来问去伤害她。"我说："据我所知，她这种情况跟岁数大小无关，有的要到了十几岁才能达到五六岁的水平呢，她的状况非常不错了。"她说："对，医生也说是奇迹！"我说："那么你这个妈妈很了不起哦，你是怎么做到的？"她说："我生了她，不管是什么样子的，我都必须接受。我想，既然医生说了有恢复的可能性，我就可以帮助她做到最好的恢复。

"这几年不能去学校，我一直把她带在身边，一点一点教她学习文化知识。只是教她怎样握笔，我都教了她三个月的时间。为了找到一些更好的方法帮助女儿，我才来学习心理学的课程。

"别人学一遍，我就要教她学几十遍。有时候，教她好几十遍都不会，我也是很崩溃的，不过都坚持下来了。记得有一次，你在讲课的时候说，孩子改变的奇迹都在父母身上，我觉得受到了极大的鼓舞和肯定。现在她的状态越来越好，我也更有信心了。请问老师，我还要做些什么可以更好地引导她？"

我仔细看了一下孩子的作业本，在妈妈的帮助下，又跟她做了一些简单的交流。她妈妈已经教到一年级下学期的内容了，孩子的掌握程度基本达到了80%左右，真是非常不错的成绩了。我真的很佩服这位妈妈的担当和毅力，这不是每个人都能够做到的坚持。

课程结束前，我根据多年做咨询辅导的经验，整理了一份支持方案给孩子妈妈，建议她再系统地帮助孩子提升表达能力和适应环境的能力。我跟她说："我相信，你和你的孩子一定会创造奇迹！"

即使智力受损的孩子，都能够一点点坚持学习、提升和成长。那么，智力正常的孩子又何愁学习不好呢？很多时候，真的是我们家长太着急孩子成长，简直恨不得施些化肥催熟孩子，却没有耐心配合学校教育，花时间找出孩子的优势，从长处切入，有效引导。

所以，经常在家庭里上演的情景就是这样的：

吃饭的时候在催促：快点吃快点吃；穿衣服的时候也在催促：

快点穿快点穿；写作业的时候还在催促：快点写快点写……

吃饭的时候在批评：你怎么吃饭这么慢啊，耽误多少写作业的时间知道吗？你能不能快点咽下去啊？必须把剩下的吃完……

穿衣服的时候也在批评：你连怎么穿衣服都不会吗？你怎么这么笨啊！你看别的孩子都会穿衣服，就你不会……

写作业的时候还在批评：为什么不会写？你没有专心听课吗？老师是怎么讲的？你就不会动动脑子吗？不能错啊……

前面引用《礼记·中庸》里的两段话，第二段话的意思是说：

有的人好像生来就知道一些事情，有的人通过学习才能知道，还有的人要遇到困难后才知道，但只要最终都知道了，也就是一样的了。

你期望孩子能够做得好的时候，有没有想过，自己究竟有没有教过孩子。经常有家长理所当然地说："别人家的孩子都会，他为什么就不会啊？"那么，你怎么知道别人家的孩子都是天生就会的呢？

你不允许孩子犯错的时候，难道没有想过自己也是从小到大，在不断试错和修正当中长大的吗？

我们经常认为孩子只要犯错，就是不动脑筋。可是，动脑筋就一定不会犯错吗？相信我们成年人也做不到吧。

那么，如何对待孩子犯错呢？正确的答案是，世界上没有人可以完美到不犯错误。如果你因为不小心或者不懂得犯了错误，我不要求你完美，我要求你学习，要用脑思考，想办法突破。

爱因斯坦曾经说过：不曾犯过错的人，表示他从未尝试过新的事物。如果孩子犯错了你就去骂他，时间长了，孩子都会恐惧做这件事情了，你又怎么能够期望他做好这件事情呢？

　　我们要让孩子明白，当他犯了错误时，重要的不是这个错误有多糟糕，或者是不是他的错。重要的是，要将错误转换成一次经验，知道下次如何避免犯同样的错误，更要懂得如何把学到的经验，变成以后发展得更好的价值。

　　几乎所有的家长，都希望自己家的宝贝是聪明的孩子。可是，决定一个人成败的是自制、正直和毅力。真正成功的人不一定是最聪明的人，而是最有毅力的人。

　　记得曾经看过一个小故事，在同一个地方有两个完全不同的人：一个特别聪明，总是有很多创意和点子，能说会道；另外一个性格内向，反应比较迟钝一些，只会埋头做事情，大家认为他很笨。

　　有一天，这个聪明人说："像我这么聪明的人，怎么能只有一栋房子呢？应该有三栋房子才配得上我。对，三年之内我必须拥有三栋房子来做大事情。"然后，他就开动他聪明的头脑，开始思考用这三栋房子来做些什么样的大事情，最后获得怎样的大成就。

　　那个笨一点的人呢，听了聪明人的说法，非常羡慕，在心里想：他能够拥有三栋房子多好啊，我也想在三年内拥有三栋房子。他知道自己不像人家那么聪明，所以就更加努力地埋头做事，开始为三年内能够拥有三栋房子而奋斗。

　　一年过去了，聪明人还在认真考虑用这三栋房子来做一些什么样的大事；笨一点的人呢，也想不出什么新点子，依然埋头苦干。

　　两年过去了，聪明人有了新的想法：我这么聪明的人，只拥有三栋房子怎么够呢？应该拥有四栋房子才够用。对，我得想一想，用这四栋房子来做些什么样的大事情。那个笨一点的人可没有这么多想法，他依旧踏踏实实为"三年拥有三栋房子"做努力。

很快，三年的时间过去了，聪明人又有了新的想法：我这么聪明的人，只拥有四栋房子怎么够呢？必须要拥有五栋房子才够我用啊，对，我得想一想，用这五栋房子来做什么样的大事。那个笨一点的人还没有什么新的想法，可是他好开心、好幸福啊，因为，三年过去了，现在，他真的拥有了三栋非常漂亮的新房子。

所以，好多所谓的聪明，如果没有把想法落实在行动上，只会变成永远无法实现的梦想。我们不需要期望孩子特别聪明，而是应该教会孩子重视当下的事情，一步一步为了目标脚踏实地前进。

我们经常教孩子，在哪里跌倒了，就要在哪里爬起来。可是，脑神经科学家却告诉我们，在哪里跌倒了，换个地方爬起来。

爱因斯坦说过一句经典名言：每个人都是天才，但如果用爬树的能力来评断一条鱼，它将终其一生认定自己是个笨蛋。

脑神经科学研究显示，即使是双胞胎，同一个父母带，同样的教育方式，因为大脑结构显示不一样，教养出来的孩子也各有特色。

大脑是个有限的资源，很少人得天独厚样样都好：空间能力好的人往往语言能力不怎样；语言能力好的，空间能力常常比较差。所以我们不必去苛求孩子。

所以，父母应该顺其自然，教会孩子了解自己的长处，接受自己的短处。我们前面都讲过了，没有两个人是一样的，也没有两个人的思想或言行是完全相同的。自我擅长的部分，才是最应该有效利用的部分，否则，真的是浪费天赋潜能。

很多家长都唯恐自己的孩子哪里做得不够好、不够多了，就会"输在起跑线上"，可是，人生是一场马拉松，我们应该争的是终点，而不是起点。真正成功的人都不是赢在起点，而是赢在转折点。

　　人生基本没有可能一帆风顺，随时都有可能遇到障碍。我们不能被轻易打垮，就此停下脚步不做事；也不能埋着头只顾一遍遍往前冲，撞了南墙也不回头。而是要通过及时学习提升，可以看到更多的可能性，灵活地把自己的所长应用在实践中，促进成功。

　　脑神经研究专家洪兰教授认为，情绪是改变大脑最快的工具。孩子有一生的时间都需要学习，不需要急于催促他这一时一刻。被动学习是没有用的，因为大脑不会因此产生引导行为的观念。

　　情绪处理不当，会使孩子不断想不好的事情。如果一个人每天都在想不好的事情，负面情绪就会放大，从而产生焦虑、忧郁或创伤后压力症候群等症状，导致孩子厌恶上学，甚至产生负向人格。

　　现在有很多十几岁的孩子不愿意去上学，其中不乏学习成绩优秀的孩子。在我的辅导个案里，厌学的孩子当中，真正学习成绩很差的孩子反而是少数。

　　那么，为什么那些本来优秀的孩子们，就不愿意再学习了呢？是害怕动脑筋吗？不是，孩子们真正害怕的是家长。

　　他怕你的规则变来变去，无论他怎样努力都跟不上你的要求；他怕你张口闭口都是学习，就像每时每刻都在念紧箍咒一样；他怕你说别人家的孩子，因为你最擅长用他的短处去比较别人的长处；他怕你说话不算数，不管他考了什么样的成绩都不满意；他怕你把自己的理想强加在他的身上，看向他的眼神永远充满了焦虑和指责；他怕你好像永远不知道他已经长大了，依然用"我都是为了你"的爱牢牢束缚他，压制他独立思考、独立做事的机会和能力……

　　十几岁的孩子，情绪本来就像过山车，激烈而起伏不定。如此多的环境因素干扰，对孩子的大脑发育和健康成长，没有任何好处。

所以，从来就没有天生聪明的孩子，只有在我们与时俱进的教养之下，变得越来越聪明的孩子。

2.思考模式

我们通过视觉、听觉、味觉、嗅觉和触觉这五个外感官，把外界所有的信息接收并传入大脑，再经由内视觉、内听觉和内感觉三个内感官的参与，经过筛选、处理和整合，把我们对世界的认知，尤其是那些自己认为精华的、重要的或者有深刻印象的部分，有系统地在大脑中加以储存。这些经验的积累，使我们每天的生活更有效率，也是我们在后天成长过程中发展出来的潜能。

可以说，从我们出生的第一天起，接触世界上的人、事、物，包括每一分钟的人生经验，其中很多新的数据，都会依赖内视觉、内听觉和内感觉，被及时储存在大脑里，让我们可以在生活、学习、工作中随时提出来应用。

所有的思考，任何能够被记忆和提用的数据，都必须有内感官的参与。没有内感官参与的事情，在我们的记忆里是无法久留的。当然，未必是三个内感官全都参与。

就像我们的大脑可能会有偏侧优势一样，在成长经验积累的过程中，我们都会不自觉地选择常用一个或者两个以上的内感官。这种选择形成了人类不同的感知类型。说简单一点就是：多用视觉、景象做思考的人，属于视觉型；多用声音、语言做思考的人，属于听觉型；多用感受、感觉做思考的人，属于感觉型。

惯用内视觉来思考的人，处理事情的习惯方式，就是先用眼睛去看。而眼睛的学习和处理能力也是最快的，可以在同一时间里接收到很多项信息。

所以，视觉型的孩子能够在同一时间内，兼顾到好几项事情，并且很得意自己的能力。但是，如果想让他长时间地做同一件事情，是非常困难的，因为他根本就坐不住，只要时间稍微长一点，就会小动作不断，特别喜欢变化多、节奏快的事情。

惯用内听觉来思考的人，处理事情的习惯方式，就是先用耳朵接收信息，然后运用文字进行思考。

所以，听觉型的孩子话特别多，往往说得停不住口，一边说还要一边反复地解释，总想把所有内容详尽地表达出来，说话声音抑扬顿挫，特别生动。他也会很在意你有没有在认真倾听，因为，他随时随地都需要一个好听众。当然，他本人也是一个良好的聆听者。

惯用内感觉来思考的人，处理事情的习惯方式，就是喜欢用他内心的感受去领悟。他非常注重自己内在的情绪变化，在乎别人对自己的看法，却不善于处理人际关系。

所以，感觉型的孩子不喜欢表达。有时候一句完整的话，他要分两三次才能说完，让身边的人很着急。他可以长时间静坐、专注于一件事情，或者思考良久却没有回应。特别喜欢得到别人的关怀，注重感受、情感和心境，愿意跟在乎的人有更多身体的接触。

我的"公众影响力：演讲与口才训练"课程，经常有很多十几岁的青少年来学习。去年夏天的课程中，有一个16岁的男孩子，属于典型的"感觉型"。

他在演讲训练的时候，必须按照自己准备好的演讲稿表达。如果其中有地方卡壳了，他是绝对不会绕过去继续往下说的，而是站在讲台上，面对着台下的学员，一动不动认真地想，不管是想一分钟还是三分钟。台下的人都被他盯得不好意思了，他还是不开口，直到自己想起来卡住的内容，才会继续演讲下去。

当然，个体的自我调节能力是非常大的，在适应外界人、事、物的过程中，我们的自我状态也是无时无刻不在变化中，所以，我们不能把人的思考模式定型。如果通过一些方法或其他技巧，察觉出一个人惯用某一个内感官后，不应该认为这个人就永远属于某个类型。

有的人可能在某一个内感官的应用方面特别突出，也有人是两个内感官会平均使用，更有人是三个内感官都平均使用。一个人惯用某一个或两个内感官，并非代表其他的内感官能力不够或者有问题，而是另外的内感官运用得不够灵活而已。

可是，一个人的内感官能力，通过有意的训练，可以不断地修正和提升，从而促进觉察能力，思考能力，感受身边人、事、物的能力，未来策划的能力和自我推动的能力，都得到巩固和加强。

如果家长能够及时觉察孩子的思考模式，从而配合更有效的教养方式，真的可以达成事半功倍的效果。那么，如何去更快地觉察到孩子的思考模式呢？

在神经语言模式的学问里，发展出了一套很有效的技巧，帮助我们凭借观察一个人的眼球转动，就能够知道此人在思考时惯用哪个内感官。因为我们的内感官神经，在大脑里的脑干部分的网状组织汇聚，而牵动眼球的神经也在这里有联结，所以，当我们的某个内感官启动时，有关的眼球神经也会被牵动受到影响。

以下，我简单介绍一下惯用右手的人的眼球转动模式。如果是惯用左手的人，可能会有刚好相反的模式。

当你的孩子在描述或思考事情时，眼球会不自觉地瞟向他自己的左上方或右上方。这时候，他不是在回忆过去的景象经验，就是在创作组合新的景象，说出来的话都是他看到过的画面，或者他想象出来的画面，那么，他就是偏向惯用视觉来思考的孩子。

当你的孩子在描述或思考事情时，眼球会不自觉地转向他自己的左边、右边或者左下方。这时候，他不是在回想过去听到的声音或语言，就是在创造或整合新的声音，说出来的话都跟语言、声音或文字有关，那么，他就是偏向惯用听觉来思考的孩子。

当你的孩子描述或思考事情时，眼球会不自觉地瞟向他自己的右下方。这时候，他一定在内心提取一些感觉经验，比如味道、身体感觉或者情绪感觉等等，那么，他就是偏向惯用感觉来思考的孩子。

对于孩子来说，他们对自己的身体应用管理能力还不足够强，所以在转运眼球的时候，很容易带动自己的头部也跟着动作。

如果我们不懂得每个孩子的思考模式可能跟我们完全不同，就容易用我们的习惯方式，去评判孩子的对错。比如，孩子回家写作业时，有一道题不会做了，你就引导他："仔细想一想，老师在课堂上是怎么讲的？"

孩子仰头思考的时候，很可能在回忆老师讲课的情形，或者老师写在板书上的字。只要画面一出来，他就能够迅速明白解题方法了。

孩子左右转头的时候，很可能在回想老师讲课的声音。只要声音或者一些重要的文字语言被回忆出来，解题方法也就有了。

孩子低头思考的时候，很可能在调动当时听课时内心或身体的感觉，提取出来的感觉也能够帮助他找出解题的方法。

每一个人在重复出现的稳定环境中，如果环境因素没有大的改变，他的思维模式（内感官）也会重复出现。

如果我们假定孩子会在重复的环境中，维持使用同一个内感官，那么，作为家长，如何跟不同思考类型的孩子配合，更有效地支持他们的学习和成长呢？

一、与惯用内视觉的孩子配合

我们必须记住，视觉型的孩子是"凭着眼睛做事"的，所以，跟孩子沟通的时候，要照顾到他们眼睛的需要。

美丽的、色彩鲜明的事物很容易吸引他的注意力，尤其是他自己喜欢的颜色和图案。我们在生活中会发现，特别喜欢颜色亮丽的衣服、鞋子的女孩子，大多是视觉型的；视觉型的男孩子呢，总是喜欢挑选颜色特别鲜艳的书包、玩具等。

有一个小男孩已经6岁了，还不愿意跟父母分床睡觉。他妈妈带来我这里咨询一些好的方法，我让孩子做沙盘图画。

我发现他特别喜欢颜色艳丽的沙具，而且认真把沙盘图案摆放得特别整齐，就知道他更偏向于视觉思考。后来跟他交流的时候，我问他最喜欢什么样的图案，他说："我最喜欢大熊猫的图案了。我有好多熊猫玩具呢。"

我说："是吗？好多大熊猫的玩具，别的小朋友一定很羡慕你喽！那么你们家里是不是到处都可以看到熊猫啊？"

他一个劲儿点头："对，我们班的小朋友，谁都没有我的熊猫玩具多。"

我说："看来你是真的喜欢大熊猫了。我认识一个小姐姐，她特别喜欢花朵，就让妈妈把自己的房间里的床单、窗帘都换成花朵图案的。进到她的房间里，就像进入花的世界了，特别美丽。你是不是也像她一样，在自己的房间里把床单、窗帘都换成了熊猫图案？那一定是非常酷的样子哦。"

他有点不自在了，想了一下说："我跟爸爸妈妈睡的房间里，可以换成熊猫床单。"

我问他："爸爸妈妈也像你一样喜欢大熊猫吗？"

他说："我爸爸不喜欢熊猫，他喜欢狮子。"

我故意说："哦，好可惜！那么，你就不能把爸爸妈妈的房间，布置成一个好帅的熊猫世界了。对了，你有自己的房间吗？"

他马上说："我有。妈妈给了我一个好漂亮的房间，是我自己的房间，我的熊猫玩具都放在里面，我的故事书也放在里面。我也想让妈妈把床单换成熊猫床单，还有熊猫窗帘，对了，我的被子也要，还有枕头也要。老师你知道吗？我妈妈还给我买了熊猫睡衣呢……"

他越说越兴奋，就好像已经住在一个自己非常喜欢的熊猫世界里面了……最后，我们还约定好了，等他把房间布置好了，就让妈妈拍照分享给我看，我也真诚地谢谢了他。

咨询结束后，他妈妈立刻带他去了商场，让他挑选自己喜欢的床单、被套等。回家以后，孩子愉快地搬到自己房间睡觉了。

给视觉型的孩子指令或者解释的时候，一定要注意少用语言文字讲道理，可以多用一些视觉型的词语，去鼓励他想象特别生动的画面或者情景，更容易引导他往那个方向去做事。

当然，不停变化的、动的事物，也更吸引他的注意力。那么，你跟视觉型孩子交流的时候，多用手势配合所说的话。特别是重要的事情，你越用手势比画，他听得越认真，还会不停地追着你问："真的吗？你看到了吗？你还看到什么了？"

所以说，如果他晚上不愿意上床睡觉，你给他描述一个生动有趣的梦境，也能吸引他想尽快睡觉，恨不得自己也马上做一个生动有趣的梦。或者你可以直接给他一个任务，说："今天晚上，你一定会做一个特别美丽的梦。记住是什么样子的梦，明天要讲给我听哦。"他可能会迅速上床睡觉。

视觉型的孩子，很难长时间集中注意力。因为他眼里随时随地看到的事物好像都要比别人多，周围的一切事物，都能立刻被他看到眼里去，导致注意力分散，特别难长时间集中在一件事情上。

当然，他也很容易就厌烦了看一样事物，随时都想去看看是否会有更有趣的事。所以，你跟他沟通的时候，语言要尽量简短、精练：有十句话呢，总结成五句话就足够了；有五句话呢，用两句说明白就可以了；有三句话呢，最好精炼成一句话。

你会发现，他听人说话的时候，永远只听得到前面的一两句，好像其他的话在他那里都是多余的。比如，你指挥他："我们马上要出门了，你快点去把衣服穿好，记得穿那件蓝色的上衣啊。裤子我已经给你放在床边了，还有，袜子在衣柜边上。你要穿上袜子哦，今天我们要穿旅游鞋……"他一听到要出去，绝对是开心坏了，一边飞奔着回自己房间，一边不停地回应你的指示："好，知道。好，我知道。"没过一会儿，他只穿了上衣又跑出来了，很茫然地问你："妈妈，穿什么裤子？"你说："我不是给你说了吗？就在床边放着，是那条牛仔裤哈。不要光着脚，把袜子穿上……"你话音未落，他已经跑得没影儿了，很快穿了裤子出来，光着脚就开始穿鞋子。你气得大叫："袜子呢？"他吓一跳，转身回了自己房间，马上又探头出来："妈妈，袜子在哪里？"真是把你气得哭笑不得。

可是，他的眼睛又特别能干，总是能够迅速发现别人都没发现的事物。你让他在书桌前认真写作业，他却总能够像发现了新大陆一样，不断有新的奇迹汇报，一会儿说："妈妈，你怎么把我的机器人放到书架里面去了？"一会儿说，"妈妈，爸爸又在阳台上偷偷抽烟了。"一会儿又大惊小怪地说，"妈妈，我的水彩笔怎么少了一支？"

你都要崩溃了，不知道他究竟是在写作业，还是在不停地用眼睛扫描房间内外。可是，你去检查看看，他也同时在写作业，虽然完成作业的质量并不是很好。

所以，帮助视觉型的孩子专注学习，不是必须要求他一直坚持坐在书桌前面，而是在他注意力被其他事物吸引时，及时提醒他专注自己的事情。重复出现注意力分散的状况时，允许他暂时离开书桌，去做一些别的事情，转换一下状态和情绪，然后再回来继续学习，这样学习的效果可能更好一些。

二、与惯用内听觉的孩子配合

惯用内听觉的孩子呢，什么事情都会以耳朵听到的为导向，并且脑子里经常有一些文字语言。也就是说，你在跟他说话的时候，他会一边听一边在心里组织语言。

或者边听边质疑：是真的吗？别人也是这样说的吗？我怎么没有听说过？你上次是这样说的吗？……

或者根本没有听进去你说的话。因为他可能还没有陈述完前面想说的话，所以边听你说话，边在心里想接下来自己要说什么……

或者正在被身边的一些杂音所困扰，根本就没有听进去你说的话，而是在心里想怎样摆脱那些杂音……

跟听觉型的孩子沟通重要的事情时，要注意挑选一个比较宁静的环境，用比较柔和并且不停变化的语气，尽量把你的期望详细地告诉他。重要的话语，甚至可以要求他重复一遍，以便确认他真的听进去了。如果他有疑问，再多加一些细节说明。必要的时候，还需要把规则、做法都写清楚，供他做事的时候参考。

经常有家长投诉："跟他说什么事情都没有用，因为他听了半天，好像什么都没有听进去，还是按照他自己的方式去做……"

这一类的孩子很多都是听觉型的。他不是没有听进去，更多的可能，是你说的事情不可信，或者你说话前后不一致，他一听就知道你在骗他，也或者是根本就没有听懂你的意思……

所以，跟听觉型的孩子有意见分歧时，千万不要试图用你的理由简单说服他。你要有充足的事实依据、细节，必要的时候还可以引用科学研究之类的数据，他才可能有意愿做一些改变。

你还要想明白之前说的跟现在说的是否一致，因为他听进去的东西很不容易忘记，如果你的说法前后矛盾，他会马上揭穿你，从此以后，再难相信你在这件事上的说法。

听觉型的孩子不像视觉型的孩子，看到的同时就开始行动。他是要听进去然后想一想才回应，所以，反应要慢一些。你说得越详细，他听得越认真，更容易促进他做出改变。

说话和讨论事情，要一步一步地说明白，并且把其中的先后次序排列清楚，而且，你还可以反复地说。同一件事情，也许需要说很多次，他才可能真的记在心里。

在做心理辅导的时候，对于听觉型的孩子，不论年龄大小，我都会在最后跟他共同梳理未来规划：回去以后，第一做什么，第二做什么，第三做什么……有时候还要求他多重复一遍。

曾经有一家三口来上课，14岁的儿子专注地盯着我，听课很认真；妈妈则是不停地记笔记、拍照，还兼顾着监督儿子和丈夫。她总是不自觉地转头去看看儿子。儿子如果发现了妈妈在看自己，就会很生气地瞪着妈妈，然后妈妈就会转头再去看丈夫。那个爸爸呢，谁也不管，只要听到有触动的内容，就要低头沉思半天。

我在讲台上看到他们上课的状态，就知道他们家里是典型的"模式之家"，就是说三种思考模式都具备。

妈妈的动作不断，不是写就是画，或者用手机拍摄PPT课件内容，还要不停地去监督儿子和丈夫，身上的衣服也是鲜艳夺目，属于典型的视觉型人，在家里肯定是总指挥。

儿子根本不看教材，也不怎么看墙上的课件投影，微侧着头一直在认真地听，听到不太明白或不太赞同的部分，眉头就会皱起来，听到有趣的或者认可的部分，身体就会向前倾。在一家人里是听课最认真的，属于典型的听觉型人，在家里肯定是爱讲道理的人。

爸爸紧紧抿着嘴巴，要么双手环抱胸前，要么一只手抬起半掩着嘴，除非低头沉思，否则全身几乎一动不动，好像与外界的人、事、物是完全隔离的，只沉浸在自己的感受当中，属于典型的感觉型人，在家里肯定是那个永远都不开口表达的人。

通常把孩子带进心理学课程，多半都是因为父母认为孩子有问题需要改变。果然，在答疑的时候，这个妈妈抢到话筒说："晓红老师，我有三个问题，我儿子的问题最严重……"我说："好，从第三个开始问。"她愣了一下，没有上当："不行，那样等于一个问题就结束了。"我说："是啊，我就是这个意思。"大家哄堂大笑，她也笑，还是要继续："老师，我有三个问题……"大家笑得更凶了。这也是视觉型人的特征之一，不拿到结果誓不罢休。我说："你不用说我都知道。你想说儿子在家里最不听话对不对？"她连连点头称是。我说："你们家的问题确实有点严重。你呢，做事又快又有效果，虽然细节不见得好，眼里随时看到很多活，手停不下来，脚停不下来，头脑也停不下来，总是有很多新的想法想要实现。

"可是你身边这两个男人呢，却一点也不让你省心。儿子总有自己的道理，无理都能辩三分。你说不过他，他也不服气你，对你的说法和做法总有质疑，还总是怪你们不听他说话。

"至于丈夫，你似乎永远等不到他的回应。他做事动作慢，又不愿意沟通，在你和儿子的争执中，从来不发表意见。这一点肯定让你和儿子都很生气，因为不知道他究竟支持谁……"

我一边说，她一边回应"对对对，对对对"，惹得大家又笑，她儿子都不好意思地笑，连那个木头人一样的丈夫，也忍不住地笑……她还是不停地在中间插话："老师你怎么知道的？哎呀，太对了。老师你简直神了，你是怎么知道的？我们家就是这样的……"后来，我让她儿子发表一下自己的看法，他可高兴了，好像终于可以报仇了一样："晓红老师，你别听我妈的，她说的都不准确。真的，她从来不听我的。她每次都只顾说她的想法，从来不管我们是怎么想的，不信你问我爸。不过你问也白问，我爸就从来不爱说话，可能说了我妈也不会听，所以他就不说了。真的，我妈特别固执，总认为自己是最对最正确的，从来不听我们的……"他妈妈居然不断地回应："对，对对对。"他们母子让课堂变成了欢乐的海洋……

所以，对于听觉型的孩子，最重要的是，除了耐心点多跟他交流细节，多引用一些规则、指示以及权威人士的语言，还要做一个好听众，用心聆听他的心声、情绪和感受，并且适时给予回应和肯定，使他愿意跟你顺畅地沟通。

三、与惯用内感觉的孩子配合

与惯用内感觉思考的孩子沟通，要注意多询问他的感受，照顾到他们内心感觉的需要。因为这种类型的孩子心里有很多顾虑，却不愿意表达出来，所以，总是渴望被父母了解和接受。

感觉型的孩子不喜欢冲锋陷阵，也不轻易相信他人，几乎所有的事情都要自己想清楚了才愿意配合，否则无论你怎样承诺、保证、诱惑，他都不为所动，就是常说的"十头牛都拉不回来"的倔强人。惹急了，他宁可事情变得更糟糕，也不愿意让步半分。

对于感觉型的孩子，家长和老师最多投诉的一点就是："不管你说什么、做什么，他就是不说话、不回应，你根本不知道他心里在想什么……"

他们敏感、多疑，特别在意别人对他说话的方式和态度：你说话声音高了，他会感觉你在指责他；你说话声音重了，他会感觉你在嫌弃他；你说话声音轻了，他会感觉你不在意他；你不说话了，他会感觉你是在生他的气……

如果你因为他说话、动作缓慢，没有效率，影响学习，不停地催促他，整天唠叨、教育，他会在家里把自己整个人封闭起来，不跟人交流，不跟父母一桌子吃饭，每天一回家就把自己的房门反锁，你在外面急得跺脚，他也不会开门。

有的孩子干脆停下来不做事情了，不写作业、不参加考试或者不去上学。怎样说、怎样骂、怎样打都没有用，很难让他改变想法。所以，这种类型的孩子执拗起来，你就像一头撞到棉花堆上，没有回音也没有改变，关键是你还不知道，究竟哪点使他不满意了、哪里又惹他生气了……他根本不怕家长、老师，而是大人们都怕他。

曾经有一大家子人，爸爸、妈妈、爷爷、奶奶、外婆，带着一个瘦弱的小男孩来找我。按照孩子爸爸的说法是："老师，为了让他长胖点，我们什么办法都想过了，医生都不知道怎么办，现在已经完全没招了。"

这个孩子从小内向腼腆，不太擅长表达，心地特别善良。照顾家里小狗的事情，基本上都被他承包了。做事特别细心有条理。

他喜欢一个人玩，在幼儿园的时候就经常没有玩伴，上学以后也没有特别要好的朋友。可是，遇到同学向他求助的事情，比如借纸笔、抄写笔记甚至借钱，他都会很慷慨，虽然可能回家以后会抱怨。

爷爷奶奶特别喜欢这个唯一的孙子，从小到大，就没有舍得离开过孩子的身边，把孩子成功地喂成了一个名副其实的小胖墩。虽然父母有时会担心孩子会不会太胖，爷爷奶奶却坚持认为，小时候就应该吃胖点，长个头的时候才不会缺少营养。

孩子从小习惯了别人叫他小胖子。上学以后，爸爸妈妈担心他的体育课成绩，有意让他少吃点零食之类的；爷爷奶奶为了孩子也愿意配合，不再像小时候一样追着喂饭了。

一年级顺利过去了，体育课的成绩也还好，父母本来以为一切都好，没有任何问题了。可是，从二年级下学期开始，孩子突然不愿意好好吃饭了。奶奶越是给他做好吃的东西，他越是抗拒，一日三餐都不想吃。实在没有办法，又把外婆接来改变口味，他还是不想吃。

开始以为是胃口不好，后来就开始跑医院，大小医院都看遍了也找不到原因。才一年多的时间，他就像完全变了个人一样，从一个圆乎乎的小胖子，变成了一个弱不禁风的小瘦子。

在我的工作室里，一家子大人七嘴八舌地描述孩子的症状，孩子却像不关他的事，缩在大人们中间，弯腰驼背的像个小老头，低头看着地板一动也不动，跟木头人一样。

基本了解情况以后，我对他们说："好了，你们说的我都了解了。在我帮助孩子的时候，这些说法我只作为参考。最重要的事情就是，我想知道孩子的想法，所以，请你们在外面等候，我需要跟孩子单独聊聊。"孩子突然抬头看了我一眼，跟我的眼睛一对视，马上又低下头去了。奶奶一听急了："老师，他从小不爱说话，跟陌生人更不能交流了。他也不会表达，你想知道什么，我来告诉你……"妈妈也表示赞同："对，老师，到医生那里他也不说话……"我说："要不然怎么办呢？你们继续帮他说话，然后他就可以一辈子都不说话，就像他现在不吃饭一样，是不是你们也可以帮他吃呢？事实证明你们根本做不到。既然你们不能够帮他吃饭，当然也不能够帮他说话了。不管你们如何爱他如何努力，也不可能包办代替一辈子。"

大人都不说话了，孩子反而有点不自在了。他不安地扭动了一下身体，左右看看，再看看我，又低下头去了。等大人们都出去了，我起身给他续了一点水，对他说："喝点热水吧，这样胃里比较舒服一些。"他先是本能地抗拒反应，摇摇头，紧接着又拿起水杯喝了几口。我做了一些笔录，又陪他沉默了好一会儿，然后放慢语调对他说："唉！怎么办呢？换作是我，心里肯定也会很难受。你的家人都太爱你了，他们都被爱蒙蔽了双眼，只是知道你没有吃饭，却没有好好问过你的感觉。你心里一定很难受吧？"

他依然低着头，双手绞来绞去，眼泪开始像珍珠一样，一颗一颗掉下来落在手上……我把纸巾递到他手里，他就抽泣着哭起来了。等他哭了一会儿，我伸手过去放在他的肩上，轻声问他："我可以怎样帮助你呢？告诉我，发生了什么样的事情，让你难受得都不能吃饭了？"他哭得更伤心了，断断续续地说话："他们……学我，说我是……胖宝宝。我讨厌……奶奶。我讨厌……吃饭。气死……我了。我不……吃饭了……"花了好一阵子时间，我才终于搞明白了他拒绝吃饭的原因。

他不喜欢别人叫他小胖子。小时候不懂得，家人们都这样叫，幼儿园的老师、小朋友也这样叫，他也习惯了。可是上小学以后，感觉同学们叫他小胖子的时候有点嘲笑的味道，特别是体育课上，每次他一跑步，老师、同学都看着他笑，他很生气也不敢表达。

体育老师说要他少吃点东西，爸爸妈妈听了老师的话，给爷爷奶奶说了，奶奶也不再逼着他吃东西了。在一年前，二年级上学期期末的时候，马上要考试了，他感冒了好几天。

奶奶说生病了要多吃东西增加营养，他就努力多吃饭，可是奶奶还是不放心，又说学校里的午饭没有营养。有一天中午的时候，奶奶把做好的饭带到了学校门口，让保安叔叔叫他出来吃，结果被几个调皮的同学看到了。那一段时间，他们天天在学校里夸张地模仿他，一个同学扮演奶奶，故意说："胖宝宝，过来，奶奶喂你吃饭饭。"另一个扮演他的同学就凑过去，假装狼吞虎咽地吃饭……

每一次的表演，都惹得全班同学哄堂大笑。

他没有办法维护自己的自尊，也赌气不愿意跟家人、老师说明情况请求帮助，又觉得非常委屈，所以开始拒绝吃饭。

所以说，感觉型的孩子自尊心特别强，把个人的名誉、形象看得非常重要，如果受到伤害，他就容易把自己的内心封闭起来，拒绝跟别人交流和沟通，对身边的人不能帮助自己感觉非常失望。

3.学习模式

我们常说，适合的才是最好的。家长们为了让孩子有好的学习成绩，可以说各出奇招，有太多的办法和方式了。父母从来都不认真想一想，或许，自己家的孩子永远比不上别人家的孩子，就是因为坚持用了别人家的方法，来指导自己家的孩子。

做任何事情都一样，很难有一个标准答案去应对一切。所以，父母不需要追求像别人一样的模式，应该关注的是孩子个体化的差异性，用最适合自己孩子的方式，去引导和帮助孩子的成长。我们要追求的重点，应该是方式虽然不同，效果可以同样地好。

就像我们的思考模式可能不同，实际上，孩子的学习方式也可以归纳为不同的类型。大致可以划分为五种类型，分别是：视觉型、听觉型、肢体型、书面型和群体互动型。

视觉型学习模式的孩子在学习的时候，特别喜欢写写画画，喜欢观察和记笔记。但是，他写写画画的内容，不见得一定跟学习的内容有关，也就是说，不一定全是我们所谓的联想记忆。有时候，真的只是依靠图画或形象，来帮助自己记忆。

我女儿的学习模式，属于偏视觉型。从小到大，我真没有怎么听到过她的背诵声，可是她的学习成绩却很好。那么，她是怎么记忆的呢？就是利用涂写、笔记、图线、注释等形象记忆。

她经常用各种颜色的笔，在自己的教材上写写画画，图案是各种各样、千奇百怪的，有小兔子、三角形、小娃娃、彩色圆圈、线条、英文字母等。一个学期结束，整本教材的内容好像增加了两三倍。

所以，每次有朋友家里比她低年级的弟弟妹妹，想要借她的教材提前预习，她总会很心虚地叮嘱人家："你只看书本内容就行了哈，不要管我画的东西。"其实，说老实话，别人根本看不懂她画的，只有她本人知道代表什么意思。对她来说，在记忆书本内容的时候，并不需要记起具体的全面内容，只需要回忆起某个代表性的图案就可以了。

视觉型孩子的想象力特别丰富，所有的言行都追着自己的头脑在跑，想到哪里，就想做到哪里，说话很快，动作也多，还喜欢插嘴、抢话头，对图表特别敏感和喜爱。

所以，对于视觉型的孩子，你要满足他们喜欢各种彩色笔、荧光笔的需求。如果老师不允许，你也要尽量帮助孩子在老师那里解释清楚，允许他们在书本上写写画画，利用视觉记忆学习。

对于视觉型的孩子，给他讲道理十遍甚至几十遍，可能都不如亲自示范教他一遍管用。为了增强效果，你还可以在讲解的时候，用画图表的方式清晰呈现，做一些特别重要的标注，那么，孩子更容易按照你所教授的内容和方向去努力。

　　家长需要特别注意，视觉型的孩子在倾听能力方面，往往是不够的。你说得越多，他越糊涂，因为他总是急于去行动，没有耐心听你说很多的道理，也不愿意让很多说话妨碍他做事。

　　有时候，因为你的指令太多，使他不能清晰、简洁地梳理所有的事情，或者就干脆放弃不做了。

　　有个14岁的男孩子，因为跟父母对抗不学习，被妈妈带来做辅导。孩子很不服气，当着妈妈的面向我投诉："我妈妈很奇怪。她先是说让我去学习，赶快写完了作业早点睡觉；我刚要去写作业，她又说先吃个水果吧，吃完了再去学习；好吧，我就坐下来吃水果；她又开始教训我说，你看看你，做什么事情都急，吃水果都是大口大口的，这样对胃不好——哎，你的衣服怎么还没有换下来放洗衣机里？以后，你的作业你要自己操心，不要总是我操心，记得写完了作业把自己的袜子洗了。对了，一会儿先给你奶奶打个电话，她想你了。你今天究竟有多少作业，睡觉前能不能完成……她说得我脑子一片空白，什么事情都不会做了，也不想做了。她经常这样，我都不知道到底做什么。"

　　我们会发现，这个孩子的妈妈，在生活中是一个偏视觉型思考的人，所以在她眼里，看到的事情很多，才会不停地给孩子安排很多事情，没有一定的条理性。

　　而孩子恰好也是视觉型的学习模式，很难从妈妈的诸多说教中，梳理出做事的思路。当他想要快速去完成一个目标的时候，又会被妈妈新的要求扰乱计划。反复如此，他就会因为混乱而拒绝做事。

　　后来我跟他们母子共同协商，根据孩子的学习任务和妈妈的要求，制订出一个个详细的单个计划，并且规划了相应的配合时间。

这样，妈妈不再事事干涉，孩子也能清晰地做事。

所以，对于视觉型的孩子，你说得越少，他反而会越清晰。

听觉型学习模式的孩子，虽然自己也是很吵的孩子，可是，在他学习的时候，却需要安静的学习环境。

在家里学习的时候，家长要尽量给孩子创造比较安静的学习空间，而且在他学习的时候不去打扰他，也允许他在书桌上摆放很多东西，因为他需要所有的东西都在眼前，才能做到把相关的事情完成。等他做完了事情，再引导他把东西收拾整齐。

听觉型学习模式的孩子，就像听觉型思考模式一样，喜欢嘴巴里念念叨叨的，一边写一边读，高兴了还要大声复述自己写的内容。

总有家长问我，孩子在玩耍和学习的时候，总是一个人在那里自言自语，会不会有什么问题？

其实，这类孩子往往就是听觉型学习模式的孩子。他要通过声音让自己也听到的方式学习和记忆，即使自言自语地说话，说出来的声音别人能够听到，他自己当然也能听到。

所以，听觉型的孩子学习的时候，你要坚持让他多朗读、多背诵、多复述，这样他学习记忆的效果才会更好。特别是需要牢牢记住的英文单词、诗词等，你可以建议他背诵的时候录音，平常放出来反复听，最好还能跟着念出来，那么，他会记忆很久都不会忘记。

因为听力比较发达，他在学习的时候也愿意参与讨论。可能在讨论过程中发言很少，可是他会一直用心倾听别人的发言。只要听懂了听明白了，他也就成功地把它放在记忆中了。

同样，你想让他知道一件事情，也需要反复解释和说明。你一定要有足够的耐心，甚至可能要翻来覆去地说很多遍，他才能够明白你的意思，否则他就会一直问你、一直纠缠，因为他是直线性的思维方式，理解事情的方式都是步骤化、条理性的。

有个家长告诉我，他儿子快要把他们夫妻俩气疯了。他是一个中学老师，很不赞成打孩子的行为，可是，陪伴小学三年级的儿子写作业的时候，他总是忍不住想打他。

孩子学习语文、英语等科目都没有问题，对数学的理解能力却比较差，所以，为了帮助孩子跟上老师的教学进度，不让孩子落下功课，他们经常会把孩子没有听懂的数学题再讲一遍。

结果呢，讲一遍他听不懂，讲两遍他也很茫然，讲三遍他还是瞪眼看着你发呆……有时候，你真的会怀疑他是不是根本都没有听，可是，他又会缠住你讲的其中某一个点不停地问。

这就是典型的听觉型学习模式的孩子。他真的需要你把题目讲几遍，而且，你一定要记得，每多讲一遍的时候，都要加更多的细节讲解，才有助于他理解得更透彻，记得更牢固。

肢体型学习模式的孩子说话简单精练，喜欢手舞足蹈地做手势。为了更好地吸引他的注意力，你教他学习的时候，也要配合相应的手势。

肢体型孩子动手能力超强，你要尽量多利用这一点，给孩子增加可以动手操作的实践机会，而不是强迫他长时间坐在书桌前面。因为他的注意力切换很快，做事难以持久，所以，很难长时间静心学习。

有个7岁的男孩子，带着"多动症"的标签被父母带来找我，原因就是他几乎一刻也停不下来，在家里总是冲过来冲过去，整天都不知道在忙些什么。每次都是临到睡觉了，才发现他的作业还没有完成。

关键是他在学校里也不让人省心，总是被老师投诉上课的时候坐不住。除了体育成绩很好，其他的功课都让家长和老师很不满意。

肢体型的孩子都是运动天才，很擅长体育活动，也具备充足的合作精神，虽然可能学习成绩不是很好，可是人际关系却很不错。

家长帮助肢体型学习模式的孩子，需要特别集中精神，观察他的行为规律，每次在他进入学习状态的时候，及时督促他专注地只完成一项作业，做完了主动提醒他起来活动一会儿，然后再进行下一项作业。同样，完成以后马上停止，休息一会儿之后再继续做下一项。既不束缚他的行动，又能保证完成学习。

至于**书面型学习模式**的孩子，可以称他们为"沉默一族"。不管在怎样的环境里，他们永远是喜欢隐藏在后面、靠边位置的人。

如果说视觉型的孩子看书一目十行，听觉型的孩子只看标题，那么，书面型的孩子就是阅读天才。他们非常喜欢享受独立安静的空间环境，也愿意拿一本书静静地看；非常享受读书的乐趣，而且看得很认真，看得很仔细，看过的内容记忆很长久。

所以，在所有的学习模式当中，只有书面型模式的孩子是真正的"书虫"。他们也喜欢倾听，但是不像听觉型的孩子，很容易因为听信他人而盲从。书面型的孩子是一边听，一边思考，一边总结，最后形成最可靠的数据或内容提要。

在我的辅导经验里，因为学习压力太大，而莫名其妙地突然就不愿意再去上学的孩子，多数都是书面型学习模式的孩子。他们经营人际关系的能力很差，无法灵活地处理事情，因为不擅表达又心地善良，也不能有效地保护自己。

所以，有的孩子会形成人际中的讨好模式，一味地付出，比如不断地借钱给同学，又没有办法让别人还钱等；有的孩子会极力逃避人际关系，把自己的内心完全封闭起来，从来不会主动交流和沟通，遇到矛盾也是选择往后退缩，是典型的"书呆子"。

曾经有家长说，他家的孩子很奇怪，在家里的时候什么题目都会做，只是动作慢一些，可是老师却不这样认为，总是投诉他在学校里什么也不会做，作业总是很难完成，试卷经常做不完所有内容。

家长努力协助老师，每天都在催促孩子快点快点，结果现在孩子干脆不去上学了，理由是他听不懂老师讲的课，也不会做作业。

孩子在我这里翻来覆去只有一句话："他们总是催我，他们总是催我……"

孩子真的很苦恼：不是他听不懂，也不是他不愿意学习。每次听懂了课程，他会喜欢先想一想；每次写作业之前，他也喜欢想清楚了再动笔。可是老师不允许，总是批评他拖全班的后腿。

他就是典型的书面型学习模式的孩子，做事情很谨慎，总是想了又想。往往别人一篇作业都完成了，他还没有想清楚如何开头。

我们经常教孩子说"好记性不如烂笔头"，其实针对这类孩子最有效果。他们喜欢写，而且还写得特别慢。

就像这个孩子，他在家里写作业很慢，家长不会强行要求他快速完成，也没有严格的时间限制，所以，他可以很从容地完成作业。

可是，在学校里就行不通了。每一门功课都要学习，每一门功课都有练习作业，上课、下课都有严格的时间规定，老师不可能只对他网开一面，让他想什么时候完成作业就什么时候完成。

总是落在后面无法很好地完成作业，他就会有学习压力。再加上这种类型的孩子都是非常敏感的孩子，如果老师批评多了或者被人取笑，他就宁可不去做这件事情了。

对于这样的孩子，家长经常会使用"数到三"的撒手锏来吓唬孩子，实际上这种方法对书面型学习模式的孩子尤其不可取。经常这样说，孩子感觉到极大的紧迫感，没有头绪地努力配合家长的要求，容易形成焦虑情绪；或者选择抗拒，变得更加麻木或拖沓。

对于书面型学习模式的孩子，家长和老师要有足够的耐心，平常可以多给他们一些完成作业的时间，有意训练他写作业的速度。哪怕每天只提前几分钟，也要及时肯定，提升他的自信心，维护他的成就感。

如果用对了方法，帮助他能够按时完成作业和试卷，你很快就会发现，你的孩子是标准的考试能手，总是不声不响地就给你拿回来满分的试卷。

当然，家长除了感觉他们的学习效率低下，还经常会焦虑他们的社会关系状态。因为他不喜欢跟他人有太多连接，总是喜欢独自躲在一边享受一人世界，家长就会担心他的人际关系问题。

可是，对这样不愿意主动又比较敏感的孩子，往往是你越促进，他就越退缩。你说得多了，他还会认为自己是不正常的、跟别人不一样，以后更不愿意与别人交流了。

父母要学会适应他们喜欢独处的性格，允许他有足够的个人空间，安静地做自己喜欢的事情。在人际关系中，他们喜欢尽量不引人注意地走到他人前面，所以，家长不要刻意去安排或者督促，尽量让他能够自然而然地融入团体。

在写作业的时候，书面型学习模式的孩子也适合边读边写。如果能够在学习遇到困难的时候，多给他列举一些具体的事例，孩子就更容易理解所学的内容。

家长还要注意的一点就是，书面型学习模式的孩子，普遍对学习文科有偏爱，对学习理科却有些困难。可是，他们却很善解人意，如果收到父母、老师足够的爱心和耐心，为了回报，也愿意努力把自己的学习成绩提上去。

还有一种学习模式的类型，就是**群体互动型**。单从字面意义上来理解，我们就知道，这种类型的孩子，特别偏爱讨论会或者其他集体活动，哪里热闹就往哪里钻，属于最能闹腾的那一类孩子。

如果大家都在教室里安静地学习，教室外面突然发出一个异样的响声，第一个跑出教室的绝对是这种孩子。经常把老师气得够呛，因为他会比老师跑得还快。老师也会骂他：关你什么事？可是，下次遇到类似的情况，他还是会第一个冲出去。

家长和老师最头疼的就是，他们为什么闲不住？记得十多年前我在做青少年情商技能训练的时候，有个7岁的小男孩带着"多动症"的标签，被父母送进了我的课程。

因为特别好动，在家里和学校里都是很讨嫌的孩子。什么人说话他都能接上话茬，什么事情他都要插上一脚，什么环境里都只听到他一个人的声音。他爸爸无奈地说："好像全世界都少不了他，也不知道他哪来的那么多精力。"

老师也没有办法管理他，几乎天天都在投诉。因为他总是忍不住招惹同学，又常常被其他孩子和家长投诉。

实在没招了，家长就根据老师的建议，把孩子带到医院神经科去做治疗。医生听了家长的描述，根据孩子表现出来的症状，贴了一个"多动症"的标签，开了一堆药品。

家长完全没有想到有这么严重，回家看着各种药品，一样也不敢给孩子吃，吓唬孩子说再调皮捣蛋，不仅要吃药，可能还要打针。孩子看到药也变得安静多了……可是，没有老实几天，老毛病又犯了，哪里都少不了他跑来跑去的身影……

把他送到我这里的时候，他妈妈居然说："老师，我也不知道你有没有办法，死马当作活马医吧。"可见这个妈妈面对孩子的问题有多么绝望。

很快我就知道了，果然是名不虚传，这孩子不仅好动，而且动作还特别迅速。他本来坐在第一排，我一转身的工夫，他就突然从第五排钻出来了；我转个头的工夫，他就可能又从第二排冒出来了。

最神奇的事情是，每一次，他都不是从走道里跑过去的，而是从桌子下面钻过去的。大家越是大惊小怪，他越是得意扬扬。

我就告诉所有的孩子们：我们每个人都有自己的学习方式，有的人只会一种学习方式，也有的人同时会好几种学习方式。现在这个同学只会钻来钻去的学习方式，所以，我们先接受他的这种方式，等他慢慢学会其他更好的学习方式。

果真，其他人都不再关注他钻来钻去的行为了，他就觉得没有意思了，慢慢变得可以在座位上稳定下来。因为他喜爱做公众人物，遇到需要发言和带领大家活动的练习，我就鼓励他争取。他非常愿意做这一类的事情，总是积极主动而且表现不错。

他还主动担当了每天帮我开关窗帘的任务：进了教室的第一件事，就是冲过去把大大的窗帘打开；中午大家在教室里趴在课桌上休息的时候，他又冲过去把窗帘关上……如果有人提前把窗帘开关好了，他会很不甘心地重新做一遍，每天尽职尽责。

一个学期结束后，家长领回家的是一个能够遵守课堂纪律、喜欢发言、热爱劳动的孩子。所以，鼓励孩子表达和展示自我，就可以把他们旺盛的精力，引导至更利于他学习和成长的方向。

这类孩子在人群中是最活跃的那一个，最愿意表达的那一个，非常喜欢跟别人交换意见，灵活度很高，一点也不保守封闭。可是，他也容易盲从，缺乏自行判断对错的能力。

特别是十几岁的时候，英雄主义情结开始显现。假如有同学对他说：今天放学以后，某某地方见。他会立刻热血沸腾，一放学骑了自行车就往那个地方冲，根本没有想到问问去干什么。

即使到了目的地，发现原来是两拨人在打架，他也会毫不犹豫地立马参与进去，来不及想任何后果。

所以，在孩子的人际交往中，家长需要特别关注他的交往对象或者环境，避免他在热情、冲动之下，因为听信他人而做出不恰当或者错误的决定。

同样，如果想让他参与到一个团队中去，一定要建立正向的群体规则，保证他始终有好的行为规范；或者了解清楚这个团队是否有正向的规则，才允许他参与进去，避免"近墨者黑"。

4.行为模式

作为系统成员，我们都是通过被人管理，才能学会管理自己。所以，如果一开始就没有外在的控制，内在的控制也不会产生。

现在，我们对于没有外在控制的"熊孩子"，已经到了零容忍的地步，所以，相关的报道很多：

太原两个"熊孩子"玩火，不小心点燃旁边的车辆，赔了2.5万；九江7个"熊孩子"用3枚石子逼停高铁，将赔5万损失；美国一个"熊孩子"伸手抱社区会场中心雕像，意外将雕像摔烂，父母收到八十多万赔偿账单……

为什么我们身边的孩子在行为约束方面，会容易失控呢？很多时候，并非我们的监管不到位，或者没有教过他们正确的做法，而是我们不了解孩子的个性特征或者行为表达方式，所以对孩子发出的指令往往无效。

前两天在我的"快乐父母119"课程里，跟家长朋友们探讨孩子对父母的意义，很多家长都说：希望孩子快乐健康地长大。

可是，绝大多数的家长都很困惑，不管如何帮助，好像孩子们并不快乐。如果说学习成绩不好的孩子不快乐，我们都能够理解，那么，很多学习成绩很好的孩子也不快乐，究竟是因为什么原因呢？

在发展心理学的基础上，通过研究结果发现，影响孩子快乐和生活满意度最大的因素，不是一般人认为的智商或者学业成绩，而是自知与责任心。

有个妈妈带了即将上高考考场的儿子来到课程里，一再恳求我给孩子做个体辅导，因为高考的日期越近，孩子越紧张，这几天已经说了几次准备放弃高考之类的话。

站在我面前，高高大大的儿子一言不发，非常沮丧的样子，妈妈在旁边急得直掉眼泪。我请这个妈妈暂时离开一下，对这个19岁的小伙子说："你已经是成年人了，不可能永远指望妈妈帮你表达和做主。如果你愿意，我可以试试看能否给你一些可供参考的建议。"他犹豫了一会儿，深深地叹了一口气，说："我可能……上不了考场了。我现在脑子一片空白，以前学的东西好像全部都忘记了。真的，我什么也想不起来了，老师。我怀疑，我的脑子是不是坏掉了？"我说："哪里有脑子坏掉的人，还能如此清晰地表达自己？你只是临近高考，压力太大了，导致大脑进入了一个自我保护的应激状态，有意屏蔽了造成压力的具体事物。通过做一些放松练习，静下心来调整状态，很快就能恢复记忆功能。"

他听了以后，长出一口气，立马变得精神起来，话也变多了，认真跟着我学习了两个放松的方法。谈论到学习成绩的时候，他还略带骄傲地报出了自己比较优异的成绩。

可是，当我问他的高考志愿以及所学专业的时候，他又变得犹豫不决了：高考志愿是父母和老师建议的，要学的专业是爸爸帮助选择的；本来想报哈尔滨的一个大学，妈妈喜欢南方，所以又改成了厦门大学……他越说越有气无力……

当我问到他的个人意愿时，他半天回答不出来，看得出来，应该根本就没有想过这个问题。我说："那么，你平常喜欢做什么呢？或者，等你以后大学毕业走上社会，你想从事哪方面的工作？"他想了一下，居然说："都行。"我说："什么叫都行？我们要根据自己的特长和潜能，去选择学习适合自己的知识、技能，才能更容易有热情、有毅力地坚持在这方面做出成就。从小到大，你有什么兴趣爱好吗？"他很茫然地摇摇头说："没有，我一直就是学习，没有什么兴趣爱好。"我说："那么，依你现在的状态，如果没有准备好，比如说这次没有参加高考，或者高考的成绩不理想，有想过以后的打算吗？是要复读明年再考，还是想走上社会参加工作？"他很无辜地说："我不知道，我爸妈他们会考虑的，他们有安排……"

所以，他为什么临近高考，也能轻言放弃呢？因为他既不了解自己的需求和特长，也没有承担责任的自主性，更没有目标和方向。

当一个人能够比较清楚、明确地了解自己的愿望、个性特征、做事风格、思考模式、潜能、语言表达和行为表达方式等，还愿意承担自己努力奋斗的责任，他就有能力让自己去适应外界的人、事、物，以及随时可能产生的变化和压力，不会轻易被生活事件压垮。

20世纪早期，美国心理学家马斯顿博士，也就是心理"测谎器"的创始人，根据个体的行为模式差异，把"人类行为语言"划分为四种不同的类型：支配型、影响型、稳健型和谨慎型。

第一种行为模式的类型是支配型。

支配型的人喜欢能够掌控整个状况，并且无时无刻都想要下命令和指挥别人，只按照自己的解决方法处理问题，企图心非常强。

支配型的孩子永远盯着自己想要的结果，想要了解什么会立刻去询问，想要做些什么就马上去行动，做事的动机非常明确，更注重寻求个人利益，对于成功和成就特别感兴趣，只想尽快达到目标，但却不重视其他人的感受。

有个八九岁的小女孩，就属于典型的支配型孩子。她跟着妈妈来到上课的会场，我们上课的时候，她跟几个小朋友在会场外面玩耍。

中间休息时间，女孩子的妈妈过来咨询问题，说自己的女儿特别喜欢顶嘴，不知道怎么办。正好孩子进来了，她并没有去找妈妈，而是直接走到我面前，摆出一副挑战权威的架势，张口就说："你是谁啊？"我不接受她不礼貌的态度，反问她："你是谁啊？"她把脖子一梗，说："我不想告诉你。你是谁啊？"我说："我也不想告诉你。"她没有想到碰上硬茬了，很不甘心："你在这里干什么？"我说："我做什么你不需要知道。"然后我马上转身去跟另一个小女孩说话，不再给她继续斗嘴的机会。可是，你们知道吗？在这个过程中，小女孩的妈妈坐在旁边，居然一句话也没有说。所以，我们知道，父母在孩子的不良行为方面，并没有特别去规范和引导。

等孩子跑开了，她妈妈又接着说，孩子在家里对妈妈说"我就是以斗嘴赢了你为乐"，并且从来不写作业……我问她："她不写作业，如何跟老师交差呢？"她妈妈说："在学校她也不写作业，每次都是把脖子一梗说'哼'，老师也拿她没有办法……"正说着话呢，女孩子用纸杯接了半杯水进来了。她把水递给妈妈，她妈妈吃惊地看着她。我故意说："哟，这么体贴妈妈啊！"她很果断地对我说："你等着啊，我去给你倒水。"然后不由分说地跑出去了……这就是支配型孩子的典型特征，不达目的绝不罢休。她知道我是正在讲课的老师，也在外面看得到介绍我的广告牌，完全知道我是谁、在做什么。

之所以故意来问我，是想跟我有一份连接，可是又不懂得更好的沟通方法。没有达成目的，她立马换成了给我们倒水这一招。同时，也是很要面子的孩子，为了避免尴尬，她就把第一杯水先给了妈妈。

这种类型的孩子最大的优点，就是自信独立，行动果断，从不拖泥带水，也不指望他人帮忙，不需要父母太操心。可是在人际沟通中却常常碰壁，因为他们的沟通方式太单向直白，显得很没有礼貌和修养，不太讨人喜欢。

有的家长害怕造成直接冲突，纠正孩子的行为时，容易委婉地绕圈子，结果常常被孩子反过来揭穿，并且拒绝沟通，反而失去了督促孩子规范行为的主动权。

有的家长为了压制这种好斗的孩子，就采取强迫或者下最后通牒的方式，结果反而激起了孩子更强的斗志，让他们事事挑战和抗拒，就像刚才我们说的这个小女孩。

还有些家长实在找不到更好的方法，又不愿意总是跟孩子斗嘴生气，干脆放弃了引导，或者无奈地面对，或者放任自流，就像这个小女孩的妈妈。

帮助支配型孩子快乐成长的方式，就是允许孩子拥有他的自主领域，在他有能力和有意愿的范围内，尽可能自己做选择；可是在超出他能力和规范的事情方面，要清晰地明确规范与界限，并且对制定的规则坚决执行，防止孩子利用你言行不一的空隙横行霸道，或者因此迫使你满足他的需要。

跟支配型的孩子交流的时候，要尽量避免说教，而是直接说比较简洁、精练的话语，或者给出简明指示，并且坚定地要求他服从，这样引导的效果更容易达成。

他们喜欢独自行事。父母要学会利用孩子的冒险天性，把希望或者要求孩子做的事情，分阶段编制成可以落实在具体行动上的清晰步骤，交给孩子来主控和安排。即使孩子做得不够好，父母也不要急于插手，更不要想试图说服他改变，而是先肯定孩子的目标和做出来的具体成就，然后才做进一步的督促和指导。

由于他们喜欢控制的天性，要么希望家长完全支持他们的想法和做法，要么就会直接拒绝父母参与他们的活动。所以，父母在管教孩子的偏差行为时，一定要立场坚定。

在孩子很小的时候，就要注意树立家长的威信，果断且言而有信，把局面始终掌握在自己的手中，用智慧和安全的标准设定规则，才能让这类孩子真正佩服，并且愿意配合你的教养方式。

第二种行为模式的类型是影响型。

影响型的孩子性格外向、开放，对人很友善，喜欢跟他人在一起玩耍、学习，而且在任何社交场合，都表现得自信而游刃有余。

影响型的孩子情商很高。他们敏锐的觉察能力，会为他们吸引来别人的注意力和赞美，从而让他们成功地成为众人目光的焦点。

影响型的孩子朋友很多，而且他的朋友，都是因为佩服他而被他吸引，他也很懂得去照顾朋友们的感受。

在学校里，老师最应该团结的，应该是这一类型的孩子。如果老师给他足够的关注力，并且及时肯定他的优点，他会影响班级里绝大多数的孩子尊重老师；如果老师总想压制他的超级影响力，他看似不经意的一些言行，却能极大地煽动其他同学的强烈情绪，导致老师很难带动团队。

影响型的孩子都有依靠感觉生活的倾向。他们虽然热情健谈，容易相信他人，可是，情绪化反应比较严重，如果被压制或者感受到排斥，就会深深地被伤害，容易出现反常的冲动性行为。

曾经有个中学教务主任听了我的课以后，很激动地对我说："晓红老师，我终于知道学校里的那个刺儿头是怎么回事了，他就是典型的影响型的孩子。你快教教我，怎样快速把他的这种模式，转化成积极正面的影响力。"我说："很简单，第一，创造机会让他做老师的得力助手；第二，设定正向行为的规则要求他必须遵守。"

这位教务主任想不通，他着急地说："晓红老师，你不了解这个孩子，我们是初中部和高中部都在同一个校区，他在初中的时候，就是一个处处跟老师作对的刺儿头，虽然很不服管理，成绩也还不错。

"进入高中以后，他整天带领全班同学跟班主任对着干。现在高一年级，进入高二学习更紧张了，我们担心影响孩子们的学习状态，学校领导已经决定换一个班主任了。

"可是，因为他的影响力太大了，老师们都不愿意来当这个班主任。校长说只有先让我兼职班主任，我正头疼呢。这样的孩子，让他只做个助手肯定不行，他是不是只做老大才行哦。"

我告诉他："支配型的孩子才想做老大，因为可以指挥别人，按照他的想法去获取想要的目标；可是，影响型的孩子并不喜欢做老大。虽然他们参与集体的意识比较强，善于沟通，能言善辩，很会激励人心，但是，他们做事不拘小节，没有条理性，缺乏领导他人的能力，而且他们的人生态度是顺其自然，又特别喜欢交友和玩耍，统筹安排全局的事情对他们反而是负担，所以，做一个有足够影响力的军师，是他们最理想的位置。"

这位教务主任回去以后，根据我的建议，先找那个同学谈话，直接表明需要他的支持，因为老师很欣赏他的影响力。

如果他愿意支持老师的工作和全班同学的学习，希望他在学校的纪律规则范围内，更好地发挥正面的影响力。而且，正面积极的号召力，一定会影响到同学们的一生，即使以后走上社会，相信同学们永远都会因此而受益。

可是，那个孩子听了教务主任的话，并不是很信任老师会请求他的支持，思考了半天，才慢悠悠地说："你是想收买我吧？"主任急了，对他说："你的所作所为，都影响到学校的正常教学活动了，我甚至有理由建议学校开除你。只是，我觉得你是个真正的人才，在学校都有这么大的影响力，如果好好规范行为，锻炼领导能力，以后在社会上一定能够大展宏图。否则，如果变成了人人喊打的老鼠，把自己的一生都耽误了，就太可惜了。"

孩子听了很受震动，表示愿意配合老师。果然，这个孩子发挥出来的影响力，远远超过了教务主任的预期。班级里的学习氛围，很快就变得浓厚而且积极。

一年多以后，高二学期结束时，全班同学的学习成绩都有明显的提升。放暑假前，那个孩子带领全班同学感恩老师，在操场上用点燃的蜡烛摆了一个大大的"心"，把主任感动得不行。

如果对影响型的孩子过度放任，就可能导致孩子继续发展他自我放纵的倾向。所以，一定要设定明确的规范与限制，并且配合适当的管教来执行督促，才能培养孩子成为有责任感的人。

家长朋友们一定要记住，影响型的孩子特别渴望被关注和陪伴，渴望被接纳和肯定。所以，要尽量多抽出时间陪伴孩子，跟他们一起玩耍游戏、讲述故事，修正自己过高的期望，多找出孩子的优点给予肯定，那么，你一定会在孩子身上发现很多令你意想不到的奇迹，比如体贴、配合、善解人意、自我管理、干练有责任心等等。

第三种行为模式的类型是稳健型。

从字面意义上我们就知道，这种类型最大的特点就是稳定、耐心和毅力。

稳健型的孩子对待他人既热情又优雅，也喜欢在人群中，可是他们缺乏社交自信，主动性比较差，而且在人群中，都是扮演倾听者的角色，很少主动发言。

我有一个徒弟的儿子，就是典型的稳健型。过去这七八年的时间里，我们在身边看着他一点点长大，任何时候都是小绅士的样子，性格温和，不急不慌。无论旁边的人多么吵闹，他始终是一副波澜不惊的状态，特别稳定。

我最喜欢他参与我们活动的时候，不管别人怎样说、怎样做，都不能影响他坚定地按照正确的方式做事，表现得冷静而有毅力。交给他什么事情，你都会觉得很放心……

当然，当妈的可不这么想。因为父母总希望孩子能够积极主动、速战速决，做好一切，所以，他妈妈忍不住地还是要去管他或者催促他。有时候，他实在受不了妈妈的唠叨了，就威胁说要找我告状。

稳健型的孩子最重要的行为元素是需要时间。他们不仅行为动作慢条斯理，说话用字、用词可能都要经过缜密的思考，否则宁可什么话也不说，虽然你看得出来，他分明是有自己的见解。

他们不喜欢改变，有知足常乐的心态。为了避免改变带来的不确定性打乱自己的节奏，他们宁可维持在可预期的现状中，无论什么事情都不能诱惑他。

稳健型的孩子也很敏感，有讨好心理，希望与父母保持亲密的关系，所以，最讨厌拿他与"别人家的孩子"做比较。

如果他不愿意当众发表意见，父母千万不要强迫，注意维护孩子的自尊心，等回家以后再引导孩子说出内心想法，并诚实说出你的看法，仔细听取回答并且肯定好的部分。

无论什么时候，尽可能提前告诉他可能发生的变化，尊重他喜欢被看重与被需要的感觉。

父母要学会放慢节奏，鼓励孩子自己动手做事。遇到冲突和必须要改变的事情，跟孩子越商量越无法解决问题，那么，父母要表现出更多的主动和果断，避免没完没了的纠缠。

假期或者闲暇时间，要允许孩子有无所事事的自我休整时间。谨慎批评，多肯定和赞赏他的努力。督促孩子做事的时候，要清楚详细地说明完成任务的方法，让他感受到归属和被接纳的良好感觉。

第四种行为模式的类型是谨慎型。

这是一种以高度理性的态度面对人生的类型。

谨慎型的孩子对事情的细节特别感兴趣，写字的时候讲究横平竖直、发音的时候反复矫正、练习数学题不能少了每一个步骤，甚至草稿纸上也会写得整整齐齐……

他们很少会有情绪化或冲动的行为，比较喜欢有计划的行动，而且一定会考虑得非常周到、仔细。

谨慎型的孩子特别重视正确性和精确度，所以，他们喜欢秩序和组织，会很自然地遵循规定和服从指示。如果身边有人违反相关的规定，他会表现得很生气；如果有人故意违规，他会变得很愤怒。可是，他又不愿意跟他人发生冲突，要么尽量避免正面交锋，要么放弃自己的努力和所有合作。

所以，我们在生活中会发现，有的孩子不去上学的理由，居然会是因为看不惯某个老师或同学。

谨慎型的孩子做事需要足够的时间反复思考、做准备、规划细节，因此，父母的不耐烦和催促，都有可能伤害他的自尊心。

他们的"为什么"特别多。家长要耐心、深入地回答孩子，接纳他警觉的天性，理解孩子对完美的追求，重视他对问题追根究底的性格，接纳孩子小心谨慎的人生态度。

谨慎型的孩子非常敏感多疑，稍不如意，就有可能把自己的心完全封闭起来，退缩到自认为安全的舒适区，拒绝交流和改变。即使想要跟他谈心，也要选择他比较心平气和的时候，用比较温和的语气沟通，尽量客观地描述事实。

如果你能够诚恳、具体地夸奖并欣赏他做出的成果，引导他接受自己与他人的缺点，让他随时都能感受到你的爱与接纳，那么，很快你就会发现，他才是那个最坚定的问题解决者。

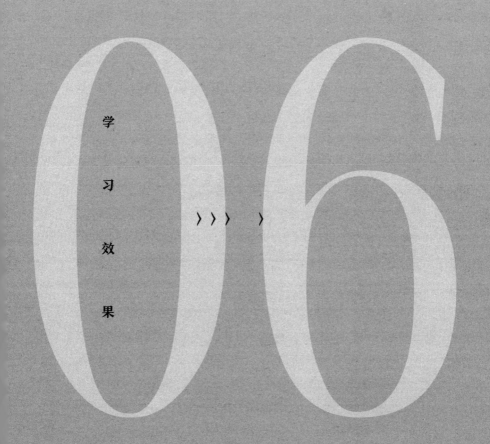

学 习 效 果

06

〉 〉 〉 〉

妈妈 爱我 请你 帮帮我

1.发散性思维培养

发散性思维，又称为扩散性思维、辐射性思维或求异思维。这是一种从不同的方向、途径和角度去设想，探求多种方案，最终使问题获得圆满解决的思维方法。

注意哦，重点是"圆满解决问题"，绝对不是为了单纯地让"脑筋急转弯"。我们现在一说到发散性思维，就想到"脑筋急转弯"。

有一次我去外地讲课，一个学员对我说："老师我女儿非常喜欢脑筋急转弯，我也喜欢，可是，我们家里谁都不如我女儿脑筋转得快。现在，她不仅在家里没有对手，学校里的同学都说不过她了。不过，她的老师不喜欢她，说她在课堂上总是唱反调，我觉得可能是那个老师太死板了，没有发散性的思维。晓红老师，你觉得呢？"

我对她说："可能要让你失望了，因为我跟那个老师一样死板。"

因为，把发散性思维当成对抗、攻击他人的工具或武器，绝对是一个完完全全的误解。

发散性思维是为了更加充分发挥人的想象力，突破原有的知识局限，从一个点出发，向四面八方想开去，并且通过对自己懂得的知识、观念、技能的重新组合，寻找更新更多的设想、答案或方法，帮助顺利圆满地解决当下的问题。

我们不能否认，"脑筋急转弯"可以帮助我们打破思维定势，扩散思维方向，让大脑变得更加灵活，从而给我们带来更多的可能性和选择。可是，大量的"脑筋急转弯"书籍里的题目，并不都是有意义的思考。

比如：有一天，小英看到小明随即尖叫，小明见状，也跟着尖叫，为什么？答案：他们正在玩游戏。

这样的"脑筋急转弯"，不仅没有意义，而且有点莫名其妙。

还有一些"脑筋急转弯"的题目，因脱离实际加入了个体主观因素，恰好又限制了发散性思考，甚至还会有误导孩子的可能性。

比如：既认识自然又能随便改造自然的人是谁？答案：画家。

画家只是在画布上改造，并不是真的改造。孩子应该知道，真正的自然改造者是农民伯伯。当然，如果用发散性思维来扩充认识，挖个矿属于改造自然，建设房子也是改造自然，圈个牧场是改造自然，土地开发更是改造自然。

其实，对学生来说，一词多组、一事多写、一题多解，或者设想好多种方法解决问题，都是发散性思维最好的训练方法。

接下来，我们分享一些激发孩子发散性思维的训练方法，供家长朋友们参考。

第一种训练方法：发挥想象力。

德国著名的哲学家黑格尔说过："创造性思维需要有丰富的想象。"所以，异想天开的想象力才是创造力的源泉。

我们现在的学校里都是"填鸭式"的教育，知识在上面，老师在中间，孩子在下面。孩子对知识产生兴趣，愿意去探索和学习，必须通过老师这个中间环节，学到的知识就变成了一个个唯一正确的"标准答案"。结果是孩子受教育越多，思维越单一，想象力也越有限。

记得女儿上初中的时候，有一次回家对我说："妈妈，你知道吗？我们班发生了非常可笑的事情。这个周末写作文，好多同学都把自己的奶奶写死了。"

为什么会这样呢？原来语文老师要求学生，要按照自己写的范本架构写作文。老师的范本是写一个孩子在奶奶活着的时候，如何不听话；奶奶去世以后，孩子慢慢长大了，才明白原来奶奶曾经说过一些多么有意义的话，有多么爱自己……结果，好多学生为了模仿老师的范本，就活生生地把自己的奶奶写死了。

如果在孩子学习知识的时候，老师不是站在中间，而是站在旁边，不断地引导孩子直接看向学习，让他们对学习产生兴趣，愿意去探索和提升，那么老师再把不会的知识教给他，从身后去推动他，相信孩子更愿意自己动脑筋灵活学习和创造。

所以，我们要帮助孩子把想象力变为成长得更好的推动力，就要善于从生活和教学中，捕捉孩子的创造欲望，充分挖掘教材知识的潜在因素，启发孩子展开丰富合理的想象，把孩子的奇思妙想都转变成孩子前进更好的动力，何愁没有热爱学习的孩子呢？

第二种训练方法：鼓励多向思维。

单向思维大多是低水平的发散，多向思维才是高质量的思维，所以，在思考时尽可能多让孩子想一些"假如……""可能……""假设……""如果……""否则……"之类的问题，更利于促进孩子换一个角度去思考，想自己或别人从未想过的问题。

有个初三的孩子，就是我们前面所讲的谨慎型的孩子，每次做数学练习题的时候，都喜欢埋头琢磨有没有其他的或者更好的解题方法，所以花费时间比较多。

因此，每天在家写作业，都要写到很晚才睡觉。家长总是守在他身边不停地督促，甚至还规定严格的睡觉时间，睡觉时间一到就把灯关掉，逼着他按时睡觉。他也不吭声，听话地躺到床上去了，可是，等父母睡觉了，他又起来打开灯继续写作业。

他在学校里，也不能按照老师规定的时间完成作业。考试的时候更是经常做不完试卷，所以考试成绩肯定不理想。

老师当然很生气，虽然知道他也懂得怎么做，也曾试过多给他时间在老师办公室完成试卷，可是，对他的这种学习速度真的是非常不接受。有一次，老师催他快点，他却告诉老师可能还有其他的解题方法，老师实在忍不住了，冲着他大吼："有没有其他的解题方法关你什么事？你又不是科学家。"

当时全班同学哄堂大笑，让这个孩子感觉特别伤自尊，第二天开始，他居然拒绝去学校上学了。

后来，家长和老师反复做工作，数学老师又专门当着全班同学的面，正式给他道歉，他才答应回校上学。只是，之后的学习就开始由着自己的性子做了，经常是三天打鱼两天晒网地上学，各门学科的成绩都在往下降。

家长把孩子带到我这里时，孩子是非常沮丧的。他告诉我，不是他不愿意去上学，而是他面对学习没有灵感。我了解了他的整个情况之后，首先肯定了他的多向思维能力，然后告诉他，他只需要稍做调整，就可以恢复在学习上的灵感。

　　他有点不相信，犹犹豫豫地说："其实，我以前学习很好的，都会做，就是动作太慢了，现在真的没有灵感了。我喜欢找到很多种解题方法。"我说："非常好啊，肯定连你的数学老师也不得不承认，你就是未来当科学家的料。爸爸妈妈和老师担心的，只是害怕你的学习效率可能影响到你成为真正的科学家而已。你只需要调整一下学习的节奏，就可以非常好地发挥自己多向思维、追求完美的潜能。"他听得满脸通红，连连点头。

　　后来，我们先确定了未来高中和大学的目标，共同梳理了他的学习模式，然后，根据他的学习模式调整了学习的节奏。比如，在校写作业的时候，要尽量按照老师规定的时间完成，维护学校和老师的纪律要求；在家写作业的时候，跟父母商量好，每天可以晚睡半小时来完善作业的精确性；做练习题的时候，每次都记录完成的时间，有意训练、提升写作业的效率；考试的时候，不纠结任何解题方法，只迅速写一种最先想出来的方法，避免做不完题目影响考试成绩；在周末和节假日的时候，利用充裕的时间多思考一些解题的方法，既锻炼了自己的多向思维能力，又不影响自己的学习成绩……

　　孩子很开心地跟妈妈回去后，听话地去学校上课了，再也没有说不去上学的话。秋季入学的时候，他妈妈给我发信息报喜，说孩子顺利考上当地最好的高中了。

　　实际上，我们应该鼓励孩子提出与教材、与老师不同的见解，训练孩子沿着新方向、新途径去思考新问题，让孩子在学习知识、提升技能方面虚心请教，但是不要迷信任何权威，肯定孩子愿意超越已知的部分、寻求创新思维的能力。

　　父母要在生活中有意引导，帮助孩子提升多向思维的能力。

有时候，正是我们没有注意到的细节，把孩子导向了单一思维的方向。

我有一个小侄儿刚上小学一年级的时候，有一次我回老家，正好碰到我弟弟在帮助小侄儿完成听写作业。小侄儿是视觉型的孩子，在听力方面比较困难。当他爸爸说："灯。"他就呆呆地看着爸爸。加重语气再说一遍，他还是在发呆。我在旁边说："就是电灯的'灯'。"他马上说："哦！我会写。"他爸爸又说："新。"他又是呆呆地看着爸爸。跟前面一样，再说一遍，还是不明白。我在旁边看得着急，对他爸爸说："老天爷啊，你就不会多说几个字吗？究竟是新旧的'新'，还是心脏的'心'，或者是天上的星星？"他说："新旧的'新'啊。"侄儿又是马上说："哦！我会写。"

所以，很多时候，根本不是我们的孩子太笨，而是我们大人不够灵活。如果我们总是按照这种方法教孩子，肯定把孩子越教越死板，永远只会记得标准答案，渐渐失去主动学习的热情。

第三种训练方法：弱化思维定势。

法国生物学家贝尔纳说过：妨碍学习的最大障碍，并不是未知的东西，而是已知的东西。

曾经在一个几百人的会场上，没有办法用话筒直接提问，很多家长争先恐后地递上来很多纸条提出问题，其中一张纸条上写着："老师，我的儿子12岁了，学习成绩只是中等，可是他对学习没有动力，就是喜欢厨艺、种花、养小动物。我很担心，以后他能不能凭自己的本事养活自己啊？"

一个爱厨艺的孩子，说明他喜欢享受美食；一个喜欢种花的孩子，说明他热爱生活；一个喜欢养小动物的孩子，说明他心地善良。

我们想想看，一个喜欢享受美食、热爱生活并且愿意美化生活、心地柔软善良的孩子，怎么可能允许自己的生命状态很糟糕呢？

对于这样一个热爱生命的孩子来说，父母根本没有必要担心他是否能养活自己，而是应该骄傲，小小年纪的孩子，已经懂得把生命活出最丰盛、最灿烂的状态。

这位家长的担心，正是来自很多家长都存在的思维定势：学习成绩不好。因为我们的传统教育，多年来随着社会急速转型的变化，已经被误导进入一个错误的教育怪圈，好像唯有考上一个很好的大学，才能够有美好的未来。所以，学习成绩，就变成了孩子以后是否有美好人生的唯一标准。

前段时间在我的系统排列工作场里，有一个学员带了一位亲戚来找我，因为她们家遇到了一个非常重大的问题。这位满脸憔悴的女士眼泪汪汪、急切地说了半天方言，我终于听明白了：

儿子从小非常优秀，小学、初中、高中，都是学习成绩特别优异的孩子，去年考上了非常有名的大学。现在才上完了大一，他突然说不想再去上学了，他要去当兵……面对儿子坚决的态度，父母都要崩溃了，不知道应该怎么做。

我说："可以啊，他想当兵就让他去当兵呗。当兵不也挺好吗？"他们两人呆呆地看着我，不明白我的话是真的还是假的。

我说："他从小学习成绩优异，现在又是名牌大学的大学生，你们以为他不知道学习的重要性啊。他对抗的根本就不是学习，而是父母。是你们的教养态度，让他感觉到他根本没有在走他自己的人生路，只是一直活在父母的期望中而已。

　　"最好的办法，就是从现在开始放手，告诉孩子，你可以选择用自己的方式过自己的人生。现在有很多孩子在大学期间，选择去当兵锻炼自己、守卫国家，应该值得肯定啊。你们有责任让他了解一些可能产生的结果：当两年兵，回来以后该上学还是继续上学，不想上学就找工作；或者在部队上考军校，以后都在部队工作。想要继续上学你们负责供他完成学业；如果不想继续上学，就找工作养活自己。"

　　我们的思维定势，也是孩子的思维枷锁。人生不是一条单行道，成功的路有千万条。只要孩子的选择是对的、是好的，我们都应该去支持孩子，祝福孩子！

　　我的一个外甥女正在上高一，学习成绩一直很好，在学校里唯一的精英班里。这几天临近期末大考了，因为老师天天在班上讲如果考不好，就有可能被淘汰到平行班里，而平行班里的优秀生就会顶替进入精英班，所以，她突然觉得自己压力很大，好多懂得的知识点好像都连不起来了，越着急越无法轻松学习，很担心考试。

　　这就是我们前面所说的，妨碍学习的最大障碍，并不是未知的东西，而是已知的东西。按理说，她学习成绩本来就好，应该信心满满才对。要知道，正是因为她熟悉的都是标准答案，所以，用来应付平常的考试相当有效。特别是对于任课老师的出题方式，她完全可以得心应手地应对，没有任何问题。

　　可是，临近自己完全没有把握的大考，她就特别在意可能无法面对的不太好的结果。越是在意结果，就越不能在过程中发挥潜力，反而会对发生的变化有了恐惧。因为，打破常规不仅需要勇气，还要有灵活的新思维和新方法。

　　记得我以前在网络课程中讲过一个案例：有个幼儿园大班组织

孩子们去参观学校。正好是下雨天，回来的时候在一个立交桥下面为了躲避行人，大巴车发生侧翻，造成一个孩子胳膊骨折，还有另外几个老师和孩子受轻伤。

教育局要求幼儿园给孩子做一次心理危机干预，他们找到了我。围着一张巨大的桌子，孩子们坐在内圈，家长们坐在外圈。

我采取绘画疗愈的方式，让孩子们还原事件，准备帮孩子们释放事件造成的恐惧情绪。谁知孩子们刚一动笔，家长们一哄而上，开始了争先恐后的指导：

"错了错了，树应该是绿色的，不是黑色的。

"你怎么把车轮画到上面去了，应该在下面。"

遇到了如此恐怖的事件，在孩子的心里，一切都变成了黑色，当然会把树画成黑色的；当时车都侧翻了，可能孩子在慌乱中留下印象的，就是车轮子翘在半空中……

最后，无奈的我只好把家长们都请出会议室，才顺利完成了对孩子们的心理危机干预工作。

因此，思维定势与创新教育是互相矛盾的。只有我们鼓励孩子打破常规去创造，才有可能让孩子的学习过程更加灵活。

凡事必有至少三个解决办法。面对任何事情，只有一个选择就会钻死胡同，一条道走到黑；可以有两个选择呢，经常会左右为难，不知道选哪个好，又害怕选择是错误的；如果能够有三个以上的选择，我们就可以找出四个、五个甚至更多的可能性，从容地选择最适当的办法，使问题圆满解决。

第四种训练方法：允许大胆质疑。

孟子说：尽信书，则不如无书。即使印在书本上的东西，也不一定都是对的。真理有其绝对性，往往是针对特定的人、事、物而言；真理也有其相对性，特别是在广泛共通的范围里，没有可能一概而论。

我女儿在上学的时候，因为从小喜欢看书，对文章的理解能力很强，所以，老师根据教学大纲总结的中心思想，她常常都要质疑，说出一些不同的观点。老师要求她必须按照教学大纲的内容记忆，她就觉得特别不服气。为了不影响她在学校的学习，我就帮她分析老师要求的道理，然后让她把自己的想法讲给我听。

她感觉很开心，每天都有自己独特的想法和思路，回家写完了作业就来找我分享，嘴巴不停地讲啊讲啊，越讲越有灵感……这样，既不影响她在学校的学习和成绩，又培养了她的创新思维能力。

明代哲学家陈献章说过：学贵知疑，大疑则大进，小疑则小进。善于在学习当中发现问题的人，才是能够学到最多的人，也是进步最快的人。

质疑能力的培养，对启发孩子的思维发展和创新意识非常重要。可是，我们经常害怕孩子质疑，不允许孩子质疑。我们更乐于灌输标准答案、送上解决方案，培养出来的孩子，不是增长了很多能够自立的知识和技能，而是非常标准化的考试机器。

允许孩子大胆发表独特的个人见解，并不是为了鼓励他们对抗权威，而是为了引导孩子学会突破和自我反省，提升创新思维能力，将机械的记忆学习模式变成生动的理解性学习模式。

第五种训练方法：学会反向思维。

反向思维也叫逆向思维，是一种从认识人、事、物的反方向去思考问题，从而提出不同凡响的超常见解的思维方式。

曾经在我的"快乐父母119"的课程里，有个学员提问："晓红老师，我的儿子刚满5岁。他特别倔强，什么事情都要自己做，做不好又生气，我们该怎么办？"我觉得好奇怪："我们就是要训练孩子自己做事啊。他才5岁，做不好肯定不开心，你教他怎样做好就行了呗。"她说："老师，没有那么简单。你别看他才5岁，特别追求完美，做什么事情都很仔细：穿衣服要自己扣上每一个扣子，裤管长了要卷到一样高，鞋带要系得一样整齐……他的动作又特别慢。每天早上出门的时候，都是因为他耽误好多时间，我和丈夫经常上班迟到，我很担心他，明年上小学了怎么办。"

她还举了一个例子，儿子特别喜欢一件拉链夹克衫，经常点名要穿那件夹克衫。关键问题是那件夹克衫的金属拉链不够灵活，特别难拉上去，儿子又要坚持自己拉，拉不上去就哭。父母想帮助吧，他又坚决不让，每次都把自己累得满头大汗。所以，几乎每次穿那件夹克衫，都要导致一场家庭大战：她生气地吼儿子，丈夫生气地吼她，最后在儿子的哭哭啼啼声中带着怒气出门，一天都不开心。现在，她最怕的就是儿子穿那件夹克衫，也尝试藏起来不让儿子看到，可是他偏偏总是记得找那件夹克衫。

我说："孩子本来就追求完美，做不好事情很容易沮丧，也会质疑自己的能力，有很强的挫败感，所以才会哭闹。金属拉链经常因为洗衣过水，时间久了就有点生锈的感觉，用起来就不灵活了，你可以给他想想办法呀！"

她说："我想重新给他买一件，可是找不到一模一样的。"

我说："不是非要换一件才行，你可以试一下在拉链上做点事，比如用蜡烛在拉链的两面多蹭几遍，拉链就会变得顺滑起来，如果家里没有蜡烛，也可以用肥皂代替。"

第二天上课的时候，她很激动地给我们分享今天早晨她家发生的事情。虽然昨天她听了我的方法也想试试，但回家太晚了，没有来得及尝试，所以心里还是暗暗祈盼儿子不要选择那件夹克衫。

谁知道早晨儿子偏偏说要穿他的黄色夹克衫，拉链也果然拉不上去。儿子刚要发脾气，她急忙对儿子说："儿子，妈妈昨天上了晓红老师的课才知道，拉链拉不上去，不是你拉不好，是因为拉链出问题了，需要修一下。"儿子说："怎么修啊？"她飞快地跑去卫生间拿了一块肥皂出来，在金属拉链的两面仔细蹭了几遍，然后让儿子试试。结果，儿子非常轻松地就把拉链拉上去了。更好玩的事情是，儿子突然身体朝后仰面躺在床上，哈哈大笑了好一阵子，跟着父母出门，高高兴兴去幼儿园了。

这就是反向思维模式，虽然突破了常规认识，但是，并不违背生活实际，只是换了一个完全不同的角度去思考解决办法。实际上，除了润滑拉链，还可以换一条拉链、换成纽扣、换成按扣等等。

按照我们的惯性思维模式，拉不上去就反复尝试，或者干脆放弃换一件衣服。而从反向思维的角度考虑呢，是停止反复尝试，想想还可以有什么办法处理这个问题。

反向思维就是不受旧观念的束缚，不迷恋于传统的看法或做法，积极探索新的方法，标新立异，表现出独特的创造性。

有一个旅居海外的学员朋友给我发信息求助。她说即将考大学的儿子晚上睡不好，总是想太多，怕自己考不上医学院，不知道将来要读什么。她也一直开导儿子，可是用处不大，不知怎么办。

我回复她：告诉儿子，考不上也有三个选择：一是复读重考；

二是另外选择一个比较喜欢的专业；三是根据考试结果先选一个专业，进入大学再转喜欢的专业，即使转不了又不想复读重考，还可以在考研、考博的时候选择喜欢的专业。

实际上，我们在劝慰或开导他人时，往往都是按照传统观念的思维模式，企图淡化事件压力或者强化个人能力，效果不见得好。

比如，有一个人非常伤心，你对他说没有关系，不要太伤心了。那么，他很难接受你的好意，因为他真的遇到了值得伤心的事情。除非他根本不在乎这件事情，否则，怎么可能做到不伤心呢？

或者你就强化他的能力，对他说"你要坚强一些，就不会伤心了"。可是，如何坚强呢？需要坚强到什么程度呢？这种没有具体指标很难量化的虚泛词，很难有效果。

如果你对他说：让你如此伤心的事情，一定很重要，我们来想些办法解决问题吧。多数情况下，他肯定会有一种力量感产生。

2.高效记忆

如果没有记忆，我们不得不对每一种情况，都做出新的反应，就好像从来没有经历过一样。我们用理性的事实证明，并用记忆的事实做出判断。即使我们对自己的看法，也依赖于我们对过去的记忆。所以，记忆是有价值的。

科学研究证明，人类记忆的用途和容量，是非常惊人的。你可以在你的记忆中存储数十亿条的信息。

那么，在帮助孩子学习的时候，有什么样的记忆原则，可以提升孩子的记忆能力呢？美国心理学家肯尼思教授，对个体的高效记忆做了深入的研究。他认为，几乎所有用于学习和记忆的基本原则，都建立在意义、组织、联想、意象和专注的基础上。

（1）意义：决定一件事情学习难易程度的主要因素之一，是内容对学习者的意义程度。越是有意义的内容，学起来越容易。对我们有意义的事情，不管过了多久，都会记忆深刻；意义不大的事情，只是一份单纯的经历，随着时间的流失，记忆也会渐渐淡忘。

二十年来，因为专职从事心理学的辅导、咨询、培训工作，据不完全统计，线下听过我讲课的人达到三十多万人次。在如此多的面授课程和个案疗愈过程中，我发现，有些事情，虽然当时非常重要，可是因为是对自己的未来没有特别意义的内容，根本不会特别去关注，当然也不会去有意记忆。

比如，经常有学员告诉我："晓红老师，几年前你一句话点醒了我。"或者说："晓红老师，当初听了你的话，我一下想通了很多事。""晓红老师，你以前说的话改变了我的人生。"等等。

说实话，我常常是无论如何都想不起来说过什么。因为那句话对他的未来很有意义，所以他会清楚地记得，可是对我而言，只是当时的一个经历，讲过了，很快也就忘记了。

甚至在我系统排列工作场上，休息时经常有人对我说："晓红老师，我刚才在场上做代表哭得好厉害……"我经常是一头雾水，怎么也想不起她刚才在场上做了什么，为什么哭。

奇怪的是，在讲课或者做个案疗愈的时候，如果涉及相关的经典案例，不管过了多少年，我所有的记忆都会马上回来，连细节都能够讲得非常清楚，让身边的人常常惊讶不已。因为，每一个用心处理过的个案，对我来说都有特别的意义。

所以，如果我们在孩子的学习内容里，让他感受到一些相关的意义，孩子的记忆效果才会更好。

曾经有个英语老师告诉我一件事情：她研究生毕业以后，进入一所中学教书。第一学年结束以后，校长让她接任初中二年级的一个班主任。她了解了一下班级的情况，才知道校长让她接任的原因——原来的班主任就是英语老师，可是跟学生的关系没有搞好，结果该班在整个年级英语成绩倒数第一。

她接手了以后，同学们对学习英语的兴趣很低，无论她怎么启发、鼓励，学习效果都不明显。学期中间的时候，有个在国外研读博士的朋友，给她讲了一件事情，她就去讲给学生听了：

有个在国外上大学的女孩子，今年要大学毕业。学校给家长发了邀请函，女孩子的妈妈独自一人去参加女儿的毕业典礼。妈妈一点都不懂英语，中间需要转机两次，女儿就给她准备了几张字条，保证妈妈每到一个地方用一张字条完成转机。

前面都挺顺利的，可是，在第二次转机的时候，因为女儿写错了一个重要的单词，妈妈在用字条询问的时候，机场人员不能完全确定她要去的地方，结果问来问去的时候，飞机已经飞走了。女孩子在机场接不到妈妈，吓坏了，试图联系妈妈，发现妈妈的手机关机了，后来才知道是没电了。

一直折腾到深夜才终于联系上了妈妈。滞留在语言不通的机场又不知道去哪里，妈妈已经恐惧到了极点，听到女儿的声音当场崩溃大哭……女儿终于找到了妈妈，百感交集，也崩溃大哭……

她对孩子们说："我不知道你们以后会不会出国留学。但是，如果你们学会了英文，至少能够保证以后出国旅游不会搞丢了自己；或者爸爸妈妈想要出国去旅游，你也能保证不会把父母搞丢了。"

她完全没有想到，这个真实的故事，居然真的激发了孩子们学习英语的兴趣。学期结束的时候，班级英语成绩排名一下跃升了好几位，校长在教职工大会上公开表扬了她。

可是她心里明白，并非她有什么了不起的能力。她只是借助了一个故事带来的意义，激发了孩子们学习英语知识的兴趣，然后引导出他们更多的热情而已。

这就是意义带来的学习动力。在生活的各种层面，意义都能影响我们的记忆。因此，在学习方面，要想让孩子记住学习知识的重要内容，就应该先让内容变得有意义。

最重要的是，这份意义会在所做的事情中延续，从而促使孩子不断沉浸其中，发现所学知识中更多的意义，越学习越有趣，越学习越有热情不断探索。

（2）组织：研究证明，将信息组织分类有助于记忆。

我们的大脑在读取外界信息的时候，会倾向把类似的人、事、物进行归类，然后把重要信息存储起来。再经历类似的事情时，就很容易把相关记忆提取出来使用，借助经验，让当下的事情更容易解决。

我在一个城市讲课的时候，在主办方的工作人员中，有一个大学在读的学生，她负责导师服务。这个女孩子很勤快，做事情的时候手脚也很利索。在我讲课的时候，她认真听讲认真做笔记。

她告诉我，因为特别喜欢心理学的课程，所以趁着假期来做志愿者。其实也是想蹭课听，因为不舍得花钱付学费。她告诉我，妈妈在她3岁的时候生病去世了，爸爸是军人，在部队很忙，很少回家，她是跟着奶奶长大的。我表扬她说："那你很能干哦，跟着奶奶长大，还能考上名牌大学。"她说都是奶奶的功劳，因为奶奶曾经是一家国有厂的老会计。在帮助她学习的时候，也没有更好的办法，就像做会计账一样，从她开始上学就一直教她，每天完成家庭作业以后，都要多复习半小时，把书本上所有的知识点，重新在奶奶专门装订的一个大本子上，把重要的内容重新归类记录一遍。

就是这样，相当于每天学习了两遍功课内容。最重要的是，在考前复习的时候，她根本不需要费很多功夫，一点也不慌乱，只要把大本子上的内容复习一遍，就总是能够考到全年级的前几名。

所以，帮助孩子学习的时候，尽量引导孩子把相同的知识内容归类，特别是考前复习的时候，把复习内容归类，有时会达到双倍甚至几倍记忆的效果。

（3）联想：将正在学习的内容，与已知的事物联系起来，是一种非常灵活有趣的记忆方式。研究发现，当老师帮助学生将学习与他们已经知道的事物联系起来时，他们对新知识的理解和记忆，都得到了有效的改善。

联想记忆的时候，最常用到的方法，就是我们前面所讲的"发散性思维模式"。通常情况下，你对一个主题知道得越多，就越要把新知识跟它联系在一起。对于一件事情，你联想的知识点越多，越是容易记住它。

我女儿从小到大特别喜欢看书，所以她的知识面非常广。她的记忆方式就是联想式的记忆模式。比如，她看一段文字的时候，发现了一个比较陌生的字词，就会去查询它的意思。在查询的资料中了解到其中有趣的事件，她看完了这段文字，又会马上去查找有趣事件的相关资料。说不定，在这个故事中又牵涉一个历史知识，她一定会在接下来的时间里，查阅那个历史知识的来源……结果，知识、内容积累越来越多，所以知识面非常广泛。

有一次我的眼睛不舒服，到眼科医院去做检查。在等候区，坐在我旁边的一个小男孩正在写语文作业，每写一个词，都要念出来给身边几乎全盲的爸爸听，然后父子俩就开始对话。

我仔细听了一下：孩子写完一个词说"汽车"，爸爸就说"火车"；儿子又说"自行车"，爸爸接着说"马车"；儿子紧跟着说"大货车"……就这样你一言我一语，说得没有词了，儿子再写下一个。

原来这个视力几乎完全丧失的爸爸，看不到儿子写的作业是什么样子的，他是在用联想记忆的方式，帮助自己的儿子学习。那一幕场景任何时候想起来，都让人觉得特别温馨和感动。

由于客观事物是相互联系的，各种知识也是相互联系的，因而在思维中，联想是一种基本的思维形式，也是记忆的一种有效方法。

联想记忆可以有很多种分类，最常应用的是以下几种：

第一种，接近联想记忆法，是用相互接近的事物进行联想。这是根据有些地理事物，在时间上或空间上有所接近之处，而建立起来的联想记忆方法。通过接近联想，有助于我们将新、旧知识联系起来，增强知识的凝聚力。

比如，想不起来一个英文单词了，就可以想想曾经在哪本书上看到的，在哪篇文章里，前面的词或者后面的词是什么……说不定很快就想起来了，这是一种"空间联想记忆法"。或者想一想是老师在什么时候讲过这个单词，自己在什么时候读过、写过，说不定也能很快想起来，这是一种"时间联想记忆法"。

第二种，相似联想记忆法，是用相似的事物进行联想的一种记忆方法。比如，看到中国地图，就想到一只威武的雄鸡，记住各个省份或城市分别在雄鸡身体的哪个部位，就能记住地理知识。

第三种，对比联想记忆法，是由相反事物的一方想到另一方的记忆方法。通过对比联想，有助于我们比较事物的差异性，掌握事物各自的特性，增强记忆。

比如，孩子学习的时候，看到"增强"，就联想到"减弱"；看到"接纳"，可以联想到"拒绝"……

第四种，归类联想记忆法，就是从同类事物中来联想。比如，我们刚才讲到那个视力不好的爸爸，用平行举例的方式帮助儿子记忆词汇，就用的是归类联想记忆法。

第五种，因果联想记忆法，是记忆的时候可以从原因想到结果，或者从结果想到原因。这种有规律可循的思考方式，可以使问题有明确的方向引导。比如阴天和下雨，就是一种互为因果的关系。

第六种，创新联想记忆法，就是人为地创造一种联系进行联想。记得女儿四岁多的时候迷上了认字游戏，自己创造了一些记忆字词的方法，非常有趣！比如，她让别人猜谜语："一"也没有了，"鱼"也没有了，是什么字？别人都猜不出来，结果她的答案是"条"。因为她是按照"一条鱼"这个词，来记忆"条"字，真是意想不到。

（4）意象：这种记忆方式，就是在记忆文字内容的时候，想象出具体的形象或场景，好像所有事物都历历在目，这样可以提升对文字内容的记忆。

我们从电视广告效果大多优于报纸广告的现象就能明白，图像本身比文字更令人难忘。如果孩子学习的时候，看到文字内容的同时，想象出相关的形象或情境，那么，产生图像的文字是双重编码（语言和视觉记忆），所以有两倍回忆起来的可能性。

我们最古老的字体象形文字，就是由图画文字演化而来的。同一个事物，如果能够做到视觉、听觉和感觉都同时工作，看到图像、听到声音，还能带动一份情绪感受，记忆效果绝对是最佳。所以，形象化记忆无论是孩子还是大人，都能够用出非常好的效果。

女儿上小学的时候，在一个炎热夏天的傍晚，我在厨房里做饭热得满身大汗，中间去客厅拿东西，看到他们父女俩舒服地享受着空调在看电视，感觉好不公平，对他们说："好啊，我热得死去活来地在厨房做牛做马，你们却舒舒服服地在这里享受。"机灵的女儿马上说："有什么办法呢？中国字就是这样啊！妈妈就是女马的嘛，女马就要干活啊。"逗得她爸爸哈哈大笑，我也哭笑不得，说："好嘛，妈妈是女马，那么爸爸是什么？"过了一会儿，女儿来到厨房，压低声音对我说："妈妈，不要让爸爸听到更得意了。中国字真的很奇怪哦，我仔细研究了一下，爸爸就是父亲躺在沙发上的意思。"结果，这件事情真的让她爸爸得意了好久。

特别是思考模式倾向视觉型的孩子，每一个字词或者练习题，只要他能够同时在脑中想象出一个画面或者场景，就更容易记住这个字词或练习题的解题方法。

（5）专注：这也是有效记忆的重要因素之一，人们必须在记住一件事情之前先关注它。有时候，家长引导孩子写作业的时候，只重视速度和数量，光催促孩子完成作业任务，却忽略了完成作业的质量，也没有在意孩子是否身心合一地专注于此项内容。

所以，很多时候，我们看到孩子每天都按时完成了作业，考试的时候成绩却不如人意，或许，孩子在写作业的时候，根本就没有把心思专注在所写的知识内容上。

这种现象实际上在孩子很小的时候，就开始在家庭里被大人有意无意地培养了。孩子正在玩耍，妈妈说要吃饭了，孩子不愿意放下手里的玩具，父母就开始给孩子喂饭。允许孩子边玩耍边吃饭，所以孩子的注意力既不能专注在玩具上，玩出水平和花样，也不能专注在吃饭上面，真正品尝食物的美味。

孩子刚开始写语文作业，注意力还没有完全投入呢，妈妈就在身边唠叨，催促孩子："你要写快点哦！数学作业还有好多呢。"孩子一听就有点焦虑走神了。妈妈又在旁边批评："看看，字又写错了，你认真一点行不行？"

指挥来、指挥去，孩子的注意力始终处于涣散状态。写过的文字内容都像走马观花了一遍，记忆深刻的真没有多少。就像有个老师曾经跟我形容的一样：他们离开了书本，那简直就是两眼一抹黑，茫然得都不知道自己是谁。

还有，父母都喜欢孩子长时间坐在书桌前面，一坐就是两三个小时，其实，换作是我们大人也很难做到。特别是十岁左右的孩子，注意力高度集中的时间最多半小时，时间一长就不能专注在学习上面了，东张西望，动来动去，学习效果一点都不好。

法国生物学家乔治·居维叶说："天才，首先是注意力。"

保持良好的注意力，是大脑进行感知、记忆、思维等认识活动的基本条件。在孩子的学习过程中，注意力是打开孩子心灵的门户，而且是唯一的门户。门开得越大，孩子学到的东西就越多。而一旦注意力涣散了或无法集中，心灵的门户就关闭了，一切有用的知识信息都无法进入。

我给大家介绍一种在心理学中用来锻炼注意力的小游戏：

在一张有25个小方格的表中，将1～25的数字打乱顺序，填写在里面，然后让孩子以最快的速度，从1数到25，而且要边读边用手指出来，同时计时。

研究表明：7～8岁的儿童，按顺序寻找每张图表上数字的时间是30～50秒，平均40～42秒；正常成年人看一张图表的时间，大约是25～30秒，有些人可以缩短到十几秒。

家长朋友可以多制作几张训练表，让孩子每天至少训练一遍。一段时间之后，相信孩子的注意力水平一定会逐步提高，真正达成"培养良好注意品质，提高学生学习成绩"。

记忆和创意有绝对的关系。我们的经验和反应都是特有的，它们就是创意最珍贵的基础，而所有的经验和反应，都是我们通过记忆储存下来的精华，所以，了解如何记忆，使我们更有能力应用和增强做事情的创意。

开发记忆资源，是既吸引人又神秘的一个过程。记忆不只是收集事实，而是为了把重要的信息，跟我们的生活实际联系在一起。学生记忆文字内容，就是为了把这些知识，通过考试的反复强化，熟练掌握，转化成生活得更好的能力。

注意力的集中，作为一种特殊的学习素质和能力，需要通过训练来获得。那么，训练注意力、提高专注力的方法有哪些呢？

美国作家、演讲家和咨询顾问于尔根·沃尔夫，在他的专著《专注力：化繁为简的惊人力量》一书中，总结了十几种专注力训练方法。我在这里摘选几种跟大家分享一下：

第一种，运用积极目标的力量。

当你给自己设定了一个要自觉提高注意力和专注能力的目标

时，你就会发现，在非常短的时间内，你集中注意力的这种能力，有了迅速的发展和变化。

我们要引导孩子有清晰明确的学习目标，而且目标越具体越容易落实。如果孩子想要目标结果，他就能够集中注意力去争取。

第二种，培养对学习目标的兴趣。

前面说过了，在你想要记住一件事情之前，先要去关注它。特别是孩子在学习方面的目标，往往都是我们家长给规定的，并不是孩子自己想要的，所以，孩子根本没有兴趣去做。

前几天有个外地学员给我发信息紧急求助：五年级才读完的儿子，威胁家长要离家出走。害怕他真的做傻事，现在只能把他关在家里，不知道应该如何说服他。我问她："发生了什么事？"

她回复说："原本学习成绩在班上排名二十左右。他一直要吵着暑假去西安的奶奶家玩一个月，我说如果他这次期末考试进了班级前五名，就让他去奶奶家玩一个月，没想到他真考到了第三名。"

我猜到了："那么，是你又不想让他去了吗？"

她说："是的，我想趁热打铁嘛，让他暑假去培训学校补一补课，把学习成绩保持住。"

我回复她说："首先，遵守承诺是亲子关系中非常重要的一条，也是给孩子做'言而有信'的榜样。既然答应了，就一定要做到。其次，暑假去奶奶家是孩子完成学习目标的兴趣所在，如果你现在切换他的兴趣点到补课方面，不仅打击他自由选择完成目标的积极性，还会导致他对学习产生抵抗心理，以后再引导他完成学习目标就很难了。"

第三种，排除外界和内心的干扰。

这些年来，我几乎每周都在不同的城市里讲课，白天讲课，晚上做个案疗愈。除了早晨，其他能够看书学习的时间，只能在机场和飞机上。可是，只要我拿起书来，外界的所有嘈杂声，都好像立刻退得很远，一点也影响不到我专注看书。这是我多年来为了适应环境，刻意训练出来的结果。

另外，内心的情绪感受，也会干扰到学习的专注度。所以，教会孩子几个放松的方法，比如深呼吸放松法等，会帮助孩子学会平静内心反应，放松整个身体状态，更有效地进行学习。

第四种，学会劳逸结合。

有的孩子没有给自己制定具体的学习规划。本来在学习，一会儿做做这，一会儿做做那。好像手里一直拿着书，学习效率却很差。

有的孩子喜欢坐在书桌前"熬"，一坐几个小时动也不动，死啃书本，熬得小小年纪白头发都有了，学习成绩依然不理想。

要教孩子学会高效率地学习，进入学习状态的时候，高度集中注意力。感觉到累了，马上走开去做点别的事情或者游戏一会儿，让整个身心放松，然后再来学习，这样学习的效果反而更好。

第五种，加强内感官的训练。

前面我们讲过了，孩子学习的时候，内视觉、内听觉和内感觉全部应用起来，记忆效果是最好的。家长可以参考前面的训练方法帮助孩子。

第六种，不要在难点上停留。

学习过程中遇到难点是很常见的事情。如果纠结在难点上，不仅耗费时间、精力，还会影响到专注学习的状态。

遇到难点，思考一下是否能够解开。如果太难解，就备注之后先放下攻克它，继续下面的学习，尽量不因此分散注意力。在学习完成后，再专门请教老师或查询相关资料，解开这些难题。

3.兴趣与热情

兴趣应该是所有目标的前提条件。有兴趣才想要尝试去做事，做了事情才会想要有结果，收获了结果才能增加成就感。

我们对于成功满足的兴趣，往往来自很多个方面，比如生活、人际、学习、美食、旅游、艺术、游戏等。

正好看到著名作家黄霑写的一篇小短文，论述求学之道，其中有些非常有意思的观点，我跟大家分享一下：

> 国学泰斗饶宗颐教授说："我做学问，是什么书都看。"
>
> 治学，很多时候要靠触类旁通。这样，才容易创造出新观点。什么书都看，正是增加触类旁通的机会。
>
> 很多知识，从表面看一点联系都没有，全不相干。可很多时候，把毫不相干的知识放在一起，就会有所发现。
>
> 所以，我很赞成年轻人什么书都看。抱着这"都看"的态度，除了可以增阔眼界之外，另有好处是，不容易闷。今天看这类，明天看那类，恣意自在。

求知，有时过程十分枯燥。专攻一种，非要毅力过人不可。我们这种缺少恒心与毅力的人，只好另找方法，与什么都接触。这样，虽然不专，却增加了"旁通"的效果，有时，反而会超越前人，不比专家逊色……

这篇文章给我的启发就是，越是兴趣广泛，越能够激发出更多创意。记得十多年前，我参加一个国外心理学教授的课程，他为了激发我们的兴趣，用了很多"为什么……如果……"。我也经常依样用在对青少年的咨询辅导当中，激发他们对学习的兴趣，非常有效。

比如，我问到一个12岁孩子未来的理想时，他犹豫了一下说："我没有理想。"我说："为什么？好像每个人都有一个未来的理想和目标的呀。你告诉我你没有理想，我不太懂，究竟是什么意思呢？"他就有点不好意思了，支支吾吾地说："我……我没有想过。"我说："为什么没有想过？每个人都会有一些兴趣爱好呀。如果现在让你想一想，你的理想会是什么呢？"他思考了一会儿，说："我不知道怎么想。我以前是有理想的。"我说："为什么现在没有了呢？如果你还喜欢以前的理想，当然可以坚持下去哦；如果你的想法改变了，肯定有新的方向啊！"他说："我以前有好几个理想，现在还是喜欢一个。"我说："像你这个年龄，用好几年的时间坚持喜欢一项事情，是需要很大毅力的，真不简单！可以分享给我听听吗？"他说："可以！我从小就想像我爸爸一样，当一个很神气的警官。老师，我爸爸穿警服的样子很帅哦！我们同学都很羡慕呢。"我说："当一个威武的警官，很好的理想哦。看来爸爸不仅是你的偶像，还是很多男孩子的偶像呢。怪不得你的身材穿衣服很好看，原来是长得像你爸爸啊。当一个很神气、很帅的警官，除了好身材，其他还需要一些什么条件呢？"他连连点着头说："要学习成绩好，因为要考上警官学校。我爸爸以前考警官学校的时候，就差了3分没有考上最好的警官学校，好可惜哦！"我说："是吗？好可惜！你爸爸一定很努力，虽然没有考上最好的警官学校，还是能够成为让儿子骄傲的优秀警官。那么，你以后想考什么样的警官学校呢？"他不安地挠挠头，红着脸说："我的成绩不行，我还要努力，我都不敢想呢。"我说："为什么不敢想？你现在才五年级，小学还有一年，初中三年，高中三年，还有足足七年的时间，你当然有足够的信心去想。如果考上了最好的警官学校，会发生什么样的事情呢？"他仰着头说："哦，那就太好了，我就高兴惨喽，爸爸妈妈也高兴惨喽。"

他就高高兴兴地在我的引导下，做了一份很详细的学习规划。离开之前，还调皮地敬个礼："老师，未来的警官走了，再见！"

当天晚上他妈妈就给我发信息：丈夫一直对儿子的成绩很不满意，虽然工作忙很少回家，可是一回家就训斥儿子。今天回家儿子主动告诉爸爸，自己将来要考最好的警官学校，还拿出了学习规划书。孩子爸爸非常高兴，大大地拥抱了儿子。晚饭后，儿子第一次主动去写作业了……

在他来我的咨询室之前，或者说在过去12年的时间里，没有人知道他想考最好的警官学校，甚至连他自己也不清楚。为什么会有如此大的变化，是因为我们之间的对话，帮他找回了他的兴趣点，在讨论兴趣的过程中，激发出了他想当警官的热情。

美国教育学家布卢姆说过："一个带着积极情感学习课程的孩子，比那些缺乏热情、乐趣和兴趣的孩子，或者比那些对学习材料感到焦虑和恐惧的孩子，学习更加轻松、更加迅速。"

兴趣往往是成功的基石，而热情就是激发潜能的动力。孩子学习成绩的好坏，往往取决于孩子对学习的兴趣和热情程度。

一个拥有极大兴趣和学习热情的孩子，一定可以全身心地专注于自己的学业，积极主动，从而最大限度地提高学习效率，主动约束自己不利于目标实现的不良习惯。

可是在现实生活中，好像我们的孩子都普遍缺少学习的热情和动力，没有主动探索知识的兴趣，往往是提到学习就抗拒，说到作业就皱眉，听到考试就反感。

有个小学三年级的孩子跟妈妈来上课。课间我看到他在写作业，凑过去看了看，他正在练习写字词，正好写了一个成语"刻舟求剑"，我问他这是什么意思。他说："我不知道什么意思。"我说："这个成语，不是有个非常有趣的故事吗？"他哼唧了半天才说："就是……有个人掉了一把剑，跳到水里去捞了，还刻了一个记号，也没有捞到。"那么有意义的一个故事，被他讲成这样，你真的不知道是老师讲得很没趣呢，还是他根本就没有听懂。

孩子对不同学科的喜好不同，所以学习成绩有差异很正常。可是如果纯粹没有了探索知识的热情，甚至对学习文化知识不思进取，除了先天的个性特征，更多的就是后天环境的影响造成的。

在我接触过的孩子当中，发现他们缺乏学习热情的原因，主要集中在以下几个方面：

（1）早教过度

科学实验证明，孩子的能力不会因为提前训练而获得。可是父母的教养焦虑，就像传染病一样，在不同年龄阶层的孩子、家长那里蔓延。最近看到一则新闻，很多幼儿园的大班都成了空班，因为孩子们都去了学前班或者各种培训机构。

实际上，5岁以前的孩子，在规范学习文化知识方面，不仅心理年龄的成熟度不足够，而且生理年龄的成熟度也不足够。只是握笔这样一个动作，都要用出比成年人多几倍的力量。简单的写写画画没有问题，可是比较规范、长时间的书写，就会让孩子觉得很辛苦。

家长本来是想让孩子早早爱上学习，做出来的效果却是孩子因为感觉辛苦，早早就开始抗拒学习。如果孩子认为学习是很辛苦的一件事，上学当然是他不愿意做的事了。

（2）养尊处优

现在的孩子生活条件优越，想要什么很容易就能得到，有什么愿望都能很容易被满足，所以他们对什么都不在乎，对学习成绩好坏或者考试得了多少分，都表现得无所谓，甚至很冷漠。

曾经有个14岁的男孩子是这样对我说的："我们家都这么有钱了。爸爸妈妈死了以后，这些都是我的，我为什么要去上学，以后还要辛苦地工作？"

因为他的爸爸一直纵容这个三代单传的宝贝儿子，面对儿子的不良学习习惯和很差的考试成绩，总是说：

"唉！有什么办法呢？只有给他多挣点钱了。"

听得多了，孩子自然会这样想：是啊，如果你是帮我在挣钱，你们都替我去奋斗了，我为什么还要做事呢？

某地方新闻台播放了一段视频，有一位大约三十岁的男士，开车跟别人的车发生了擦挂。对方看到双方都是轻微受损，建议私了解决。这位男士不愿意，要给妈妈打电话，等妈妈来才解决。

等待时间过长，对方等不及，把交警也请来了，这位男士还是不愿意挪车，一定要等妈妈过来⋯⋯终于，男士的妈妈风风火火地冲过来了。她的第一反应不是问发生了什么事，如何解决，而是冲着对方大骂，指责对方欺负小孩⋯⋯天哪！30岁的小孩吗？

在我20年的心理咨询职业生涯中，此类"永远的小孩"遇到过很多。我经常给我的学员们讲，这就是典型的"爱杀"——父母用无知、自私、盲目的爱，全盘抹杀了孩子的独立存活能力。

有个妈妈带了10岁的女儿来到我面前，不停地给我投诉女儿整天喜欢玩手机的事。她女儿捧着手机站在旁边，好像妈妈说的事跟她没有一点关系。我对这个女孩子说："小美女，先把手机放下。什么游戏那么好玩？你没听到我们在说有关你的事吗？为了保护好你漂亮的眼睛，也不能像这样长时间地盯着手机看啊！"结果她没心没肺地说："这是最新款的手机，里面有好多游戏我还没有玩过呢。"一问才知道，10岁的小孩子，已经换了三部手机了，现在手里拿着价值六千多的最新款手机。我对她妈妈说："你一面嫌她总是玩游戏，一面又给她买储存更多游戏的新款手机，究竟是想管教她呢还是在鼓励她呢？"她妈妈辩解说："如果没有手机，她去上学的时候、上培训班的时候，还有放学接她的时候，都没有办法联系到她，也不行啊。"我说："现在不是有很简易的儿童手机吗？"她张口结舌地没有话说了。结果她女儿在旁边接嘴说："我妈说，儿童手机太幼稚、太没有档次了。"

如果她们家真的很富有，追求高档次生活也无可厚非。可是，这个妈妈是小学教师，孩子爸爸是一般公务员，她来参加心理学课程的学费还申请了分期付款呢。所以，这种"穷人家养出富二代"的教养方式，真的会害了我们所爱的孩子。

有个15岁的孩子刚刚参加完中考，也是整天拿着手机一动也不动地玩。我问他考入了什么样的高中，他无所谓地说："我不用考高中，成绩太差了，直接进职业高中了。"

我们常说"三百六十行，行行出状元"，进入职业高中一点问题都没有。可是，如果"成绩太差了"还能说得如此轻松，就真的有问题了。

他的妈妈也向我投诉，不知孩子整天拿着手机玩游戏怎么办。我说孩子刚刚参加完中考，也没有暑假作业，多玩一玩游戏可以，同时，再跟孩子共同协商制定一些暑假活动，比如：预习高中的教材……结果她回复说：他的成绩只能上技校，谈不上高中预习……

我都不知道怎么跟她说了。难道技校没有教材可以预习吗？难道上了技校都不可以报考大学了吗？或许，正是家长因为孩子学习成绩差，先选择了放弃，孩子才没有了学习的意愿和动力，整天沉迷于游戏不能自拔。

（3）缺乏动力

传统的教育方式，让我们的孩子已经习惯了死记硬背"标准答案"，没有其他的选项，也激发不出探索的欲望，甚至没有学习想要达成的目标。所有的学习行为和过程，只是被动地接受。

大家应该在网上看过父母辅导孩子学习的视频和段子：

题目：一幅图画中，两个小女孩摇绳，另外两个女孩和一个男孩跳绳，请列出一个加法算式。

孩子：$1 + 4 = 5$。

妈妈：两个摇绳，三个跳绳，明明是$2+3$，哪来的$1+4$呢？

孩子：一个男孩，四个女孩呀，就是$1+4$嘛。

题目：一幅图画中，大树下面有3只兔子，大树洞里有5只兔子（树洞上有两只兔子探出了头），请问一共有多少只兔子？

孩子：5只兔子。

妈妈：人家说了，外面3只，里面5只，3+5应该是8只呀。

孩子：我不相信他呀！（因为我看到树洞上只有两只）

……

相信很多人看到这些都哭笑不得。可是，这难道不值得引起我们的深思吗？如果我们的孩子在每件事情上，只知道一个所谓的"标准答案"，那么，以后的人生会遇到多少跨不过去的坎啊！因为，每个坎都有不同的形状。

想想看，如果我们在家里做饭的时候，一直固守标准答案，从来不尝试探索和创新，做出来的米饭可能永远只有一个标准，就是大米加水蒸熟而已。而通过探索和创新，我们才能够享受到八宝饭、杂粮饭、红薯饭、青豆饭等。

孩子也是一样。如果你只给他一种答案，不鼓励探索和创新，孩子所做的事情只不过是重复重复又重复，时间久了，新鲜感都没有了，自然失去了热情和动力。学习没有趣味，还学会投机取巧。

我女儿刚刚去美国读书的时候，除了上课，都是在图书馆里啃英文著作和资料，因为写论文需要大量的资料、数据信息。

有一次，我就顺口问了一句："你们是刚进入全英文环境，肯定辛苦。是不是美国的孩子就不会像你们国际生这样辛苦？"结果她说："有些国际生也不会像我这样啊。不是他们的英语成绩好，有些同学就投机取巧嘛，也不管懂不懂，经常把著作的大纲看一遍，再把标题抄写出来，就根据那些标题编写论文了。可是我做不到。我想要完全搞懂了文章的意思才写论文，所以才这么辛苦。"

学习的动力，来自学习想要达成的目标。如果孩子有清晰的人生目标，就能够在学习过程中保持热情，愿意付出努力。在体验每一次成就的同时，始终保持甚至增强学习的动力。

（4）教养环境

我们不能只是责怪孩子没有上进心。有些时候，家庭环境以及父母的教养方式，都会影响到孩子的学习热情和自律能力。

如果父母在生活中没有追求，在工作上不思进取，那么，孩子会有样学样，对学习也是得过且过，没有追求；或者父母在家里整天抱怨，家庭关系不和谐，孩子夹在父母中间，没有办法帮到父母，也受到不好的影响，处理不好人际关系，不仅缺少朋友，还对学习和他人充满了抱怨和不满；或者父母缺乏对孩子的耐心和陪伴，忽视孩子的情绪和成长，对孩子没有清晰明确的行为指导和要求，那么孩子的表现很可能是迷茫无力，因为孩子还没有足够的自律能力，无法做到自我管理和约束。

曾在我的系统排列工作场，从外地来的一家三口人，申请了一个教学个案：刚刚参加完中考的16岁女儿，出现幻觉幻听的现象。父母本来准备把她带到精神病院，我一个徒弟推荐先来找我看看，他们一家人就匆匆忙忙赶来了。

父母之间沟通不畅，夫妻关系不太和谐。他们都很爱女儿，母亲也是全力以赴地愿意为女儿做任何事情，可是女儿的学习成绩却越来越差。这次的中考成绩不好，孩子出现了自我封闭和幻觉幻听的现象，把父母吓到了。

在排列呈现中我们看到，原来爸爸有想要儿子的意愿，妈妈坚决拒绝生二胎，而且因为爸爸的意愿和工作的性质，在家庭关系中非常强势和焦虑，导致孩子更加认为爸爸不爱自己，也替妈妈的工作和生活状态担心焦虑，所以根本没有办法把心思用在学习上。

在个案呈现中，妈妈和孩子知道了，性格内向、不擅表达的爸爸虽然有想要儿子的愿望，可是对女儿是完全接纳和充满爱的。

后来妈妈当着丈夫和女儿的面，主动反省自己太强势、抱怨太多，愿意学习改变，爸爸也表示理解妈妈的辛苦，并且很笨拙地伸手去抚摸女儿。女儿有点不习惯，身体显得僵硬，脸上却露出微笑。

在做个案疗愈之前，女孩子一副昏昏沉沉的样子，很少说话，即使说话也不张开嘴巴，纯粹就是唇语交流，把我听得好累。等做完了个案，她的精神状态立马改变了。我对她说："你已经知道了，如果你自己不努力改变，父母没有办法，真的就只有带你到医院去看病了。那么你很有可能就会有一个精神疾病的标签了，比如抑郁症、焦虑症、强迫症、精神分裂症之类。我相信你一定不想成为这样的人。给我分享一下你的理想是什么？"

她清晰地告诉我她的理想是"游历世界"。我说是想当一个游记作家之类的吗？她连连点头称是。

我跟她开玩笑说："哇！你终于舍得张开嘴说话了！游历世界，多么好的理想！有这么好的理想，谁还想当一个精神病患者啊？回去就进入高中了，好好学习，考一个心仪的大学，学到本事以后就去游历世界。"她很不好意思又非常开心地笑了，然后回复我说："我晓得了。"离开之前，女孩子还对我们书架上的好几本书拍照，准备回去以后也买来看。

所以，家庭教养的环境，对孩子学习的兴趣和动力，有非常大的影响。作为父母，一定要尽量维护好的家庭关系，不断学习改变和优化教养模式，才能有效帮助孩子成长。

那么，如何激发孩子学习的兴趣和热情呢？家长朋友们可以从以下几个方面尝试，激发孩子的学习热情：

第一，策划未来目标。

父母在孩子小的时候会问：你长大了想做什么啊？无论孩子如何回答，父母都会很开心，因为孩子有理想有目标。等孩子开始上学了，家长就把孩子的理想撇开不管了，整天念叨的可能都是自己的理想：你一定要好好学习啊，将来考上清华、北大……

每个孩子都想做一个好孩子，每个孩子都会有对未来的向往。不管是多么不切实际的理想，我们都应该肯定孩子对未来人生的热情和憧憬，鼓励孩子争取把理想变成具体可行的目标，在成长中一步步去实现。

最重要的引导，就是父母愿意经常跟孩子共同讨论，了解孩子的真实想法和成长变化，分享自己的人生经验，让孩子能够越来越清晰地规划自己的未来目标，明确为了实现理想需要具备哪些知识、掌握哪些技能，用什么样的方式更容易获得成功。

有个13岁的女孩子，缺乏学习动力，在我面前，想了半天都不知道自己的理想是什么。她妈妈解释说："我们想让她自由地长大，不想操控她，所以从来没有追问过她的理想是什么。"我说："那么，如果你打定主意要让孩子走一步看一步了，还焦虑她的学习动力问题干吗？你一面对孩子的学习目标放任不管，一面又焦虑她没有学习动力，可是，动力往往来自想要的价值目标啊。"

我们常说，有目标才有可走的路。没有学习目标的孩子，要么停在原地不动，根本不在乎自己的学习成绩如何；要么犹豫不决，什么都想要又随时会改变，学习成绩同样是忽上忽下地不稳定。

根据孩子的自身能力，坚持正向引导，制定略高于孩子能力的学习目标，既不会因目标太高实现不了，挫伤孩子的积极性，又能够激发孩子经过努力达成目标。

第二，激发学习兴趣。

常言说：兴趣是最好的老师。这是因为兴趣能够促使我们主动去靠近喜欢的人、事、物，引发我们的钻研和探索欲望。尤其在做喜欢的事情时，我们才愿意去不断创造和改变，保证获得想要的结果。

很多时候孩子没有上进心，是因为父母操控太多，孩子感觉所有的学习和努力，都是为了实现父母的期望，而不是为了自己未来的人生。所以，经常是被动学习，遇到困难和挫折，就容易退缩，产生消极、畏难的情绪反应。

父母要学会放手，真正把学习的事交给孩子，让孩子自己学习规划和操作，调动自己主动学习、积极探索的内驱力，乐意为了自己的理想去努力奋斗，实现未来的理想、目标。

父母只要把自己当作孩子的一面镜子，做孩子积极进取、正向的人生榜样，相信孩子一定不会让父母失望。

第三，鼓励多向发展。

特别是年龄小一些的孩子，兴趣点非常广泛。每一项新的知识和技能，都能引发他们的浓厚兴趣。如果家长因为担心或不接纳，批评孩子的兴趣和选择，孩子就会在否定中变得越来越不自信，害怕说错或做错，在学习过程中情绪压抑，最后变得厌恶学习。

有的父母为了让孩子专心提高学习成绩，也会有意打击孩子的其他兴趣爱好，结果导致孩子对学习更加抗拒。我们前面已经分享了很多案例，相信家长朋友们应该有所启发。

培养孩子的学习兴趣和热情，也要循序渐进，有效引导孩子的每个求知欲望，用经验给孩子无条件的支持，让孩子在自主选择的基础上，还能感受到父母的支持与保护。

鼓励孩子多方面的兴趣发展，激发孩子对学习和探索未知的好奇心。通常情况下，只要有一门功课能够让孩子感兴趣，其他的功课也会慢慢提升成绩。在学习中孩子也会发现，各种知识都互有关联，比如，研究数学也得学好语言，才能更好地理解数学的意义。

丰富的兴趣发展，也能更好地激发孩子的灵感和创造欲望，扩展发散性思维，真正让学习成为一件快乐、享受的事。

我们都知道，可能性越小，越不利于做出最佳的选择。所以，多向兴趣的发展，便于我们更好地引导孩子根据自己的天赋潜能，慢慢聚焦兴趣和热情，实现真正适合自己的人生目标。

4.实践应用

无论学习了什么样的新知识、新技能，如何将其有效地应用在实际生活中，帮助我们创造更加美好的人生，应该是每一个人学习的最终目的。所以，实践应用也是一种必须具备的能力。它就是指把思想、理论应用于生活中的实践能力。

作为父母，最重要的使命，就是帮助孩子成长。在自己努力学习、生活、工作，创造美好人生的同时，还肩负着教养下一代也能学会在未来的人生里，承担起创造美好未来的人生使命。

曾经看到一本书上说，如果我们能够有一个训练身躯的计划，应该有一段迎接人类光临地球的欢迎词，非常有意思：

"欢迎各位莅临地球。你可能才接收到一个小婴儿的身躯，这是老天爷先借给你的，你可以使用直到离开这地球。在你停留于地球这段时间，将有责任担当和抚养这躯体。你会面临成长、成熟和老化。在未来八十到一百年间，地球将会是你的家，一个伴你成长和学习人类经验的场所。身体主要是被设计用来帮助学习与完成人生的目标的。直到生命的尽头，你将会被要求退还躯体离开地球。等你离开了身躯离开了地球，事实上，你的精神依然存在。简言之，当你离开人间时，所留下的也只不过是个记录罢了，此记录将会记载你人生中所有经历和学习经验。"

从这个意义上来说，地球就像是个巨大的教室，所有的人类都像是里面的学生，我们在地球生活的本质就是学习。

一个正常的孩子，即使不通过正规的学校教育，哪怕是从来没有进过学校的孩子，出生后几年的时间里，只是通过简单的模仿学习，也能够熟练地掌握至少一种语言，并且吸收到文化传统的影响。

绝大部分小孩子都会模仿大人的言行举止，不管这些行为是否正面或者健康，只要他喜欢就会模仿学习。所以，我们会在生活中发现像妈妈一样喜欢涂口红的小女孩，像爸爸一样喜欢踢足球的小男孩，也能够发现像爷爷一样背着手走路的小小孩……

这也就是说，在孩子的学习阶段，我们的躯体结构可以像是一块海绵，能够吸收来自所处环境里文化和环境的一切资讯。

　　我们的大脑和躯体，拥有超乎想象的惊人的学习能力。对孩子来说，他成长的后天环境因素，比如，学习习惯、家庭关系、人际关系、文化传统、教养模式、自我管理、天赋潜能、学习效果、学校教育等，都会影响到孩子成长的特质或性格。所以，孩子所面临的环境，就有可能是他未来发展的蓝图。

　　孩子无法选择来到怎样的家庭，可是，作为父母，却完全有能力选择，怎样为孩子创造更健康、更积极的成长环境。

　　跟贫穷或者富裕无关，愿意创造美好人生的信念，积极正向的价值观，有教养、有目标规划的人生态度，懂得界限、善待他人的自我管理等等，都是我们在孩子的成长过程中，经验教育和影响孩子的重要环境因素。

　　我经常在讲课的时候对学员们说，好学问很多很多，可是，并非一门好学问能够适用所有人，也不是所有的好学问，都可以帮助每一个人。对个体而言，真正的好学问，就是你能够在生活中真正"活出来"的学问。

　　就像我们带着为人父母的使命感，学习了各种亲子教育、亲子沟通的课程，就要在实际教养孩子的过程中有效地使用，真正帮助孩子成长。

　　曾经有一位学员在课堂上提问："晓红老师，我的儿子才5岁多，还没有上学。最近他一直在说他不想长大，因为长大了会死去。我怎么向他保证不会死，他都听不进去。我应该用什么办法帮助他？"

　　我说："从出生到死亡，是不可避免的自然规律，你怎么能够给他保证人不会死去呢？你需要回想一下，生活中一定是发生了一些特殊的事情，让孩子突然理解到了死亡的概念。"

她说:"对,半年前,孩子的爷爷生病去世了。在儿子3岁以前,一直是爷爷奶奶住在我们家里帮着带他的。"

当然,对一个5岁左右的孩子来说,还不能够清晰地理解死亡的概念,可是,死亡跟长时间看不到爷爷这件事联系到一起,说不定哪一天他就会突然懂得了死亡的真相是什么。

现在,孩子恐惧的并非真正的死亡,而是从此以后,再也看不到自己的亲人了怎么办。我说:"你可以跟孩子讨论一下死亡的概念,共同回忆跟爷爷相处的时光,帮助孩子把对看不到爷爷的恐惧,转换成亲情怀念,并且明确地告诉他,即使长大了,死亡也是一个很久以后才会发生的事情。为了跟亲人相处得更长久,还要学会爱护身体、珍惜生命。"

第二天上课的时候,这位学员又站起来提问:"晓红老师,我儿子昨天晚上又说了不想长大,害怕长大了就会死去的话。"

我问她:"你按照我昨天说的跟他交流了吗?效果怎样?"

结果她说:"没有,因为是上床睡觉的时间了,我就让他赶快睡觉了。"

我们可以肯定的是,跟孩子交流一下关于他担忧的死亡问题,不仅不会影响到孩子睡觉的时间,还会让孩子睡得更加踏实。

遗憾的是,很多家长都会像这位妈妈一样,很难适应学习带来的改变,难以把学习的知识或技能应用于生活。有时候,需要很多次的反复考量和尝试,才会有实际效果的产生。

虽然我们经常说,学习是为了改变,可是,改变真的不是能够轻易做到的事情。形成一种生活模式需要经历很长时间,同样,改变一种生活模式,也需要用心、努力和坚持。

从小到大,生存的环境、家庭的教养方式、身边人的评价、经验中形成的行为模式、人际交往的态度、学习和生活的压力等，总是在帮助我们成长的同时，可能又会变成我们学习和改变的新阻力，影响到身心健康发展，阻碍有效率地施展学习的潜能。

那么，如何能够更有效地把学习应用在实践当中呢？可以从以下几个方面，去突破阻止学习、改变的障碍：

（1）改变信念

我们常说，大脑就是言行的指挥官。脑里有想法了，才会表达出来或者做出来。我们每天都在经验中学习和成长，每一种经验究竟如何定位、如何发展，都建立在我们内心信念的基础之上。

遇到任何问题，一个带着消极信念的人，心灵都是封闭的，总是喜欢用陈旧的观念来面对新问题，往往只说不做，停留在道理是否正确方面，即使束手无策，也不愿意改变信念寻找新的方法。

就像我们前面举例的这位妈妈，即使学到了新的方法，也不愿意马上去使用，检验效果。

有一位学员下课的时候来问我："晓红老师，我女儿现在上大二。前几天她突然提出不想上学了，让我们帮她办理退学手续，她要回来找工作。"我问她："她有告诉你想要退学的原因吗？"她说："她也不愿意多说。反正她的人际关系一直有问题，可能学习压力也比较大，劝她也不听，现在我们也不知道怎么办。"我说："你可以告诉她，还有一个多月就放暑假了。暑假有两个月的时间，足够长。等她回来了，你们再好好商量一下，看看是继续完成大学的学业，还是放弃学业回来找个工作。"

第二天上课的时候，她站起来提问："晓红老师，我女儿现在上大二，不想上学了，昨天晚上又打电话回来，让我们帮她办理退学手续，不知道怎么办。"我说："昨天你不是问过这个问题吗？

我给过你建议了。你按照我说的方式，跟她沟通过了吗？"她说："我就是按照你说的跟她沟通的，可是没有用。"我说："我不相信。你学给我听听，你是怎么说的。"她回答："我对女儿说，还有一个多月就放暑假了，开学就是大三了，考上大学不容易，你一定要坚持下去啊。"我哭笑不得，对下面的学员说："昨天她下课问我的时候，身边还有两个人，在哪里，你们还记得吗？我是不是这样说的？"场下马上有个声音回应："不是。"全场学员都笑了……我又给她说了一遍昨天的话。

第三天刚一上课，她第二个就抢到话筒了，站起来说："晓红老师，我要感谢你，给你鞠一躬……"我说："你先别鞠躬，给我们分享一下发生了什么事。"她说："昨晚女儿又打电话说退学的事，我就按照你的说法，对她说，还有一个多月就放暑假了，暑假有两个月的时间，等她回来了，我们再好好商量一下，看看是继续完成大学的学业，还是放弃学业回来找个工作。结果，她听了以后说'好吧'。所以，非常感谢老师。"

实际上，平常在课程里或者疗愈场里，我与学员之间，经常有类似的对话。比如有人问："晓红老师，我的孩子15岁了，特别叛逆，还喜欢每天玩手机游戏。我们怕影响他的学习成绩，怎么办？"

我说："现在已经影响到学习成绩了吗？"

她说："现在没有影响，他的学习成绩还挺好。"

"那么，你想要他少玩游戏的时候，不要提影响学习的事情。非要提学习，就表示佩服，佩服他每天都要玩手机游戏，还能保持好的学习成绩。然后，换一个角度管理他玩游戏的时间，比如跟他讨论看手机时间久了，对眼睛、对颈椎、对身体的不良影响。"

谁知我话音刚落，她马上就否定了："没有用，我说要影响学习了他都不在乎，怎么可能在乎对身体的影响？"

这就是经验中的信念束缚。她一直沉浸在父母对孩子的学习焦虑当中，一直把他当作小小孩，心里想的、嘴上说的、行为引导的都是要孩子"好好学习"，从而忽视了孩子年龄的增长。

因为他玩手机游戏，并没有影响学习啊，所以你吓唬他当然没有用了。况且，他喜欢玩游戏，还能保持比较好的学习成绩，说明他很清楚学习是自己的事情，完全有把握做好，不需要担心成绩。

可是，父母对孩子的关爱，却是孩子无法真实感受的。所以，把你对他身体可能受到影响的担忧告诉他，如此聪明的孩子，不管他相不相信，至少，他会为了让你少一些担心、焦虑，也可能在玩手机游戏的时候有所收敛。

还有家长提问："晓红老师，我知道以前管得太多了，所以孩子叛逆。现在我学习了以后，知道要学会放手了，可是，他好像更生气了。"我问："什么事情让他更生气了？"她说："我也不知道。以前我一管他就嫌我烦，现在我不管了，他还更生气，我都不知道怎么办了。"我说："你是怎么放手不管的？举个例子。比如说？"她说："比如说他作业还没有写完，想跟同学出去踢足球，跟我说晚上回来再写作业，我就对他说：'学习是你自己的事，以后我都不管了，你自己决定。'结果他就很生气地喊：'不管我算了，以后你都不要管我。'晚上回来也不跟我说话，把自己关在房间拒绝交流。"

非黑即白，也是局限性信念障碍。对孩子来说：以前，我的事就是你的事，我的学习就是你的学习，你们从来不会尊重我的自主性和选择；现在，又突然说什么都不管了。那么，你是嫌弃我了，还是想当包袱一样扔了我呢？

正确的做法，应该是在比较宽松的成长环境里，适当进行规则的约束和有效的引导。你可以这样回应他："我知道你很想出去踢足球，也明白还要完成家庭作业，还负责任地规划好了晚上回来写作业。除了作业和睡觉，必须保证你的安全才是我们最在意的。我只是想知道，你出去踢足球要多长时间，准备几点钟回来？需不需要我到时候打电话提醒你？"

对于一个具备积极信念的人，遇到任何问题，他的头脑都是开放的，总是能够灵活地根据当下的事情，及时调整想法和行为；语言后面一定跟着行动；很乐意顺应环境，想出新办法解决新问题。

（2）了解现状

如果我们能够清晰地了解自己当下的状态，知道自己的局限在哪方面，自己的能力有多大，自己的目标追求是什么，处于什么样的阶段，能够做些什么事情，还要学习和提升哪个方面，等等，就能真正找出提升能力的突破口，帮助自己有所成长。

曾给一个大二的女孩子做辅导。她当时正处于抑郁状态，整天在家里又哭又闹，认为别人都嫌弃她长得胖。特别是放暑假待在家里以后，每天都在长胖，都99斤了，她担心万一胖到了120斤怎么办。她反复折腾自己和父母，甚至多次有自杀的念头。

在辅导当中，她对我的提问都是茫然地摇头或者说不：不知道自己是否喜欢现在所学的专业，也不知道毕业以后做什么工作；没有兴趣爱好，也没有特别想做的事……

实际上，正是因为对自己状态的不了解，才使她没有了自我，特别在意他人的评价，放弃了想要追求的目标和方向。她请求在我这里实习了二十多天，发现我们的工作人员、志愿者，每个人都很阳光、积极、热情，有目标有追求，非常清晰自己要什么。她特别感慨，明白自己也应该好好完成学业，清晰未来的发展方向。

（3）接受可能

通往成功的道路只有一条途径，需要分三步来走：

第一步，相信有可能。

不管想要做什么事情，相信有可能成功，你才愿意去行动。要知道，小孩子在这个方面的能力，是我们所有家长学习的榜样。经常有家长带着孩子来咨询辅导的时候，我都不会跟家长交流太多——开始花几分钟了解一下情况，结束时花十分钟三方沟通，让家长清楚孩子的承诺和发展，让孩子明白家长的支持和配合，就足够了。

可是经常有家长不信任孩子的能力，认为孩子说不清楚，坚持反复强调孩子的问题。有一对年轻的夫妻带着两个女儿来咨询，老大五岁了，老二才一岁半。年轻的妈妈非常焦虑，说老大有心理问题，因为，她在家的时候，会不停地喊妈妈，就像着魔了一样，不管有没有事情都在叫妈妈，叫得人心烦，怎么都制止不了。我说："会不会是老二太小了，你的注意力都在妹妹那里，让老大感觉到被忽视了呢？"她说："没有没有，我对她们两个都是很关注的，还特别注意不要冷落了老大，每天都抽时间陪伴她呢。"我问她："都是在什么情况下？叫了妈妈以后会有什么要求吗？"她说："没有，反正就是不停地叫。我每天都希望她一直待在幼儿园不要回来，可是，又害怕给她造成分离创伤之类的。我真的受不了。她也不叫爸爸，就是叫妈妈，有事没事都在叫。"我说："你再想想看，她有事的时候叫妈妈会提什么要求，或者希望你帮她做些什么；没事的时候叫妈妈，一般在什么情况下？"她说："她反正就是有事没事都叫妈妈，整天都在叫。真有事情的时候我也会帮她呀。她都是分不清要不要帮忙，我也搞不懂她什么时候会有事情。她叫得我心好烦，不知道怎么办。"

我没有办法从她这里得到准确的信息，她丈夫在旁边也听得着急，唉声叹气，于是我叫了孩子过来，直接问她："听说你整天在家里不停地叫妈妈，是不是啊？"她说："是啊，我就是要叫妈妈。"我问她："你叫妈妈做什么事呢？"她说："我要妈妈帮忙啊。"我说："都帮些什么忙呢？比如说帮你选一件这么漂亮的公主裙，给你梳这么美丽的小辫子，还有呢？"她认真地扳着手指说："嗯，帮我拿画笔，因为妹妹要拿来吃，妈妈放得太高了；还有帮我做手工作业；帮我在画好的画上签家长名字……"我说："哦，我明白了。那么，你没有事情要妈妈帮忙的时候，为什么还是要叫妈妈呢？"她理直气壮地说："我想让她看我啊。她天天都是只看妹妹，都不看我，还说我是姐姐，要让着妹妹；还不让我学妹妹叫妈妈。又不是妹妹一个人的妈妈，也是我妈妈，我偏要叫妈妈，哼！"她很不服气地瞪着妈妈。

她妈妈急了，辩解说："谁说我天天都看着妹妹？我也天天都看你呀！妹妹在睡觉的时候，我都是在陪伴你的呀！"没想到孩子马上就反驳："妹妹睡觉了你也不看我，你都在看手机。"

事实证明，这就是问题的真相。可是，妈妈焦虑了半天也没有说清楚，一个5岁的孩子，三言两语就说清楚了。

所以说，如果家长愿意相信孩子的能力在不断成长，愿意耐心陪伴和倾听，就可以顺利沟通很多事情，建立良好的亲子关系。

第二步，找一个新方法。

因为，如果到现在为止，还是没有解决问题造成的困扰，证明我们以前知道的、懂得的、会的方法都不管用了，需要借助学习和经验的支持改变信念，重新想一个新方法去尝试。

就像上面说的这位妈妈，她需要改变陪伴大女儿的方式，不是坐在女儿身边看着自己的手机，而是要用心倾听孩子，热烈地拥抱孩子并且表达妈妈的爱。

第三步，有效做下去，无效就改变。

凡事必有至少三个解决办法，所以，如果我们不去束缚自己的头脑，遇到困扰愿意改变，不懂的愿意学习，能力不够愿意提升，即使受伤了也愿意带着伤痛继续向前跑，那么，所有的困扰，都会被我们远远地抛到身后。

如果只有一个办法，我们就容易钻牛角尖；如果只有两个办法，或许我们又会左右为难，不知道选择哪一个；如果我们能够想到三个办法，或许就能够打开了思路，想到四个、五个、八个、十个，甚至更多的办法，那么，就真的没有什么事情能够难住我们了。

（4）调动意愿

当然，无论做什么事情，内在的意愿很重要。学习只是改变的第一步，还要把学习中听懂的一句话、明白的一个概念、懂得的一个技巧，一点一滴地在生活中体现出来，才有可能达成真正的改变。

我们刚才说的那个小女孩，离开我工作室的时候，在妈妈的一再保证下，还是在反复地说："妈妈，你真的愿意陪我吗？妈妈，你说你愿意，你快点说你愿意呀！妈妈，你说呀……"

是啊，我们永远不知道，明天的孩子跟今天有什么不同，因为世界分分钟都在发生变化，孩子们也每时每刻都在成长、改变。

所以，每个家长都应该问问自己，愿意无条件地表达对孩子的爱吗？愿意随着孩子的不断成长改变自己吗？愿意相信自己的能力也在增长吗？愿意允许孩子有自由成长的空间吗？愿意慢慢学会放手允许孩子独立地开创自己的人生吗？

（5）重新选择

我们的选择从来都不是唯一的。一个人不可能懂得所有事情，而我们的困境却是因为机会太多，不管是否适合自己，每个机会都不想放过，因此，难以抉择。

有一位妈妈来上课的时候，陈述12岁的女儿每天写作业都要谈一个条件，比如要零花钱、买口红、玩手机游戏、晚睡觉等，否则就不写作业，或者第二天不去上学。

我讲了规则在孩子一生中的重要性，建议她慢慢减少条件交换，尽量让孩子学习懂得承担责任，把应该做的事和需求完全区分开。

两个月后，她又来上课，我问她情况是否有好转，她说没有。我问她为什么，她说："上次回去以后，我又去听了一个亲子课程，讲课的老师是个'海归'。他说在国外家庭里，让孩子做事都要讲条件，孩子可以因此学会在社会环境里更好地保护自己。"我只能表示无语。

每个人多多少少都会患上一点选择恐惧症，不知道在这么多的选项中，究竟哪一个值得坚持，哪一个需要放弃。适度的选择可以带给我们自由的空间，避免执着于一个点而苦苦挣扎，可是，过多的选择只会适得其反，容易误导我们陷入迷宫，找不到正确的大方向。

当然，还有些人特别害怕做新的选择。有个家长说，儿子已经大学毕业工作了，每天回家都是把自己的脏衣服换下来，往卫生间的澡盆里一扔就不管了，不收拾也不清洗，天天如此。我说："那他每天要换的干净衣服从哪里来？"她说："都是我给他收拾了，清洗干净的呀。"我说："是啊，你都帮他做了，还要他做什么呢？不管以前你是如何包办代替造成了现在的困扰，现在，他已经是成年人了，每天去上班都要换干净衣服，如果你不再帮他，没有干净衣服穿他会怎样做呢？穿着脏衣服去上班吗？当然，如果有本事挣钱，他也可以天天买新衣服穿。"她想了想说："如果我不帮他清洗了，他可能也会自己洗吧。以前我都帮他盛饭，后来他爸爸不允许了，他就自己盛饭……"我说："所以说，不是他不会做，是你不忍心让他做而已。那么现在回去就要放手不管了，让他自己每天收拾清洁衣服。"她犹豫着说："不行，他本来就话少。不帮他，他更不想理我了怎么办？"

在心理学上有一种现象叫"损失厌恶"，意思是，得到一样东西的快乐，通常小于失去一样东西的痛苦。所以，我们不喜欢冒险，宁愿放弃得到的快乐去维持现状，也不愿意承受失去的痛苦。

这位妈妈找不到跟儿子沟通的更好方式，就借助了帮儿子操心生活细节的事情，一方面让自己劳累辛苦，一方面阻碍了儿子独立成长的机会和能力，却又担心儿子未来的生活。

或许当她坚定地选择了不再纵容儿子的生活依赖，儿子也会选择换一种方式来与母亲沟通。父母站得稳，才能给予力量让孩子自己走出去。父母总是主动走上前去帮助，会让孩子习惯了依靠，一直继续坚持做小孩，而不肯真正成长。

在任何一个系统里，最灵活的部分最能够影响大局。如果所有人都维持不改变，关系只会越来越僵化；如果至少有一个人愿意改变，重新选择，那么，整个局面都会受到影响，从而发生变化。

（6）制订计划

根据孩子的年龄和能力、制定合适的计划，在实施过程中，及时调整，在孩子能够顺利完成的情况下，坚持一段时间，然后再慢慢调整、提升。

各位家长朋友们，这本书是根据我的线上课程整理的。

曾经跟很多家长朋友，在"静修幸福空间"课程里，共同度过了180天的时间，借助互联网，相互之间建立了非常奇妙的缘份。

在讲课的过程中，经常有很多家长告诉我，他们在带着孩子一起收听课程。所以，每一次课程，我都想尽量讲得更直白一点，期望孩子们也能多听懂一些。

当然，也有家长表示怀疑：孩子真的能听懂吗?

我只能告诉这样的家长，或许在你的眼里，孩子真的听不懂，但是离开了你的视线，或许就能够听懂了。

有一次，在我们的夏令营开营仪式上，有个女孩子一直坚持不跟任何人说话，不参加任何互动游戏。她妈妈着急得去找助教老师促进也没有用，又跑来问我怎么办。我看那孩子一眼，告诉她妈妈："没事，一会儿等你离开了，她自然就没事了，放心吧。"果真如此，等家长离开了以后，她很快就开始跟身边的伙伴交流，按照老师的要求参与活动，大大方方走上前去做自我介绍……

还有个12岁的男孩子，家长反复强调他很叛逆，请老师们多关注。在做自我介绍的时候，他也真的就一直往后拖，不愿意上台，还走出团队躲在后面说不用介绍自己。后来，我走过去对他说："没有关系，如果你害怕，可以不用上去做自我介绍。"结果他立刻站起来去做自我介绍了。

所以，被过度关注的孩子们，往往只要离开了父母的视线，真的什么都听得懂，也会做。

有个7岁孩子的妈妈给我打电话，她昨天因为工作忙，没有亲自送孩子去夏令营，有点担心。我告诉她，孩子表现得很好，积极主动，还勇敢地跳上台去竞争小组长、值勤生。

孩子妈妈表示非常惊讶。她说孩子平常在学校里，总是躲在别人后面，从来不发言，更不用说当班干部了。我跟她开玩笑说："或许正是因为你整天联合老师盯着孩子，他才那么胆小。这次你没有去，我们的老师也不会盯着孩子，他才真正能够放飞自我了。"

还有些家长不敢让孩子听微课，理由是害怕孩子听到案例中孩子的不良行为会学坏。对于这样的家长，我的确不太愿意直白地告诉他，如果真的像鸵鸟一样，把头埋进沙里，就以为看不到任何危险，或许危险就要变成现实了。

实际上，我讲的所有案例，都是孩子们在生活、学习的成长过程中，几乎每天都能够看到、听到和感受到的现象。想想看，不正是因为我们不懂得，或者没有来得及教他是非对错的区分，才使孩子容易被误导、学坏的吗？

我的亲子辅导案例集《妈妈，爱我你就抱抱我》出版以后，好多家长把书拿回家以后，孩子会抢先看完。

有的孩子说晓红老师太神了，都知道他们心里想什么；有的孩子说想见见晓红老师，还有些心里话要说给老师听；有的孩子说自己太悲惨了，就跟书里写的哪个孩子一样；还有的孩子说想跟老师交流一下看书以后的心得体会……

当我跟一些孩子沟通的时候，他们会说父母如何像书里写的父母一样不懂孩子。我经常会问他们："我在书上说，世界上没有天生的父母。所有的父母都是有了孩子以后，才开始学习如何做好父母。那么，你看了书上的案例以后，应该对父母多一些理解。现在，还会怨恨父母吗？"孩子说："不会怨恨爸爸妈妈了。我看了书才知道了，不是爸爸妈妈不爱我，是他们不会爱我……"

多么令人动容的回答！

在我们的生命历程中，时间是有局限性的。几乎转眼间，孩子就长大了。家长朋友们请仔细想想，你每天、每周或每个月，究竟安排了多少时间，有效地陪伴孩子：表达你的感受，倾听他的心声；分享你的人生经验，了解他的成长烦恼；以身作则发挥榜样的力量，激发孩子的潜能和积极进取的精神……

家长朋友们，不管你的孩子现在多大了，请你计算一下：

从现在开始，到孩子18岁考上大学离开家独立生活，你每天、每周、每个月或每年，能够有效陪伴孩子的时间是多少？还有几年时间？换算下来总共有多少天？

珍惜现在，珍惜时间，珍惜孩子，珍惜生命！

祝福所有父母都能够做轻松、快乐、有效的父母！

祝福所有的孩子都能够做轻松、健康、快乐成长的孩子！